아르케 북스

272

정수환 鄭銖煥, JUNG Su-hwan

영남대학교 국사학과를 졸업하고 한국학중앙연구원 한국학대학원에서 석 · 박사 통합과정을 마쳤다. 조선 17세기의 화폐제도에 따른 사회변화와 개인의 일상을 추적하여 「17세기 동전유통의 정책과 실태」로 2007년 박사학위를 받았다. 국가의 제도와 농촌의 변화 그리고 개인의 일상에 대한 거시적이고 비교사적인 연구를 위해 University of Bristol(UK)에서 한국 농촌개발을 주제로 2014년 국제개발(International Development) 석사학위를 완성했다.
저서는 『조선후기 화폐유통과 경제생활』, 『조선왕실의 의례와 재원』, 『한국 농촌개발과 국제개발』 등이 있으며, 논문은 「17세기 청주 신항서원과 송상현 추모의 정치적 함의」, 「18세기 이재 황윤석의 화폐경제생활」, 「동아시아 서원, 일반성과 다양성의 경계」 등 다수이다.
한국학중앙연구원 수석연구원으로 고문서연구실장을 역임하였으며, 국립금오공과대학교 교양학부에서 연구하며 학생들을 가르치고 있다. 조선시대 토지매매, 일상생활, 왕실문화 그리고 마을과 계를 연구하고 있으며, 전근대 사회의 경험을 현대사회의 가치와 연결하는 노력을 이어가고 있다.

민속원 아르케북스 272 minsokwon archebooks

조선시대 토지매매와 일상생활

| 정수환 |

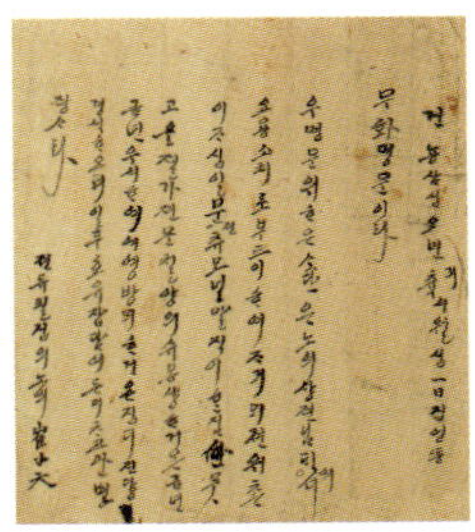

민속원

책을 내며

박사학위를 준비하면서 그리고 학위 받은 뒤 연구하며 가끔 떠오르는 문구가 있다. 대학 영어 시간에 읽었던 흐릿한 문장이었다. 글이 길었지만 기억에 남는 부분은 학문에 깊이 빠져들다 보면 어느 순간 누구도 도달하지 못한 경지에 이르고 그만큼 대화의 상대도 좁아진다는 내용이다. 그래서 그랬는지, 전문 연구로 고차원적 진리를 탐구한다는 마음으로 쓴 나의 논문은 점점 이용하는 단어가 어려워지고 복잡해지고 말았다. 몇 해 전부터 이를 알아차리고 쉬운 단어와 문장으로 도전해 보려는 노력을 기울이기 시작했다.

조선시대 토지를 매개로 사람들의 삶과 이야기를 추적하는 이 연구의 출발은 2017년 『조선시대 토지매매 명문 연구』였다. 토지매매에 얽힌 제도의 변화와 대량의 자료를 활용한 계량적 방법으로 연구를 정리했다. 하지만, 연구성과를 전달하는 글은 여전히 복잡하고 사용한 단어도 쉽지 않은 것들이었다. 출판을 준비하면서 결국 전문용어로 얽힌 문장을 간결하고 쉽게 풀기로 결심했다. 시간이 더 많이 걸렸다.

글을 고치면서 대학에서 읽었던 문장이 자꾸 생각났다. 궁금하여 옛 기억을 더듬어 교재를 찾아 원문을 읽어보았다. 오래전 역사학자 Edmund S. Morgan이 예일대학 입학생들에게 했던 유명한 연설의 일부라는 사실을 알게 되었다. 그리고 문장에서 그가 강조한 것은 끊임없는 호기심으로 달성한 남다른 학술성과를 소통으로 연결해야 한다는 사실이었다. 그래서 어려운 내용을 어려운 단어와 문장으로 써내려 가는 것은 어쩌면 소통이 아니라는 생각에 이르렀다. 길게 돌아왔지만, 이제 높은 차원의 연구로 깊이 있는 대화를 추구하는 것과 쉬운 말과 글로 소통하는 것이 연결된다는 점을 알았다. 뒤늦게 확인하고 깨달으면서 이 책을 마무리하는데 많은 용기와 도움이 되었다.

연구 결과 출간을 준비하면서 독자들이 바라는 결과물을 생각했다. 처음은 수치로 가득 찬 표와 어려운 단어들로 가득한 내용이었다. 게다가 매매명문 분석에 앞서 인명이나 지명 등과 같은 주위 정보를 추적하는 과정을 설명하고, 확인한 결과의 조각들을 모으는 긴 설명이었다. 읽는 사람이 전체 내용의 흐름을 빠르게 찾기 쉽지 않았다. 편집진으로부터 좀 더 내용에 접근하기 편하고 읽기 좋은 구성으로 새롭게 할 것을 제안받았다. 생각하는 방향과 일치하고 바른 말이었기에 미루지 않았다. 그런데, 내용 구성을 조정하고 문장을 좀 더 읽기 좋게 조정한다는 것이 그렇게 쉬운 일은 아니었다. 그러다 보니 생각보다 많은 시간이 들었다. 하지만, 목차를 새롭게 하고 내용의 흐름을 쉽게 조정하면서 조금은 읽기 편한 단어들로 완성했다는 의미는 찾았다. 그리고 처음 구상했던 제목도 '조선시대 토지매매명문 연구'에서 '조선시대 토지매매와 일상생활'로 새롭게 할 수 있었다.

이 책을 쓰기에 앞서 몇 권의 앞선 연구가 있었다. 연구의 출발은 조선시대 동전의 유통에 따른 변화 양상을 추적한 『조선후기 화폐유통과 경제생활』이었다. 이 책은 전문 유통이 국가 정책과 사회요구가 절충한 결과이며, 전문이 국가에서 사회 그리고 개인에 이르기까지 생활의 변화에 영향을 끼친 하나의 요소라는 사실을 확인했다. 그로부터 얼마 뒤, 전문 유통에 따른 국가의 재원 운영의 특징을 살펴 『조선왕실의 의례와 재원』을 완성했다. 왕실의례 중 출합에서 봉릉에 이르는 생애주기를 기록한 의궤와 등록을 이용하여 중앙 각사와 지방의 재원 운영 실태를 서술했다. 그리고 몇 해 전 『한국 농촌개발과 국제개발』로 조선시대 농촌에서 현대 농촌에 이르는 거시적 변화의 동력과 결과를 소개했다. 조선시대 농촌의 유산이 현대 새마을 운동에서 작동하고 또 가까운 미래에 인류의 농촌문제 해결에 지혜를 제공할 수 있다고 보았다.

토지와 매매명문 연구는 『조선후기 화폐유통과 경제생활』에서 시작한다. 이 책은 이후 왕실과 농촌개발로 이어지는 연구의 출발점이 되었다. 책에서 동전 유통에 따른 토지매매 관행의 변화 모습을 확인하였다. 그리고 관심을 확장하여 토지와 매매명문에 담긴 사람들의 이야기에 접근한 결과가 이번 저술이다. '토지'는 중요하면서도 무거운 주제이다. 여기에는 20세기 후반 계급갈등에 눈을 두고 제국주의 역사관에 대한 비판으로 토지를 이념적으로 깊이 연구한 영향도 있다. 토지와 그 생산물은 언제나 제국의 쟁탈 혹은 국가의 수탈, 사람들의 한이 서린 대상이었다. 그래서 이야기하기가 부담스럽다. 그렇지만, 21세기 포스트모던 혹은 신문화사의 바람을 타고 생활사, 일상사가 주목을 받기 시작했다. 그리고 역사 연구를 위한 사료들이 넘쳐났고 도서관에 가지 않고도 쉽게 접근할 수 있는 세상이 되었다. 새로운 역사 해석 방법과 많은 자료는 무거운 주제인 토지 이야기를 조금은 다르게 시작할 계기를 만들어 주었고 용기를 얻었다.

토지를 해석하는 연구는 너무도 넓다. 그래서 토지를 매매하는데 얽힌 이야기가 담긴 매매명문을 집중 분석했다. 매매명문은 시간과 공간 그리고 사람을 모두 갖추고 있다. 역사 연구에서 중요한 천, 지, 인이 모두 있는 어쩌면 완전한 사료에 가깝다고 생각한다. 이들 요소는 한 장의 종이에 쓴 짧은 문장을 입체적으로 해석할 기회도 준다. 무엇보다 제도와 물질이 아닌 사람들의 이야기, 땅에 얽힌 사람들의 일상에 집중하려고 힘을 기울였다. 이런 생각에서 본문을 4개의 장으로 구성했다.

출발은 토지매매명문을 이해하기 위한 양식과 제도이다. 조선시대 매매명문의 양식이 조선 초기에 확립되고 크게 변함없이 지속한 내용을 사례로 확인했다. 그리고 토지매매를 성사하면서 단순한 명문의 작성으로 완료하는 것이 아니라 이전에 작성한 매매명문도 구문기로 함께 건네는 관행을 주목했다. 그래서 새로 작성한 명문을 신문기로 예전의 것을 구문기로 그리고 이들 모두를 가리키는 것을 도문기로 말하는 실상을 자세히 설명했다. 매매를 완료한 뒤 분쟁의 여지가 있으면 토지가 있는 관청에 가서 매매에 얽힌 사람들 - 매매자, 증인, 문서 작성자 - 이 함께 사실을 진술한 다음 소유를 확인받는 입안立案과정을 살폈다. 그리고 이런 토지에 얽힌 제도에 적응하기 위해 명문을 점련하거나 종이 끈으로 묶어 관리하는 관행이 나타난 모습을 확인했다. 첫째 장은 국가에서 만든 토지와 명문의 제도가 문서에 녹아드는 실제를 확인하는 과정이다.

매매명문은 낱장이지만 사람들의 이야기를 담고 있다. 사람들의 이야기는 모여서 사회의 모습을 만든다. 그래서 두 번째 장에서 매매명문 양식의 내용을 해체하여 하나씩 다시 구성했다. 명문에 토지를 파는 사연을 적는 이유와 그것이 점차 단순해지는 현상을 매매활동이 증대하는 사회 변화로 해석해 보았다. 신문기와 구문기의 연결관계에서 거래가 이루어지는 주기라든지 매매에 참여한 사람들의 성격을 확인했다. 조선사회가 점차 매매가 활발해지면서도 여기에 참여하는 사람들의 사회적 지위가 단순화하는 모습을 발견했다. 그리고 매매명문에 나타나는 이두, 토지위치 표기 등의 조그만 차이가 지역의 사투리나 관행에 따른 결과라는 점도 주목했다. 토지매매는 개인 사이 거래의 결과였지만, 동계나 종계와 같은 공동체에서 재원을 확보하기 위해 토지를 확보하면서 매매가 이루어지고 있었다. 특히, 18세기 말에는 증가하는 토지의 매매수요에 따라 토지에 얽힌 정보 - 위치, 사람 - 도 중요해지면서 이를 중개하는 거간 행위와 거간인居間人이 등장한 사실은 중요한 변화였다. 두 번째 장은 매매명문을 연결하고 다수의 자료를 계량적으로 살펴 사회변화를 주제별로 확인한 결과이다.

매매명문에 담긴 국가의 제도와 사회의 모습에 이어 세 번째 장은 토지매매와 가족의 경제적 대응을 보았다. 여기에는 매매명문을 다수 집적하고 있는 양반가문의 사례를 대상으로 했다. 그래서 이주와 정착이 있었던 가문이 지역사회에 입향하고 토지를 매득하는 전략을 명문의 확보 시기와 지역별로 나누어 확인했다. 이렇게 마련한 조상 전래의 토지는 가산으로 인식되었으며, 후손들이 계속하여 토지를 확장 및 관리한 것도 또한 가산으로 운영했다. 그래서 토지매매명문은 가산을 증명하는 주요 자료로 집안에 전해졌으며, 이를 바탕으로 토지를 확인하는 장부를 구성하기까지 했다. 그리고 명문을 관리한 노력은 전쟁이라는 위기가 지나가고 흩어진 가산을 회복하는 바탕이 되었다.

마지막 장은 매매명문에 적고 있는 개인들의 이야기를 확인했다. 매매명문의 결재수단 곡물, 면포 그리고 전문을 확인하고 이들을 이용하거나 바라보는 생각을 찾았다. 매매명문의 배경 내용을 좀 더 확인하기 위해 명문과 일기에 담긴 매매 내용을 연결해 보았다. 일기를 쓴 주인공이 관여한 매매에 얽힌 주변 이야기, 즉 사람과 사연 그리고 토지의 내력에 대한 사실을 찾았다. 매매 가격의 변화에 주목하거나 토지매매로 차익을 도모하는 사람들을 확인했다. 또한 매매에 얽힌 깊은 분쟁 이야기도 일기를 통해 확인할 수 있었다. 매매자들이 매매명문을 중요하게 여기고 명문작성에 신중한 모습이 고스란히 드러났다. 매매를 주도하거나 참여한 사람은 양반 남자만 주인공이 아니었다. 여성도 경제적 주인공으로 토지매매에 참여하여 명문을 작성하였다. 그리고 노비도 자신의 토지를 직접 매매하기도 했지만, 18세기 이후부터 양반의 수족으로 매매를 대행하는 변화가 있었다.

매매명문으로 토지에 얽힌 사람들의 이야기를 국가의 제도에서 사회의 변화, 가문의 토지경영 그리고 개인의 삶에 이르는 구조로 재구성했다. 매매명문이라는 한 장의 문서가 전하는 이야기는 개인의 삶이 시대에 따라 상황에 따라 달라지는 모습이다. 글을 쓰면서 될 수 있으면 많은 자료를 소개하려고 노력했다. 2022년 11월 대규모 언어모델에 기반한 인공지능AI이 등장하고 현재 시점에서 여러 모델이 경쟁하고 있다. 인공지능 시대가 되었지만, 보다 많은 자료를 번역하고 공개하는 일이 역사 연구를 위하는 길이라고 믿기 때문이다.

조선시대 화폐유통 정책과 그에 따른 경제생활에 대한 궁금함에서 출발한 연구는 토지매매명문에 담긴 사람들의 이야기를 찾는데 이르렀다. 이제 처음 출발했던 관심을 이어서 조선시대 마을 공동체, 즉 동계의 여러 활동 모습을 찾고자 한다. 연구 결과물 출판을 위해 내용을 조정하는 시간이 길어지면서 이번에 동계의 모습을 조금 담을 수 있었던 것은 어쩌면 다행이다. 그래서 다음 연구 저서는 조선시대 마을과 그 공간에서 작동했던 여러 가지 계의 이야기를 좇는 것이다.

원고를 탈고하고 책을 완성하면서 언제나 그렇지만 많은 사람들의 은혜를 입었다. 연구 중 코로나로 거의 2년 동안 현장 조사를 할 수 없어 집필에 어려움이 있었다. 하지만, 한국학진흥사업단은 연구를 지원하고 연구 결과가 묻히지 않게 서둘러 출판할 수 있도록 지원과 격려를 아끼지 않았다. 민속원은 원고를 꼼꼼히 검토하고 연구 경향과 시대 요구에 맞는 원고로 새롭게 하는 지혜를 주었다. 그리고 책을 편집하고 출간하기 위한 노력을 아끼지 않았다. 더불어, 새해부터 새로운 교육환경을 맞이했는데, 학부 교수님들이 보내준 따뜻한 눈길에 감사한다. 무엇보다 말없이 자기 자리에서 마음을 다하고 있는 가족에게 깊은 사랑을 글로 적어 전한다.

25년 뜨거운 여름날
낙동강의 큰 흐름이 있는
국립금오공과대학교 연구실에서

차례

들어가는 글

조선시대 땅과 사람

들어가는 글

조선시대 땅과 사람

토지, 바로 땅은 사람 이야기를 담는 하나의 그릇이 된다. 사람은 토지에 시간과 함께 많은 사연을 남긴다. 사람이 토지에 남긴 흔적은 고문서, 그중에서도 땅을 사고팔 때 작성했던 토지매매명문에 고스란히 남아있다. 매매명문은 그렇지 않은 경우도 가끔 있었지만, 거래가 이루어지는 그 순간에 사람들이 함께 모여 이런저런 흥정의 결과를 글자로 써둔 결과물이다. 그리고 조선시대 사람들은 명문을 작성하는 것과 같은 실생활의 문서 작성을 '문자' 생활이라 부르기도 했다. 그렇기에 토지매매명문은 사람을 중심으로 토지와 시간이 함께 어우러진 이야기 마당이다.

토지는 욕망의 공간이었다. 토지를 한이 서린 상징으로 보기도 했다. 조선시대 국가는 토지에 세금을 부과하고 이 세금을 두고 백성들과 줄다리기를 멈추지 않았다. 그리고 부동산인 토지는 노비와 달리 관리가 상대적으로 쉬운 까닭으로 사람들이 사서 가지고자 하는 의지가 높은 대상이었다. 이런 모습은 지금도 크게 다르지 않다고 보기에 토지에 '욕망'이나 '한'이라는 단어를 연결하는 것이 생소하게 느껴지지 않는다.

조선시대 토지는 노비와 함께 가장 중요한 재산으로 여겼다. 매매대상은 토지와 노비는 말할 것도 없고 가사와 배 그리고 땔감 지역 등 여러 가지였다.[1] 조선은 농업 중심

1 매매는 고려시대 이후부터 조선 말까지 일관되게 '買賣'로 표기되고 있다(『至正條格』, 「斷例」, 典賣田宅;

경제에 뿌리를 둔 사회이기에 토지의 의미는 남달랐다. 토지는 농업기술의 발달에 따른 생산량 증대나 노동력 활용성에 따라 재산 가치가 변했다. 하지만, 노비는 15~50세까지가 비교적 노동력으로 효율성을 지닌 한계가 있었다. 무엇보다 두 번의 전쟁을 겪은 조선후기 사회에는 노비 도망이 널리 퍼져 있었기에 관리도 쉽지 않았다. 그래서 농업기술에서 시비법이나 수리시설의 발달과 새로운 작물의 도입으로 변화를 맞이하면서 토지의 가치는 노비를 뛰어넘었다. 게다가 토지는 부동산으로 변하지 않는 재산이었다. 토지를 확보하고 갈아 먹거나 경영하여 부를 늘리고 또 지키려는 사람들의 이야기가 땅에 남았고, 여기에 얽힌 많은 사연이 토지매매명문에 문자로 기록되었다.

토지와 노비 등 여러 가지 매매를 위해 작성하는 고문서는 명문이다. 매매명문은 매매를 증명하는 문서 혹은 문기라는 의미로, 조선후기 토지매매에서는 명문 작성으로 매매를 완성했다. 하지만, 매매를 기록한 명문에 대해 문기文記, 문권文券이라는 이름으로 부르기도 했으며 토지의 경우 답권畓券 등으로 가리키기도 한다.[2] 명문은 매매 당사자들 사이에 승낙 의사가 맞아떨어진 약속에 대해 요건을 갖추어 적은 문서를 의미하기도 한다.[3] 명문은 여느 문서와 달리 뒷날 계약내용 증명을 위해 문서를 밝혀서 적어야 할 필요성이 생기면서 나타났으며, 16세기 이후부터 '명문 한다'는 용어가 일반적으로 쓰이기 시작했다.[4] 그래서 토지매매명문의 본문에서도 첫머리에 '명문'이라고 적고 있다. 일기에도 토지를 매매하는 문서를 명문으로 가리키고 있다.

· 큰형과 임지익이 함께 앉아 있었다. 그는 병사댁에 여자 종을 파는 일이 있었고, 영길이 바야흐로 명문(明文)을 적었다.[5]

『大明律直解』, 「戶律」, 錢法條; 『經國大典』, 「戶典」, 買賣限; 『大典會通』, 「戶典」, 買賣限). 『儒胥必知』에는 '답권'을 비롯해 '奴婢文券', '山地文券' 등을 수록하고 있다.

2 토지매매를 기록한 문서를 '문기'와 '명문'으로 사용하고 있다. 명문으로 분류하거나(李在洙, 『朝鮮中期田畓賣買研究』, 集文堂, 2003, 16쪽), 문기로 지칭했다(崔承熙, 「'土地明文', '奴婢明文', '粘連文記'라는 古文書名稱의 適否與否」, 『古文書研究』 25, 韓國古文書學會, 2004).

3 金性甲, 「朝鮮時代 明文에 관한 文書學的 研究」, 韓國學中央研究院 博士學位論文, 2013, 30쪽.

4 임상혁, 「고문서에서 '明文'과 '成文'의 용례에 관한 연구」, 『古文書研究』 45, 韓國古文書學會, 2014, 107쪽.

· 아버지께서 정좌수님을 가서 뵈었다. 장익이 그날 첩을 얻고 그의 자식을 속신하는 명문을 정좌수에게 하는데, 아버지께서 문서를 쓰셨다.[6]

· 원규선사가 면포 15필로 위선의 대지동 논을 사려고 와서 매득을 위한 명문을 구했다.[7]

17세기 전반 조극선(1595~1658)이 남긴 일기에는 '명문'에 대해 적은 내용이 있다. 그는 주변에서 일어나는 노비, 토지 그리고 속신을 위한 문서를 작성한 사건을 일기에 적었다. 이들 사례는 서로 계약이나 약속의 내용을 나중에 확인하기 위한 목적을 암시하고 있다. 17세기 토지 등의 매매에서 작성하는 계약 문서를 '명문'이라는 단어로 이름 붙이고 있었다. 따라서 토지매매를 기록한 문기를 토지매매명문으로 확인한다.

토지에 담긴 사람들의 이야기를 찾는 실마리는 토지매매명문이라는 고문서가 중요하다. 매매명문을 포함한 고문서는 사건이 발생하는 현장에서 혹은 가장 가까운 시점에서 작성한다는 특징이 있다. 그리고 전사傳寫한 사례를 제외하면 현장에서 작성한 유일한 자료라는 점도 있다. 그래서 사료 비판을 거친다면 토지매매를 둘러싼 가장 사실적인 내용을 찾을 수 있다.

토지매매명문을 거울삼아 조선시대 사람들의 이야기를 찾아보는 매매대상 토지는 넓게 설정할 수 있다. 매매 대상으로서 토지는 논과 밭을 비롯하여 가대家垈와 산지山地 그리고 가끔 가사家舍도 포함하였다. 가대전의 경우 가사를 포함하기도 하고 가사가 없는 땅으로서 혹은 딸린 땅을 의미하기도 했다. 그리고 주인 없는 묵은 땅, 무주진황지無主陳荒地에 대한 개간과 소유 내용도 중요하다. 토지매매의 대부분을 차지하는 논과 밭도 경작물과 관리 내용에 따라 종류가 여러 가지이다. 지상의 경작물에 따라 밭은 봄보리, 겉보리, 콩 등을, 논은 미나리논, 올벼논 등을 경작하는 땅이 매매대상이 되었다.[8] 토지의 이용에 따라 나눈다면, 가경전답加耕田畓, 번전답反田畓, 진전陳田이나 언답堰

5 趙克善, 『忍齋日錄』 第4, 辛酉 夏4月 19日.

6 趙克善, 『忍齋日錄』 第5, 癸亥 9月 20日.

7 趙克善, 『冶谷日錄』 第6, 甲戌 3月 29日.

8 정수환, 「17세기 화폐유통과 전답매매양상의 변화 - 賣買明文에 대한 분석을 중심으로」, 『藏書閣』 23,

畓, 해답海畓 등 여러 가지의 토지가 있다. 분석대상 토지매매명문은 이들 토지를 거래하는 모든 사례를 포괄한다.

토지매매명문만으로 사람들의 사연을 완전히 꾸리기는 어렵다. 매매 과정에서 함께 작성하는 패지는 당연하고, 매매대상 토지를 기록하고 있는 분재기와 매매 후 발급받은 입안이나 입지도 함께 살펴보아야 한다. 그리고 입지 발급이나 매득 토지에 대한 분쟁이 발생하면서 민원을 제기한 소지, 의송 등도 주변 자료에 속한다. 매매의 주인공 확인을 위해 준호구와 호구단자 그리고 족보나 가승 등과 같은 가계기록을 함께 살펴야 한다. 끝으로 가능하다면, 개인 일기자료에 기록으로 남긴 일상 흔적 중 토지매매에 얽힌 사연을 매매명문과 연결하여야 한다.

토지매매명문을 이용한 질적, 양적 분석방법으로 토지와 사람의 이야기를 찾기 위해서는 현재 남아있는 명문을 이용했다. 현재 고문서 중 토지매매와 관련한 명문이 상당수이다. 서울대학교 규장각한국학연구원의 고문서 47,000여 점 중 69%에 해당하는 32,430점이 토지매매명문 관련 자료이다. 국립중앙도서관 고문서 13,464점 중 3,919점이 매매명문이다.[9] 한국학중앙연구원 장서각 소장 토지매매명문도 13,025점으로 전체 자료 중 매매명문의 비중이 높다.[10] 토지매매명문은 간찰과 더불어 지금 있는 고문서에서 높은 비중을 갖고 있으면서 여러 사람들의 많은 사연을 담고 있다.

토지매매명문 연구를 위한 접근은 시기별, 주제별 관심의 차이가 있다. 초기 토지매매명문 연구는 일제강점 시기로 거슬러 올라간다. 일제는 토지조사에 앞서 사전 연구로 명문을 언급한 다음, 토지조사사업 과정에서 조선의 토지매매 관행과 토지 소유 문제에 접근하여 명문을 파악하고 보고서에 수록하였다.[11] 그 뒤에도 조선의 토지제도에 관심을 이어가며 보고서와 연구서에 명문의 유래와 형식 등을 소개했다.[12] 현대에도 조선후기

韓國學中央研究院, 2010, 155~156쪽.

9 崔承熙, 『韓國古文書研究』, 韓國精神文化研究院, 1981, 25~26쪽.

10 정수환 · 이헌창, 「조선후기 求禮 文化柳氏家의 土地賣買明文에 관한 연구」, 『古文書研究』 33, 韓國古文書學會, 2008, 3쪽.

11 度支部, 『土地調査參考書』, 1909; 朝鮮總督府臨時土地調査局, 『朝鮮土地調査事業報告書』, 1918.

12 朝鮮總督府, 『朝鮮ノ土地制度及地稅制度 調査報告書』, 1920, 193~217쪽; 朝鮮總督府 中樞院, 『朝鮮田制考』,

토지매매명문을 학술적으로 접근하여 토지의 방매나 매득사유 그리고 가격동향을 주목했다.[13] 그리고 독립 이후 남북의 학계는 소작제도를 연구하면서 매매명문을 이용하거나, 한국의 부동산 거래법의 전사로 토지의 소유와 매매를 살피면서 매매명문의 유래와 형식 등을 깊이 분석했다.[14] 이런 초기의 토지매매명문 연구로 명문 유래와 형식을 확인한 성과가 있다.

매매명문을 이용하여 토지매매가와 매매수단의 변화를 추적했다. 16~17세기 토지매매명문을 대상으로 매매시기와 매매가격의 변화를 확인했다.[15] 토지가격을 추적하는 연구는 여기서 한발 더 나아가 1689~1821년 동안 토지가격 추이를 살피고 물가와의 관계를 고찰하는데 이르렀다.[16] 지역의 토지매매 관행을 확인하기 위해 구례와 상주지역의 매매명문을 대상으로 18~19세기 가격의 흐름을 확인했다.[17] 토지매매명문을 대상으로 지역별 시기별 현상을 확인하는 성과와 더불어 매매수단에 관심을 기울이기도 했다. 16~18세기에 작성한 다량의 매매명문을 이용하여 매매수단이 면포 혹은 곡물에서 동전으로 바뀌는 시기와 지역적 경향을 추적했다.[18] 그리고 명문 가운데 매매가를 동전으로 표기한 명문 10,901점으로 18세기 이후 토지 가격지수를 계산했다.[19] 매매명문은 토지의 규모와 매매가격을 적고 있기 때문에 계량적 분석으로 가격 변화를 확인하기 좋은 자료 중 하나이다. 이런 특징에 따라 토지가격 변화를 추적했다.

1940, 349~416쪽.

13 周藤吉之, 「朝鮮後期の田畓文記に關する硏究」, 『歷史學硏究』 7-7 · 8 · 9, 歷史學硏究會, 1937(『淸代東アジア史硏究』, 日本學術振興會, 1972 재수록); 和田一郞, 『朝鮮土地地稅制度調査報告書』, 宗高書房, 1967.

14 허종호, 『조선봉건말기의 소작제연구』, 사회과학원, 1965; 朴秉濠, 『韓國法制史攷』, 法文社, 1974.

15 李在洙, 『朝鮮中期 田畓賣買硏究』, 集文堂, 2003.

16 李正守, 「16世紀 土地價格의 變動 - 경북지방 田畓賣買 明文을 중심으로」, 『古文書硏究』 12, 韓國古文書學會, 1997; 이정수 · 김희호, 「1689~1821년간 地價와 物價 변화의 비대칭성」, 『釜山史學』 37, 부산사학회, 1999.

17 全成昊, 「朝鮮後期 米價史 硏究(1725~1875)」, 성균관대학교 박사학위논문, 1998.

18 李正守, 「16세기 중반~18세기 초의 貨幣流通 실태」, 『朝鮮時代史學報』 32, 朝鮮時代史學會, 2005; 이정수 · 김희호, 『조선의 화폐와 화폐량』, 경북대학교 출판부, 2006; 정수환, 앞의 글, 2010.

19 車明洙 · 李憲昶, 「우리나라의 논가격 및 생산성, 1700~2000」, 『수량경제사로 다시 본 조선후기』, 서울대학교출판부, 2004.

매매명문의 매매수단과 지역적 특수성 연구가 있었다. 매매명문을 신문기와 구문기로 연결하는 등 정밀한 접근으로 매매주기와 매매토지 규모의 변화 그리고 매매사유의 간략화와 매득자 표기의 생략 등의 특징을 시기적 변화와 연결하여 해석했다.[20] 지역적으로는 토지거래를 엄격히 제한했던 한성부의 토지와 가옥 매매를 살핀 결과 이곳에서는 다양한 신분층에서 소규모 토지를 거래하고 있는 특징을 확인했다.[21] 그리고 매매와 토지관리의 연결성에 주목한 결과 지역의 유력 세력이 거주지 인근을 중심으로 토지를 사서 관리하는 특징을 확인하기도 했다.[22] 매매명문 연구에 다가서면서 고문서학적으로 명문의 형식이나 시기적 작성 내용의 차이도 함께 살폈다.[23] 그리고 매매명문과 일기의 내용을 연결하여 문서에 드러나지 않는 매매의 배경이나 매매자의 관계 등을 입체적으로 구성하기도 했다.[24] 토지매매명문은 토지의 매매를 둘러싼 여러 관행을 일상으로 기록하고 있다. 그래서 형식과 그 속의 내용은 사회의 현상을 가늠할 수 있는 실마리가 된다.

토지매매명문을 이용하여 매매가, 매매수단 그리고 토지경영 등의 계량적인 연구성과를 발판으로 개별 문서에 담긴 국가의 제도, 사회의 변화 그리고 공동체의 모습과 사람들의 이야기를 질적으로 해석할 수 있다. 그래서 이 책은 양적분석 성과를 가져다가 매매명문 한 장 한 장의 가치를 발견하고 거기에 담긴 사연들을 해석한다.

먼저, 토지매매를 허용하는 국가 제도의 변화를 확인한다. 조선 초기 토지매매 사례와 명문의 형식에 담긴 문구의 함의를 쫓아서, 조선후기 명문에 어떠한 변화가 일어나는지 살펴본다. 매매명문의 형식과 내용 구성은 개인과 사회의 매매 요구를 수용한 국가의

---

20 정수환 · 이헌창, 앞의 글, 2008.

21 양진석, 「조선후기 매매문서를 통해 본 漢城府 南部 豆毛浦 소재 토지거래 양상」, 『古文書研究』 35, 韓國古文書學會, 2009.

22 김영나, 「朝鮮後期 光山金氏 禮安派의 田畓賣買 實態」, 『大丘史學』 89, 大丘史學會, 2007; 金性甲, 「19세기 扶安金氏 家舍田莊 還退紛爭 - 扶安金氏家의 決訟立案을 中心으로」, 『藏書閣』 12, 韓國精神文化研究院, 2004.

23 김소은, 「16세기 매매 관행과 문서 양식」, 『16세기 한국고문서 연구』, 아카넷, 2004; 金性甲, 앞의 글, 2013.

24 정수환, 「18世紀 頤齋 黃胤錫의 貨幣經濟生活」, 『古文書研究』 20, 韓國古文書學會, 2002; 이헌창, 「18세기 황윤석가의 경제생활」, 『이재난고로 보는 조선 지식인의 생활사』, 한국학중앙연구원, 2007.

제도였으며, 매매를 허용한 제도는 조선의 이념인 성리학적 가치에 바탕을 두고 있다고 할 수 있다. 이를 확인해 본다. 그리고 매매명문의 작성으로 확보한 토지를 유지 및 관리하기 위한 관행으로 구문기와 신문기를 확보하는 노력, 필요에 따라 입안을 받는 과정과 내용에 접근한다. 그래서 신문기와 구문기를 연결하는 도문기 그리고 입안의 과정이 매매와 명문을 허용했던 국가의 제도와 어떤 관련성이 있는지 확인한다.

다음으로, 매매에 대한 국가의 제도를 기록한 매매명문 내용을 이용하여 사회현상을 살펴본다. 매매명문의 매매사유 중 특징적인 현상을 발견하고, 매매사유의 시기적 변화 모습을 정리한다. 그리고 매매물의 규모 기록과 신문기와 구문기의 연결 관계로 확인한 토지 보유기간 혹은 매매주기 내용을 정리한다. 그래서 매매사유, 매매물 규모 그리고 매매주기 등이 어떤 연결점을 갖는지도 추적한다. 또한 매매의 지역적 특징을 살피기 위해 제주 지역의 명문과 지역사회 관행을 함께 살펴보고, 개인이 아닌 동계와 같은 단체에서 토지를 매매하는 양상도 찾아본다. 토지매매에 얽힌 사회적 관행의 변화는 매매정보 수요의 증대에 따라 이를 중개하는 거간 행위와 이를 실현하는 거간인이 등장한 현실을 확인한다.

셋째, 토지매매에 대한 국가의 제도와 사회 관행의 변화에 이어 가족과 문중의 토지 관리 내용을 추적한다. 거주지 변경 과정에서 토지를 확보한 흔적을 기록한 매매명문을 확인하여 특정 가문이 지역사회 정착을 위한 경제기반인 토지를 확보하는 전략을 살펴본다. 정착 초기 확보한 토지는 이후 가산家產으로 관리하여 가문의 정체성을 담은 토지로 관리한 내용을 확인한다. 가산은 조상 전래의 토지와 더불어 가족 단위로 매득한 토지도 포함하였으며, 이들 토지를 체계적으로 관리하기 위해 매매명문을 적극 활용하였던 흔적을 찾는다. 그리고 토지매매명문을 이용하여 전쟁 등의 대외적 위기에도 가산을 지키고, 전쟁이 끝나고 흩어진 토지를 회복하기 위해 기울였던 개인과 가문의 노력을 발견한다.

마지막으로, 국가와 사회 그리고 가문에 이어 개인의 토지매매 경험을 매매명문으로 서술한다. 곡물과 면포 그리고 동전 등과 같은 화폐는 토지매매의 결재매수단으로 주로 이용되었다. 여러 화폐를 함께 이용하였던 사례로 17~18세기 매매명문을 살펴서 매매수단의 변화를 발견한다. 그리고 개인의 생활일기로 시장의 물가 동향을 관찰하는 움직임이 화폐의 변화와 관련성이 있는지, 토지매매에 대한 접근과 관심은 어떠하였는지 확인할 수 있다. 일기와 매매명문을 연결하여 토지매매 활동과 매매 과정에서의 대응 그리고 분쟁이 발생했을 때 매매명문의 의미와 가치가 또한 어떠했는지 다가선다. 매매명문의 형식과 내용 그리고 명문의 관리가 소유를 확보하고 분쟁을 대비하는 가장 중요하면서 효과적인 수단이었다는 의미를 찾는다. 덧붙여, 남성 중심의 토지매매 활동 추적에 갇히지 않고 조선시대 여성이나 노비 등과 같은 여러 배경을 가진 주인공의 토지 소유와 매매 사실을 확인하여 매매활동의 갖가지 모습을 서술한다.

조선시대 토지매매명문을 이용하여 국가에서 사회 그리고 가문과 개인에 이르는 제도와 일상의 변화를 서술한다. 비록 한 장의 매매명문이지만 문서의 형식과 수록한 내용은 사람들의 이야기를 담고 있다. 그렇기에 토지매매명문을 작성한 시간과 매매 지역을 확인하여 조선시대 여러 사람들의 토지와 매매에 얽힌 이야기를 만든다.

제1장

토지와 매매 그리고 매매명문

1. 조선전기 매매명문
2. 조선후기 매매명문
3. 신문기와 구문기 그리고 도문기
4. 토지매매와 입안

제1장

토지와 매매 그리고 매매명문

1. 조선전기 매매명문

매매와 거래는 한국 고대사회부터 있었으며, 매매물의 종류도 많았고 결재수단에도 여러 화폐를 이용하였다. 토지매매는 비록 백제 무령왕릉에 '매지권買地券'이 있고 동전이 함께 나왔지만, 죽은 사람을 추모하는 의미에 그친다. 사람들 사이의 토지매매와 결재가 있었는지는 확인이 쉽지 않다. 토지매매 기록은 매매문서가 직접 남아있지 않지만, 고려시대 말부터 토지 소유를 증명하는 문서에서 흔적을 찾을 수 있다. 1308년(충렬왕 34) 충선왕은 충렬왕 사망 후 내린 복위 교서에서 권세가들이 문계文契를 조작하여 토지를 빼앗는 것을 금지했다.[1] 그로부터 조금 지나 토지매매를 짐작할 수 있는 기록이 있다. 1345년(충목왕 원년) 완성한 『지정조격』에는 토지를 매매하고 소유를 증명하는 내용이 있어 고려시대 토지매매를 조금 가늠할 수 있다.[2] 『지정조격』의 고려 유입과 적용 그리고 1388년(우왕 14) 권세가의 토지겸병 폐단 제거를 단행하는 교서에서 고려말 개인의 토지소유를 엿볼 수 있다. 교서에는 사전私田이 없는 동 · 서북면에서 개인 소유를 주장

1 『高麗史』 卷38, 「刑法志」, 職制.
2 『至正條格』 卷26, 「田令」, 影占民土 · 典質合同文契 · 貿易田產 · 典賣隨地推稅.

하는 토지의 문계를 몰수하게 했다.[3] 여기서 토지는 소유보다는 개인이 세금을 받을 수 있는 수조지收租地로서 사전을 의미한다. 고려말 사전의 매매 관행은 조선으로 이어졌다고 볼 수 있고, 『지정조격』은 원나라의 법전이지만 조선 초기 조선의 법체계 구성에 활용되었다.[4] 고려말의 이런 사정을 여러 가지로 생각해 보았을 때, 개인이 토지를 소유하고 매매하는 일은 조선시대에 있었다고 하겠다.

조선시대 토지매매 규정은 『경국대전』에 있다. 법전에 매매 내용을 담기까지 토지는 원칙적으로 개인 사이에 거래할 수 없었다. 그러다 예외가 필요한 상황이 발생했다.

> 경기감사가 계를 올려 "토지를 파는 사람은 어쩌다 부모의 초상이나 장례, 혹은 여러 해 동안 묵은 부채와 속죄 값을 해결하기 위해, 또는 집이 가난하여 스스로 살아갈 수 없기 때문입니다. 모두가 어쩔 수 없는 사연에서 비롯되는 일입니다. 그 값을 모두 관에서 거두어 가니 원망이 적지 않습니다. 또 서울의 집 짓는 터와 나물 밭은 파는 것[放賣]을 허가하는데, 오직 지방에 있는 토지만 사고팔기를[買賣] 금지하는 것은 편하지 않습니다. 매매를 금지하지 않게 하시고 수수료를 내지 않고 소유를 바꾸지 않은 자는 율법에 따르게 하소서"라고 했다. 그러니 율법에 의거 시행하고 연한을 정해서 토지와 집을 방매한 것은 명문(明文)에 따라 판결해 주도록 했다.[5]

1424년(세종 6) 토지매매를 허용하는 문제를 다룬 실록 기록이다. 경기감사는 땅을 팔려는 사람들이 부모의 초상 비용을 마련하기 위한 불가피한 선택이며, 이는 조선의 국시國是 성리학 가치를 실현하는 의미가 있다고 먼저 설명했다. 그리고 국가가 정책적으로 백성을 토지에 묶어 자급자족적 생활을 도모하고 있는 현실과 달리 가난과 부채

---

3 『高麗史』 卷32, 「食貨志」 1, 祿科田.

4 김호동, 「≪지정조격(至正條格≫의 편찬과 원(元) 말의 정치」, 『至正條格 校註本』, 휴머니스트, 2007, 369쪽; 정긍식, 「朝鮮前期 中國法書의 受容과 活用」, 『서울대학교 法學』 50-4, 서울대학교 법학연구소, 2009, 39~40쪽.

5 『世宗實錄』 卷23, 世宗 6年 3月 己亥.

등과 같은 불가피한 상황이 잇따르고 있어 본디 취지와 맞지 않다고 알렸다. 이런 사정에 한정해서 관청에 수수료를 내고 입안을 받도록 허용하는데, 지방에도 토지매매를 허용하는 것이 필요하고 주장했다. 이러한 현실론에 따라 세종은 『대명률』의 입안 발급 내용을 적용하고 토지를 매매한 '명문'을 헤아려 조치하도록 결정했다. 이를 계기로 15세기 초부터 서울과 지방에서 토지매매가 가능했다. 다만, 매매 뒤 입안을 받으면서 매매사유가 상장례 혹은 가난 등 어쩔 수 없는 사유를 따지고 확인을 받도록 했다.[6] 관청에서 입안을 발급할 때 매매사유를 직접 확인하도록 한 것이었다. 이런 조선 초기 토지매매를 허용하는 과정에서 있었던 배경에 따라 매매명문에 매매사유를 적게 되었으며, 이런 관행은 조선시대 내내 이어졌다.

세종 때 토지매매를 허용한 결과, 1460년(세조 6)~1485년(성종 16) 거듭한 논의를 거쳐 간행하고 시행한 『경국대전』에 이 내용을 반영했다.

· 토지와 가옥의 매매는 15일을 기한으로 하되 그 뒤로는 변경하지 못한다. 모두 100일 안으로 관청에 아뢰어 입안을 받는다.[7]

· 모름지기 증인과 문서 작성자를 갖추어야 한다. 일가친척과 벼슬아치 중에서 두세 사람으로 한다. 토지와 주택도 같다.[8]

토지매매를 허용하되, 실록의 내용을 반영하여 관청의 확인을 받도록 했다. 다만, 매매가 성행하고 매매한 뒤에도 분쟁이 많아지면서 매매가 있은 15일 이후에는 명문의 내용을 바꾸지 못하게 법전에 정했다. 그리고 매매를 위해 작성하는 매매명문에 포함하여야 할 내용으로 매매 사유와 함께 문서 작성자와 증인 2~3명을 갖출 것을 명시했다. 입안

---

6 토지매매를 허용한 이후 관에 알리지 않는 매매가 증대하자 매매자 처벌에 대한 논쟁이 있었으며, 매득자가 입안의 절차를 거치도록 정하기에 이르렀다(『世宗實錄』 卷92, 世宗 23年 3月 丁未).

7 『經國大典』, 「戶典」, 賣買限(『經國大典』은 韓沽劤 · 李成茂 · 閔賢九 · 李泰鎭 · 權五榮(『譯註 經國大典』 飜譯篇, 韓國精神文化硏究院, 1985) 번역을 참고하여 고쳤다).

8 『經國大典』, 「刑典」, 私賤.

발급을 위한 사실확인 과정인 초사에 증인과 문서 작성자가 진술하여 이런 내용을 확인했다. 이를 위해 인척 중 관료로 있는 이를 참여하도록 정하여 진술의 신빙성을 높이려 했다. 이런 사연으로 토지매매자는 매매사유를 밝혀서 적고 인척이거나 관료인 사람을 증인으로 정해서 매매명문을 완성해야 했다.

실록과 『경국대전』의 내용에 따라 토지를 매매하고 그 결과로 명문을 작성하였다. 현재 남아있는 명문 중 가장 오랜 것 중 하나는 1487년(성종 18) 경상도 안동부 예안현에서 있었던 매매를 적은 토지매매명문이다. 이 매매명문은 법전의 규정에 따라 입안을 발급받았다. 그래서 명문과 함께 입안을 요청하는 소지와 예안현의 초사 그리고 예안현의 입안을 점련粘連하고 있다. 훼손이 심하여 매매명문만으로 내용을 읽기 어렵지만, 함께 점련한 자료를 살펴서 내용을 완성할 수 있다.

> □…□ 초 6일 김생원께 문서를 이루어[成文] 드린다. □…□ 이 몸이 가난하여 수군 복무 비용 대신 납부해야 하는 기선가(騎船價)를 여러 차례 밀려 납부할 수 없습니다. 그래서 토지 장부[衿記]에 피정하(避丁下)의 논 3곳으로 합하여 31복인 곳을 목면 12필로 계산하여 받고 영영 방매합니다. 그러니 자손이 전해 가져서 오래도록 갈아 먹으며 □…□ 한 것이 있으면 이 글의 내용으로 관청에 아뢰어□…□ 논 주인은 선군 우. 보증하는 증인 학생 안, 보증하는 증인 학생 김. 문서 작성은 학생 신.[9]

토지를 파는 사람은 초사에 47세의 선군船軍 우령禹令으로 적고 있다. 사는 사람은 김생원인데, 그는 김효로(1454~1534)로 안동 예안에 거주하고 있었다. 매매명문 위와 아래가 떨어져 나가 문서의 형식을 모두 알기는 어렵다. 형식적으로 보면 작성 연대와 매매사

---

9 韓國精神文化硏究院, 『光山金氏 烏川古文書』, 1982, 215~216쪽(土地文記類 1); 韓國學中央硏究院, 『古文書集成』 1 - 禮安 光山金氏 後彫堂篇, 2011, 496~497쪽(土地文記類 1); http://archive.aks.ac.kr/viewer/viewer.do?itemId=book#imgnode.do?itemId=book&gubun=booktree&depth=3&upPath=01%5EL0110&dataId=G002%2BKSMC%2BKSM-XD.1487.4717-20101231.B01300292_2(한국고문서자료관, 2020년 현재).

유, 토지의 위치와 규모 그리고 분쟁에 대한 담보 등이 있다. 그리고 매매자와 증인, 문서 작성자도 적었다. 가난과 세금 납부를 매매사유로 밝혀서 세종 때 매매를 허용하게 된 사연을 담았다. 증인과 문서 작성자는 인척과 관료로서 참여하게 했는데, 이들의 인척 여부는 확인이 필요하다. 다만, 학생, 즉 예비 관료인 사대부를 참여시켜 법전의 규정을 지키려는 노력을 드러내고 있다. 이처럼, 조선 초기의 토지매매와 명문의 형식은 토지매매 허용의 계기와 법전의 규정을 반영하여 틀을 갖추고 있었다. 다만, 문서의 서두에는 이후 매매명문에 등장하는 '명문明文'이 아닌 '성문成文'이라고 적고 있다.

조선 초기 토지매매명문의 형식과 내용을 살필 수 있는 또 다른 사례가 있다. 1506년(중종 1) 경상도 안동도호부에서 있었던 매매를 기록한 매매명문이다.

> □…□ 병인 9월 13일 배서방댁에 명문을 하는 것은 □…□부(夫)인데 살아갈 양식을 전혀 구할 수 없어 부자(父子)가 선(船)□…□ 하기 위해서 갈고 있는 것으로 오른 소생동원(小生洞員)에 있는 논 22복인 곳을 쌀[米]로 파는 값으로 해서 □…□받고 팔아 버립니다. 오는 정묘년으로 시작해서 가지고 오랫동안 경작□…□하되 저와 자식, 인척들이 다투려 하는 사람이 있으면 이 명문(明文)을 한 뜻으로 □…□바로잡을 일이다. 논 주인은 수군□ 김말동, 증인은 효력부위 이, 증인은 호장 윤, 문서 작성은 학생 김.[10]

이 명문은 안동 흥해배씨 배삼익(1534~1588) 종가에 전하는 고문서 중 하나로 입안을 요청하는 소지와 점련되어 있다. 입안 소지는 배삼익의 조부 배헌(1482~1524)의 호노 깃삼 이름으로 안동에 제출되었다. 따라서 명문에 기록한 매득자 배서방댁은 배헌이다. 방매자 수군 김말동은 생계의 어려움과 함께 수군역과 관련한 세금 납부의 한계를 논을 매매하는 사유로 밝히고 있다. 그리고 증인과 문서 작성자로 관료들을 동원하고 있다. 이는 이전 1487년(성종 18) 같은 안동부에서 김효로가 매매할 때 작성한 명문의 내용과 크게 다르지 않으며, 『경국대전』을 전후한 시기 논의했던 매매의 요건을 적용한 결과를

10 한국학중앙연구원 M · F. 35-12364(安東 桃木 興海裵氏 臨淵齋宗家 古文書(A)).

따르고 있다. 게다가 둘 다 매매 후 입안을 발급받아 법전의 규정을 따랐다. 다만, 문서 형식으로 볼 때, 1487년 매매문서는 '성문'으로 적었다. 그렇지만 1506년 명문에는 '명문'으로 병기하고 분쟁을 담보하는 내용에서 '명문'으로 사실을 보증하라는 단서를 적고 있다. 토지매매를 위해 작성한 문서를 '성문'과 '명문'으로 달리 적고있는 것이다. 이들 두 문서는 문서 서두 부분이 헤어져서 명문 본문의 첫 문장의 내용을 확인할 수 없다.

1487년과 1506년 매매명문은 법전의 규정을 잘 담아 내면서 명문의 형식을 갖추어 가고 있었다. 매매명문 형성의 과정을 알 수 있는 자료가 더 있다. 1567년(명종 22) 경상도 안동 흥해배씨 종가의 또 다른 명문이다.

> 1567년 정묘, 3월 17일 배습독관께 이 명문(明文)을 이루어 드립니다. 그것은 저의 남편 장만이 지난 □□□ 4월 11일 저에게 방승동 이름으로 오른 고자(鼓字) 밭 17복을 문서로 만들어 영영 허락해서 주었습니다. 이 몸이 13년 동안 갈아먹다가 이 몸이 이제 70세를 넘었을 뿐만 아니라 자식이 없어 살기 어렵습니다. 그리고 의자(儀子) 금음매는 한 번도 돌아보지 않아서 스스로 살길이 없습니다. 남편의 딸자식이 살고 있는 상주 땅 막분의 집으로 옮겨 살기 위해 남편 장만이 전해준 위의 밭을 목면 6동으로 쳐서 감찰유철릭 2, 동색유장의 1, 야청유장의 1, 백유중적은의 1, 백미 5되, 벼 10말, 6승목면 3필, 장부근 1개 등으로 바꾸고 값을 6동으로 쳐서 수대로 받고 그 밭의 곡식[禾]도 함께 영영 방매합니다. 그러니 자손에게 전해서 오랫동안 가지고 갈아 먹으십시오. 만에 하나 다른 구실로 의자식 중 분쟁을 도모하는 일이 있으면 이 명문(明文)으로 관에 알려서 바로 잡으십시오. 밭 주인, 세상을 떠난 장만의 처 양인 여성 고음지. 증인은 의녀(儀女) 막분 남편으로 일수(日守) 신대문과 사노 장득창. 문서 작성은 유학 배천기.[11]

이 매매명문은 양녀良女 고음지가 습독관 배천석(1511~1573)에게 밭을 파는 내용이다. 고음지는 장만과 결혼하였는데, 장만은 전처 사이에서 이미 아들 금음매와 딸 막분을

---

11 한국학중앙연구원 M·F. 35-12364(安東 桃木 興海裵氏 臨淵齋宗家 古文書(A)).

두고 있었다. 결혼한 뒤 이들 부부 사이에 자녀는 없었다. 그녀는 남편 장만이 세상을 떠나기 전 분재기로 분재 받은 밭을 13년 동안 갈아먹고 살다가 나이 70이 되어 의지할 곳이 없었다. 게다가 안동에 사는 의자 금음매가 자기를 돌보지 않자, 상주에 사는 의녀 막분에게 의탁을 결정했다. 그리고 남편으로부터 받은 토지의 매매를 결정하였다. 매매가는 목면을 기준으로 산정하고 결재는 각종 옷가지와 곡식, 목면, 도끼 등으로 실현하였다. 그리고 음력 3월에 방매를 하면서 파종한 곡식이 있었으므로 이들도 함께 방매의 대상으로 명문에 적었다. 경작물까지 매매대상에 넣어 그녀가 급히 이주하고 있는 사정을 담았다.

매매명문의 서두는 연호와 간지에 이어 매매날짜 그리고 매득자의 기록으로 시작한다. 그리고 서두와 분쟁을 담보하는 내용에서 이 문서가 '명문'이라는 점을 분명히 밝히고 있다. 이 점은 이전 사례에서 '성문成文 → 명문明文'으로 바뀐 결과를 그대로 잇고 있음을 보여준다. 그리고 증인과 문서 작성자는 인척과 관료를 참여시키고 있다. 증인의 경우 의녀 막분의 남편이 참여하였는데, 이는 매매 뒤 분재를 둘러싼 분쟁을 담보하기 위해서도 필요했다.[12] 다만, 이전 두 사례와 달리 매매 뒤 입안을 발급받지 않았는데, 여기에는 입안을 위해 관청에 출입하고 비용도 지출해야 하는 번거로움이 있었기 때문이었다. 그리고 무엇보다 노비와 달리 도망의 위험이 없었던 현실적 이유가 작용하고 있었다.

조선 초기 매매를 허용함에 따라 매매명문의 형식이 점차 갖추어 지기 시작했다. 16세기 말 작성한 매매명문 사례에서 완성한 매매명문의 형식을 확인할 수 있다. 1592년(선조 25) 경상도 영해의 무안박씨 종가의 매매명문이다.

---

12 여자가 자식 없이 세상을 떠나면 그녀의 친정과 의자녀 사이 분쟁의 소지가 있었다(文叔子, 「義子女와 本族간의 財産相續分爭 - 1584년 鶴峯 金誠一의 羅州牧判例 분석」, 『古文書研究』 8, 韓國古文書學會, 1996, 42~43쪽). 17~19세기에도 재혼으로 의모(義母)와 의자녀(義子女) 관계가 있었으며, 분쟁도 발생했다(김경란, 「조선후기 호적대장의 의자녀(義子女) 기록을 통해 본 여성의 재혼실태 - 대구부 동상면 호적대장의 분석을 중심으로」, 『여성과 역사』 41, 한국여성사학회, 2024, 179~180쪽; 권이선, 「조선시대 義母와 義子女 간의 상속 특징과 관련 분쟁 양상 - 1715년 회덕현 소송을 중심으로」, 『한국문화』 103, 서울대학교 규장각한국학연구원, 2023, 195~196쪽).

1592년 임진, 12월 11일 박판관댁 호노 사룡에게 하는 명문(明文)이다. 이 명문을 하는 것이다. 이 몸이 올해 환자를 많이 받아먹은 뒤 왜란으로 잔인하고도 무자비하게 오랫동안 성을 지켰기 때문에 모종을 기를 방법이 없어 모조리 실농하여 환자의 사창 납입을 기약할 수 없을 뿐만아니라 역리 신역이 너무도 무거워 더 응할 수가 없기 때문이다. 같은 마을에 사는 억손(億孫)에게 매득한 회원평(回員坪)에 있는 자(字) 논 4마지기로 7복 2속인 곳을 5승 목면 13필로 값을 정해 수대로 받고 영영 방매하니 오랫동안 경작하시오. 뒤에 어떤 사람이 딴소리하거든 이 명문(明文)을 살펴서 법에 따라 무겁게 처분할 일이다. 논 주인은 역자(驛子) 황은이(黃銀伊), 증인과 보증은 사노 안실과 사노 춘동, 문서 작성은 유학 남경생.[13]

매매명문은 역자 황은이가 논 4마지기를 박세렴(1535~1593)에게 팔면서 작성했다. 황은이는 토지 방매 사유로 전쟁을 적었다. 그는 같은 해 4월 일어난 임진전쟁으로 군역을 담당하느라 농사를 가꾸지 못해 실농하면서 수입이 없어서 전쟁 직전에 받은 환자와 신역가 마련을 위해 논을 팔기로 결정했다. 임진전쟁 중에는 황은이가 말한 사유 같은 흉년과 유리걸식을 매매사유로 밝히는 사례가 많이 늘었다.[14] 전쟁으로 생계가 곤란하다는 매매사유는 『실록』에서 자식을 맞바꾸어 삶아 먹었다는 믿을 수 없는 기록에서 보듯이 당시의 절박한 상황과 심정을 담고 있었다.[15] 이 토지매매명문은 확실한 매매사유와 토지의 위치 그리고 증인과 작성자를 갖추고 있다.

1592년 토지매매명문은 이전 사례에서 확인한 명문 작성 형식의 변화 내용을 담으면서 명문을 완성한 결과를 보여준다. 명문의 첫 단락은 왕력, 간지, 월일을 매득자와 연결하고 단어 '명문'으로 완성하였다. 방매사유도 가난 등의 현실적이고 구체적인 내용을 적었다. 매매물의 위치는 양안을 적용하면서 매득자의 확인과 관청의 입안을 염두에

---

13 韓國學中央硏究院, 『古文書集成』 82 - 寧海 務安朴氏篇(I) : 武毅公(朴毅長)宗宅, 2005, 321쪽(明文 7).

14 전쟁으로 실농하면서 흉년이 이어진 현상은 이듬해 매매명문에 "凶歲太甚 連命爲難"의 매매사유를 밝힌 내용에서 드러난다(한국국학진흥원, 옛문서 생활사박물관(life.ugyo.net - 2019.7.26. 현재)). 1594년(선조 27) 매매명문에도 '失農乙仍于 年生理無路'라고 적었다(韓國學中央硏究院, 앞의 책, 2005, 323쪽(明文 9)).

15 『宣祖實錄』 卷45, 宣祖 26年 11月 甲午.

두고 기술했다. 분쟁을 담보하는 서술도 이 문서가 '명문'이라고 적고 명문의 내용을 보증하여 갈무리했다. 그리고 증인과 문서 작성자는 확인의 어려움이 있겠으나 인척이나 관료로 구성하고 있다.

16세기 말 매매명문인 이 사례는 형식과 내용에 특징이 있다. 명문 첫 줄에 매매 연월일과 매득자를 밝혔다. 그리고 본문의 첫 문구는 "이 명문을 하는 것입니다右明文爲臥乎事段"로 시작한다. 본문에 이를 밝힌 것은 매매사유를 안내하고 적시하기 위한 하나의 수단이었다. 조선 초기 매매를 허용한 사유를 생각한다면, 명문에 더 정확하게 매매사유를 밝히고자 한 의도일 수 있다. 그리고 15세~16세기 초에 작성한 토지매매명문은 입안을 받았는데, 이 명문을 작성하고는 이전 사례와 달리 입안을 실현하지 않았다. 매매에 필요한 내용과 형식을 갖춘 매매명문을 완성하면서 매매자, 특히 매득자는 혼란기에 관청의 입안 발급 기능이 약화하고 또 부동산인 토지가 가지는 특징에 따라 굳이 비용과 시간이 필요한 입안을 실현하지 않기 시작했다.

2. 조선후기 매매명문

조선전기 토지매매를 허용한 조건이 명문에 반영된 뒤 조선후기 매매명문에도 같은 내용이 스며들었다. 임진전쟁 직전 토지매매명문의 형식을 갖추었으며, 매매명문에 기재하는 요소는 조선후기에도 이어졌다. 토지매매명문의 내용과 형식은 투식화 했으며, 투식을 정리한 내용은 지식으로 유통되었다. 그래서 토지매매명문을 비롯하여 각종 민원과 매매 등 일상생활에 필요한 문서 양식을 정리한 도서가 등장했다.

문서양식을 정리한 여러 자료 중 『행문일통』이 있다. 이 자료는 필사본으로, 18~19세기 초 민원이 증대하면서 지방 수령의 문서 행정에 참고하기 위해 각종 문서 양식을 정리한 것이다.[16] 통행하는 문서의 양식을 보기 쉽게 88개 문서를 사례별로 정리했다.

---

16 안승준, 「조선후기 문서 양식집, ≪行文一通≫ 강독」, 한국고문서학회 제261회 연구발표회 자료집(2025.

문서에는 관문서와 사문서를 망라하면서 토지와 노비의 매매를 위한 명문도 수록하고 있다. 『행문일통』에 있는 「전답명문식」을 풀어쓰면 아래와 같다.

> 몇 년 병인년 3월 날 문기초에게 하는 명문(明文)이다. 이 명문을 하는 것은 이 몸이 쓸데가 있기 때문이다. 그래서 그 들판에 있는 것을 무명 12필 받고 임성에게 샀던 허공덕에 있는 조밭 하루갈이를 본문기와 더불어 아주 팔아서 준다. (그 땅의) 사방 경계는 본문기에 있어서 부질없어 할 수 없다. 또 그 들판에 있는 것을 무명 8필로 쳐서 받고 임성에게 샀던 허장동에 있는 조와 기장이 반반인 밭 하루갈이를 아주 판다. 본문기는 다른 논밭과 함께 있어서 주지 못하며, 사방 경계는 동으로 산서제방, 남으로 큰강, 북쪽에는 오솔길에 있다. 뒷날에 두 곳의 자손 중 어쩌다 다른 말이 있으면 이것으로 살펴 바로잡을 일이다. 밭 주인은 유학 도시탄, 증인은 출신 상여태와 사과 안득관이며, 문서는 유학 안병문이 적었다.[17]

『행문일통』은 사례를 들어 문장형식을 소개하고 있는데, 「전답명문식」도 유학 도시탄이 문기초에게 밭을 파는 예시를 적고 있다. 매매에 참여한 인물과 내용은 모두 가상의 사례이다. 매매대상 토지는 2곳에 있으며, 이들은 모두 이틀 갈이 규모의 조와 기장 밭이다. 그리고 매매명문에는 본문기를 건네는 경우 사방의 경계를 묘사하는 사표四標를 생략하여 적었지만, 건네지 못하는 밭에 대해 사표를 표기하였다. 그리고 분쟁을 대비한 담보 내용을 적고 증인과 문서 작성자를 밝혔다.

명문 내용 구성은 매매자, 매매물의 종류와 위치, 매매사유, 분쟁에 대한 담보 그리고 증인과 문서 작성자를 갖추고 있다. 그리고 첫 문장의 서술이나 포괄적인 매매사유,

---

6.14), 한국고문서학회, 2025, 1쪽.

17 〈田畓明文式〉 某幾年丙寅三月日 文起初處明文/ 右明文爲臥乎事段 矣身要用所致乙仍于 同員所持白木拾貳匹 捧上是遣 任成處 買得是在 虛空德伏在 粟田一日耕庫乙 本文記幷以 永〃永放賣許與爲乎矣 四標段 在於本文起 故不復疊床是旀 又於同員處 白木捌疋 準數捧上爲遣 任成處 買得是在 虛狀洞伏在 粟稷相半田壹日耕永〃放賣爲乎矣 本文記段 他田畓幷付乙仍于 不得許與是旀 四標段 東山西堰南大川北小路是如乎 日後兩邊子孫中 如有雜談是去等 以此卞正事/ 田主 幼學都是誕(着名)/ 證 出身尙如泰(着名手決)/ 司果安得觀(着名手決)/ 筆執 幼學安秉文(着名)(안승준, 앞의 자료, 2025, 3쪽).

증인과 작성자의 요건은 16세기에 정리된 매매명문 형식을 따르고 있다. 그렇지만, 명문 양식의 사례는 『행문일통』 독자가 수령이라는 관점에서 사례를 선정하고 기술한 내용이라는 점을 참고할 필요가 있다. 매매물 내용에 있어 자호字號가 아닌 사표로 표기하거나 결부結負, 두락을 밝히지 않고 일경日耕을 적고 있는 특징이 있다. 매매명문에 자호를 생략하거나 일경을 적은 것은 조선후기 매매명문 작성 관행에서 일반적이지 않은 경우였다. 그래서 분쟁과 소송을 처결하여야 하는 수령을 위해 분란의 틈이 있는 사례를 수록하여 참고용으로 제공했을 가능성이 있다.

조선후기 문자생활, 즉 고문서를 활용한 일상생활에 필요한 문서 양식을 편집하여 간행한 자료로는 『유서필지』가 있다. 『유서필지』는 가장 널리 이용한 문서 양식집 중 하나이다. 이 책의 간행시기는 본문의 문서와 관련한 내용을 『대전통편』과 비교하여 1785년(정조 9)~1844년(헌종 10)으로 추정할 수 있으며, 판본으로 본다면 1844년을 상한으로 볼 수 있다.[18] 19세기 전반 유통한 『유서필지』의 범례에는 편찬 목적과 의미를 밝히고 있다.

> 대개 문자(文字)의 형식은 각기 있어서 같지가 않다. 문장을 배우는 사람은 문장의 문체를 따르고, 과거를 공부하는 사람은 그 문체를 익힌다. 그리고 행정을 배우는(吏胥) 사람은 이서(吏胥)의 문체를 익힌다. (중간 줄임) 행정을 배운다고 하는 것은 오로지 문서장부(文簿)만 아니라 상언(上言), 소지(所志), 의송(議送) 등의 문체를 말한다. 이 모두가 이서가 알아야 하는 것이다. 또 이서만이 알아야 하는 것이 아니라 무릇 지방관이 된 사람도 또한 알아야 한다. 그렇지만 이 같은 문자는 유자(儒子)나 서리에게 가장 필요하므로 '유서필지'라고 이름한다.[19]

---

18 전경목, 「≪유서필지≫ 編刊과 고문서학적 의의」, 『유서필지』, 사계절, 2006, 369~340쪽. 갑오개혁의 결과에 따른 문서 규식의 변화를 반영하여 1901년 『新式儒胥必知』를 간행하였다(김봉좌, 「≪유서필지≫ 판본 연구」, 『유서필지』, 사계절, 2006, 387 · 404쪽; 김건우, 『근대 공문서의 탄생』, 소와당, 2008, 12쪽; 김순희, 「'新式儒胥必知' 고찰」, 『書誌學硏究』 63, 韓國書誌學會, 2015, 181~182쪽).

19 『儒胥必知』, 儒胥必知卷之全凡例. 번역은 전경목 외 옮김(『유서필지 - 고문서 이해의 첫걸음』, 사계절, 2006, 36쪽)을 참고로 고쳤다.

서문에는 다양한 문체가 있음에도 행정에 필요한 문체를 '문자'로 명명하고 이를 익혀 일상에 사용할 필요가 있다고 밝히고 있다. 특히 민원활동과 관련한 문자를 익히는 것은 아전 만의 일이 아니라 유생, 즉 넓게 보면 모든 사람이 일상에서 필요한 일이라고 강조했다. 그리고 이런 문서의 작성을 '문자'로 적고 있으며, 이에 따라 조선후기 문서를 통한 관청 활동을 문자생활이라고 부른다. 『유서필지』에는 이런 사유로 관문서와 사문서를 크게 7종류로 구분하고 그 중 「문권류」에 매매명문을 배치했다. 매매와 관련한 분쟁 등으로 민원활동을 제기할 일을 생각할 수 있었기 때문이었다. 이로 볼 때, 이 책은 19세기 중반 이전에 사용하던 여러 양식을 종합하여 사회의 필요에 따라 편찬한 것이라 하겠다. 그래서 『유서필지』는 조선후기 문서양식, 특히 토지매매명문의 수록 내용과 양식을 확인 할 수 있는 자료이다.

『유서필지』에 수록한 매매명문 작성 양식을 내용에 따라 구분하여 정리하면 다음과 같다.

> ①년 ②월일, ③사는 사람, ④파는 사연, ⑤토지위치, ⑥토지 종류, ⑦토지 규모, ⑧분쟁에 대한 담보, ⑨파는 사람, ⑩증인, ⑪문서 작성한 사람[20]

구성 내용은 11개 항목으로 나누어 볼 수 있다. 형식적으로는 명문 첫 줄에 연호, 간지, 월일 그리고 매득자 이름을 쓰고 종결을 '명문'으로 적어서 마무리했다. 본문에는 매매사유와 토지의 위치 및 규모 등을 적은 뒤 분쟁을 대비한 내용을 적었다. 그리고 방매자, 증인, 문서 작성자를 표기했다. 이러한 내용과 형식은 『유서필지』를 간행한 19세기 중엽의 상황을 고려하더라도 조선전기의 그것과 크게 다르지 않다.

『행문일통』이나 『유서필지』에서 조선후기 토지매매명문의 내용과 형식을 알 수 있다. 그리고 임진전쟁과 병자전쟁 이후 조선후기 토지매매명문의 형식과 내용을 사례로

---

20 『儒胥必知』, 文券類, 畓券. 19세기 말 『儒胥必知』에는 답권으로 구분했지만, 본문에는 '명문'으로 적고 있다.

살필 수 있다. 사례는 조선전기와 『유서필지』 등의 문서 양식집에 있는 내용 차이를 가늠할 기회를 준다. 특히, 조선후기 토지매매명문의 양식이 19세기 중엽의 『유서필지』 등에 반영되는 모습을 확인할 수 있다. 먼저, 전라도 해남 해남윤씨 종가에 전하는 17세기 매매명문 사례이다.

> 강희 원년 갑진, 3월 25일 사노 기옥에게 하는 명문이다. 이 명문을 하는 것입니다. 갱도동도에 있는 경자(經字) 콩심는 밭 3마지기, 복수는 9복 5속인 곳을 목면 4승목 7필로 바꾸고 수대로 받고 영영 팔아 버린다. 뒤에라도 동생이 딴소리하면 이 문기(文記)로 관청에 아뢰어 바로잡을 일이다. 직접 문서를 작성한 고신신(巧臣身) 윤선립.[21]

윤선립이 사노 기옥, 즉 윤인미(1607~1674) 혹은 윤이석(1626~1694)에게 3마지기 밭을 방매하며 작성한 매매명문이다. 명문은 첫 줄에 왕력과 간지 그리고 매매월일과 매득자를 기재하였다. 그리고 16세기 말 명문의 사례에서 확인했듯이 본문의 첫 줄은 "이 명문을 하는 것입니다右明文爲臥乎事段"로 시작하고 있다. 이런 내용과 형식은 조선후기 하나의 투식이 되었다. 그리고 본문에 매매사유 없이 매매물의 위치와 분쟁에 대한 담보 내용을 적었다. 끝에는 방매자 윤선립이 증인 없이 직접 명문을 작성한다는 기록으로 마무리했다.

매매명문에는 조선전기의 형식을 따르고 있지만, 구성 내용에서 차이를 보인다. 매매사유를 밝히지 않았으며 증인도 없다. 그리고 무엇보다 매매시기에 대한 표기가 왕력과 간지가 일치하지 않는다. 명문에 기재한 '강희원년 갑진' 기록에서 '강희원년'은 1662년(현종 3)이지만, 갑진년은 1664년(현종 5)이다. 왕력보다 간지가 더 일상생활에 익숙하게 통용하므로 후자를 기준으로 하여 명문은 1664년에 작성된 것으로 확인할 수 있다. 이 매매명문은 매매 시기에 오류가 있고 매매사유도 없다. 그래서 토지매매에 있어 명문의

---

21 韓國精神文化研究院, 『古文書集成』 3 - 海南尹氏篇 正書本, 1986, 213쪽; 韓國精神文化研究院, 『古文書集成』 3 - 海南尹氏篇 影印本, 1986, 141쪽.

형식과 내용에 맞지 않는 사정으로 매득자는 입지를 요청하였다.

> 화산면에 사는 사노 기옥. 이 소지는 정말 민망한 사연이 있습니다. 같은 면에 사는 윤선립에게 콩밭 3마지기 부수로 9복 5속인 곳을 4~9승 목면 7필로 값을 주고 샀습니다. 그 뒤 매득 명문을 끝내 이루어 주지 않다가 이제 바야흐로 명문을 이루어 주었습니다. 이 몸은 강희 1년 갑진에 매득하였는데, 명문은 강희 원년으로 만들어 주었습니다. 그래서 윤선립이 일을 살필 근거가 없고 뒤에 그의 자손들이 잡담을 하니, 살펴 확인하려고 분명하게 특별히 입지를 이루어 주십시오.[22]

해남윤씨 종가는 사노 기옥 이름으로 해남현에 입지를 요청하는 소지를 제출했다. 입지를 요청한 소지에는 실제 매매가 있고 한참 뒤에 명문을 작성한 사정과 매매명문의 형식에 오류를 발견한 사실을 호소했다. 특히, 실거래 이후에 매매명문을 작성하면서 연도 기재의 오류가 있어 나중에 방매자 일족이 쟁송을 일으킬 수 있는 위험성을 방지하기 위한 목적이라고 적었다. 이러한 기술에는 언급했듯이 매매사유라든지 증인 등의 요건을 갖추고 있지 못한 점도 함께 생각한 것이기도 했다. 조선 초기에는 토지를 매매하고 입안을 발급받았지만 17세기 후반부터 입지로 갈무리하는 관행에 따라 해남윤씨 종가는 입지를 요청했던 것이다. 전쟁 이후 입안을 대신하여 입지로서 소유증명을 하였는데, 입지는 매매에 있어 결격사유가 있을 때 발급받았다.[23] 해남윤씨 종가도 또한 이런 사유로 입지를 요청하여 1667년(현종 8) 비로소 입지를 발급받그 매매명문과 점련함으로써 뒷날의 논란을 방지했다.

해남윤씨의 사례에서 형식에 문제가 있는 명문에 대해 매매사실을 확인하는 입지를 발급받은 사실에서 조선후기 토지매매에 있어 명문 형식의 중요성을 확인 할 수 있다.

---

22 韓國精神文化研究院, 『古文書集成』 3 - 海南尹氏篇 正書本, 1986, 213쪽; 韓國精神文化研究院, 『古文書集成』 3 - 海南尹氏篇 影印本, 1986, 141쪽.

23 崔淵淑, 「朝鮮時代 立案에 관한 研究」, 韓國學中央研究院 韓國學大學院 博士學位論文, 2005, 259~231쪽.

명문은 조선전기에 갖춘 매매사유와 증인 등의 요소는 물론이고 내용의 오류도 없이 작성하여야 했다. 이런 조건을 갖춘 조선후기 매매명문을 보여주는 18세기 사례가 있다.

> 1792년 임자, 정월 12일 김생원댁 노 득위(得爲)께 하는 명문(明文)이다. 이 명문을 하는 것이다. 저의 상전댁에서 이매(移買) 하려고 하동연모제 아래에 있는 6작(作)으로 신자(信字) 논 1마지기 5되지기로 3부 4속과 가자(可字) 논 3마지기로 5부 9속인 곳을 전문(錢文) 40냥으로 쳐서 받는다. 그리고 제 상전이 한글로 쓴 패지에 따라 영영 팔아 버린다. 그런데 두 곳의 본문기(本文記)는 모두 도문서(都文書)에 붙어 있어 주지 못한다. 뒷날 어쩌다가 다른 말이 있거든 이것으로 바로잡을 일이다. 논 주인은 송생원댁 노 엇쇠(㖔金), 증인은 윤태원, 작성은 백취성.[24]

명문은 전라도 부안 부안김씨 종가에 전하는 것으로 1792년(정조 16) 송생원댁 노 엇쇠가 김생원댁 노 득위에게 논을 팔면서 작성한 것이다. 이 문서는 토지매매명문의 형식과 내용을 갖추고 있는 하나의 사례이다. 먼저 매매시기와 매득자 기록을 작성하고 '명문'임을 적었다. 본문은 매매사유로 이매를 밝히고 토지의 위치와 규모와 매매가를 적은 다음, 분쟁을 대비하는 내용으로 마무리했다. 그리고 명문 끝에 증인과 문서 작성자를 갖췄다. 이런 구성 요소는 조선전기에 확립한 내용을 모두 포괄하면서 조선후기의 양식을 확립한 결과이다. 토지매매명문의 구성 내용과 형식은 19세기 중반 『유서필지』까지 이어졌다.

매매토지의 위치 표기는 매매 뒤 입안을 발급받을 때의 확인과 분쟁에 대비하기 위해 소유 증빙을 목적으로 조선전기부터 양안의 기록을 적용했다. 조선후기 여러 차례 양전으로 양안을 작성하였으며,[25] 내용은 관가와 함께 사가도 토지 관리를 위해 공유하고 있었다. 몇 사례로 매매명문의 토지 표기와 연결하여 이해할 수 있다.

---

24 韓國精神文化硏究院, 『古文書集成』 2 - 扶安 扶安金氏篇, 1998, 746쪽(明文 78).

25 金鴻植 등, 『대한제국기의 토지제도』, 民音社, 1990; 한국역사연구회 토지대장연구반, 『조선후기 경자양전 연구』, 혜안, 2008.

조선후기 전라도 고창 광산김씨 문중에 전하고 있는 「전불동양안典佛洞量案」과 「제답양안祭畓量案」이 있다.[26] 이들 자료는 문중에서 18세기 이후 광산김씨의 사우에 소속된 전답현황을 정리하고 표제를 '양안'으로 부여한 자료이다. 내용은 토지의 자호, 지번, 등급, 형태, 사표 등이다. 「전불동양안」은 5층으로 구분하고 가장 아래층에 진주陳主 · 기주起主 및 작인 명단을 수록하면서 변화한 내용이 있으면 첨지를 붙여 표기했다. 「제답양안」은 1719년(숙종 45) 기해양안을 기반으로 작성하면서 「전불동양안」과 기재 양식은 대동소이하다. 이들 양안은 광산김씨가 묘위토를 정리하면서 매득한 토지를 매매명문의 내용과 양안의 기록으로 확인하면서 관리한 것이었다.

매매명문에 적은 토지 기록과 양안의 관련성을 참고 할 수 있는 자료로 18세기 경상도 무안박씨 종가의 몇 개 「전안田案」이 있다.[27] 먼저, 「남이도호산립전안南二度戶山立田案」은 18세기 초 무안박씨 종가 소유의 전답현황을 정리한 자료이다. 박정걸(1683~1746)의 호노 산립 이름으로 있는 남이도 지역의 토지를 양안의 내용을 바탕으로 정리하였다. 영해의 남이도면南二度面에 있는 노 산립의 이름으로 양안에 기재된 성자聖字, 덕자德字, 군자君字에 해당하는 전답 현황이다. 자호로 구분한 전안 상단에 지번 · 등급을 기재하고, 이어서 전답의 형태와 규모, 결부, 사표 그리고 기주를 적었다. 그리고 「남초호석봉전안南初戶石奉田案」은 1782년(정조 6) 영해 남초면에 종가의 호노 석봉이름으로 올라있는 전답현황을 정리한 자료이다. 전안에 이어 첨부한 영해도호부사의 '완문'에는 양안의 '복자覆字'와 '기자器字'의 착란과 경계 불분명을 해결하고자 경작자를 확인하고 자호도 양안을 기준으로 정리한 사실을 확인했다. 이 전안은 자호, 지번, 등급, 사표와 결수를 정리하였다. 영해의 무안박씨 종가는 상속이나 매득으로 확보한 토지를 양안 기준으로 정리 및 관리를 하였다. 이 과정에서 매매명문의 기록도 함께 확인하였다고 하겠다. 이들 「전안」이 양안의 양식을 적용하고 있음을 상기할 때, 매매와 명문 작성에서 토지소재지를 양안과 연결할 필요가 있었음을 알 수 있다. 매매명문의 토지위치는 양안을 기준으로 했다.

---

26 韓國學中央研究院, 『古文書集成』 95 - 高敞 · 古阜 光山金氏篇, 2009, 506~542쪽.

27 韓國學中央研究院, 『古文書集成』 90 - 寧海 務安朴氏篇(II) : 武毅公(朴毅長)宗宅, 2008, 1~18 · 31~48쪽.

한편, 1792년(정조 16) 매매명문에 본문기와 도문기 내용이 있다. 토지매매에서 명문의 작성과 함께 이전의 명문은 매득자에게 함께 건넸다. 그런데 구문기를 신문기와 같이 건네주지 못하면 그 사연을 명문에 적어 매매에 대한 분쟁을 대비했다. 따라서, 원칙적으로 매매에 있어 이전에 있었던 매매의 결과물인 명문, 즉 구문기와 본문기를 매득자에게 함께 건네야 했다.

3. 신문기와 구문기 그리고 도문기

조선전기 매매명문은 작성한 명문 그 자체만으로 관청의 입안을 받는 근거가 되었다. 그래서 이런 내용을 명문 본문의 끝에 '이 글의 내용으로 관청에 아뢰어…', 혹은 '이 명문으로 관에 알려서 바로 잡으십시오'라고 언급하였다. 그리고 조선후기가 되면서 매매명문에는 이러한 분쟁을 대비한 담보 내용과 더불어 본문기 혹은 구문기를 함께 건넨다는 사실을 적었다. 그렇게 하지 못하면 사유를 명문에 적었다. 구문기를 함께 건네지 못하는 대표적인 이유로 구문기에 매매대상 토지 외에 다른 토지와 함께 기재되어 있다는 문장이었다.

조선후기 매매에 있어 구문기를 신문기와 함께 건네는 일은 하나의 관행이었다. 부동산 토지는 노비와 달리 도망의 여지가 없기에 매득자는 입안을 받는 번거로움을 회피하였으며, 불가피할 경우 입안을 간략화하여 입지를 발급받는 정도였다.[28] 게다가 조선후기에는 매매로 토지거래를 종결하고 입안이나 입지를 회피하려고 했다. 대신 매득자는 명문으로 토지 소유를 이전받으면서 매득 토지와 관련하여 이전에 작성한 명문을 함께 받아서 분쟁의 여지를 차단하고자 했다. 소유를 증명할 수 있는 명문을 확보함으로써

---

28 1730년 이전부터 노비 이외의 매매에는 입안을 받지 않는 것이 관행으로 굳었으며, 18세기부터 가사와 전답 매매에 백문거래를 당연시하고 있다. 게다가 입지가 등장하여 입안과 혼용되면서 입안제도는 쇠퇴했다(崔淵淑, 앞의 글, 2005, 256~261쪽).

분란을 대비하기 위한 것이었다. 분쟁이 발생하면 신문기와 구문기를 모두 갖춘 도문기를 안정적으로 확보하고 있는 사실이 중요했다. 그리고 분쟁에 있어 실질적으로 이 부분이 판단의 중요 근거가 되었다. 18세기 생활일기에서 신문기와 구문기 그리고 도문기가 분쟁에서 얼마나 중요한지를 확인할 수 있다.[29] 지방관으로서 그리고 개인으로 토지매매 분쟁 경험을 적은 일기 내용을 차례대로 살펴본다.

황윤석은 1787년(정조 11) 2월 전의현감으로 묘위답에 대한 쟁송을 처리하는 과정을 일기에 자세히 적어 두었다. 쟁송은 묘위답 소유를 확인하고 환퇴 여부를 판단하는 과정이었다.

> 대흥의 조가(趙哥) 태기의 후예는 이미 진천의 정가에게 투매하였다. 그리고 정가의 토지를 관리하는 노 박한은 조가의 마을에 살고 있었다. 조가가 본가 60냥을 박한에게 주어 정가에 보내도록 하고, 이것으로 묘답을 돌려받을 계획 세웠다고 한다. (가운데 줄임) 알고 보니 일찍이 대흥 조가의 논을 사서 본문기(本文書)가 있고 또 도문서(都文書)에 배탈(背頉)을 했다. 종손의 땅이 아니었으므로 정가가 본문서를 가져와서 내었다.[30]

분쟁의 발단은 이랬다. 전의현에 사는 조중현은 전의와 가까운 대흥에 사는 조태기가 진천의 정가에게 가문의 묘위답을 몰래 팔아버렸다고 주장하며 쟁송을 제기했다. 조중현은 투매 당한 토지를 되찾으려고 정가에게 60냥을 지급할 계획이었다. 그렇지만, 황윤석은 조중현의 일방적인 주장보다 매매와 관련한 문서의 존재 여부를 더 중요하게 여겨 판단을 내렸다.

선영 매매를 둘러싼 조중현과 정가 사이의 의견 차이는 매매명문과 본문기 그리고 도문기의 관리 내용으로 판단을 갈랐다. 정가는 조태기에게 논을 살 때 작성한 매매명문

---

29 매매와 소유 분쟁에서 신·구문기 중요성을 확인하는 내용은 정수환(「18세기 황윤석의 매매정보 수집과 소유권으로서의 매매명문 활용」, 『民族文化論叢』 52, 영남대학교 민족문화연구소, 2012) 글을 고치고 다듬었다.

30 黃胤錫, 『頤齋亂藁』 40卷, 丁未 2月 13日 辛亥.

은 당연하고 매매 이전에 조태기가 매득하며 확보했던 본문기도 함께 갖고 있었다. 게다가 조태기가 신문기를 건네면서 매매대상 논과 더불어 다른 토지도 담고 있는 본문기를 함께 정가에게 주었다. 정가는 이런 사정을 본문기의 뒷면에 관청의 사연을 적고 배탈까지 받았던 것이다. 전의현감 황윤석은 이들 문서를 확인하고 사정을 이해한 뒤 조중현의 주장을 물리쳤다. 황윤석의 판단 근거는 신문기, 본문기 그리고 이들을 모두 지칭하는 도문기의 존재와 여기에 뿌리를 둔 사실의 확인이었다. 이처럼 매매에 있어 본문기, 즉 구문기의 존재 여부는 분쟁에 있어 중요했다. 그래서 토지매매명문을 작성할 때 구문기를 함께 건네는 여부를 밝혀 적어 안전한 매매를 이루고자 했다.

황윤석은 지방관으로 토지매매 분쟁 판결에 명문, 특히 신문기와 구문기 등이 중요한 사실을 경험했다. 그렇지만, 이듬해 자신의 토지 분쟁에서는 정작 신·구문기가 없어 많은 어려움을 겪게 되었으며, 힘들었던 과정을 일기에 고스란히 남겼다. 1789년(정조 13) 황윤석은 모친의 선영이 있는 산지와 시장柴場을 두고 전별감前別監 채필공과 쟁송을 했다. 분쟁은 선영이 있는 산의 시장 소유를 다투는 것이었으며,[31] 이 과정에서 황윤석은 매매물의 전래 경위를 확인하고 신문기와 구문기의 중요성을 다시 경험했다.

채필공이 시장의 소유를 주장하였다. 그렇지만, 황윤석은 이에 앞서 선영 인근의 시장을 매득하는 노력을 기울인 사실이 있었다. 그는 일기에 예전 일을 회상하며 매득을 시도했던 사실을 자세히 적어 두었다.

> 시장은 마을에 사는 최가에서 대대로 전해 오는 것이었다. 그런데 최가는 패망 혹은 후손이 없어 부안으로 흘러갔다. (가운데 줄임) 내가 장지를 마련한 후에 부안의 최가가 나에게 와서 사기를 요청했다. 내가 본문기(本文記)를 보자 하니, 최씨가 이미 채석공이 갖고 있는데 찾으려 했지만 보여주기만 할 뿐이라고 말했다.[32]

---

31 黃胤錫, 『頤齋亂藁』 43卷, 己酉 2月 24日 辛亥.
32 黃胤錫, 『頤齋亂藁』 43卷, 己酉 3月 2日 己未.

일찍이 황윤석은 모친 분묘를 마련하면서 주변의 시장을 사기 위해 소유자를 수소문하여 주인이 부안으로 이주해 가버린 최씨라고 확인했다. 이런 사정으로 매매를 실현하지 못하다가 최씨가 찾아와 방매를 제안했다. 그런데 황윤석은 매매 뒤 분쟁을 대비하여 본문기를 요청하였으나, 최씨가 본문기를 확보하고 있지 않으면서 매매를 완성하지 않았다. 확인해 보니 본문기는 채필공의 8촌 채석공이 갖고 있었으며, 이는 바로 복잡한 이해가 얽혀있다는 의미였다. 황윤석은 이 사실을 바로 알아차렸다. 그렇기에 지방관으로 토지쟁송을 판결하면서 신문기와 구문기를 아우르는 도문기의 중요성을 확인했던 황윤석으로서는 신중했다. 최씨와 시장 매매를 논의하는 사이 시장 주인이라고 주장하는 채필공이 황윤석 모친의 분묘 이장을 주장하며 송사를 일으켰다.

홍덕현감은 황윤석과 채필공의 선영과 시장에 대한 쟁송을 중재했다. 황윤석에게 채필공의 시장을 43냥에 매득하도록 했다. 그리고 현감은 신문기와 구문기를 확보하고 황윤석에게 주었다.

> 그들은 최가의 구문기와 채석공의 신문기 모두를 갖추어 제출하고 돌아갔다. 오직 채필공이 말하는 신문기는 양응해가 증인, 형방 국사무가 필집으로 (작성한 것을) 우리 집에 보냈던 (매득자) 이름이 채워지지 않은 것으로…[33]

채석공이 산지의 시장을 매득하는 과정에서 확보한 신문기와 구문기를 모두 관에서 확보하였으며 이는 황윤석에게 전해졌다. 그리고 시장과 또한 이해가 얽혀있는 채필공의 문서도 확인했다. 황윤석은 관의 중재를 받아들이되, 시장 매매와 관련한 모든 이해자의 신문기와 구문기를 확인하고 확보하려 했다. 그런데, 채필공이 처부妻父에게 분재 받았다고 주장하며 제시한 신문기는 증인과 필집을 갖추었지만 수취인 기록이 없다는 사실에 의구심을 가졌다. 그래서 이러한 내용을 적은 수기手記를 받는 것으로 갈음했다.

토지매매에 있어 매매 당시 작성한 신문기와 더불어 구문기의 확보도 중요했다. 그렇

33 黃胤錫, 『頤齋亂藁』 43卷, 己酉 4月 7日 癸巳.

기에 황윤석은 시장 매매를 시도하면서 소유의 정확성을 신문기와 구문기의 여부로 확인하려고 했다. 그리고 비록 관청의 중재로 시장을 매득하면서도 또한 이전에 작성했던 신문기와 구문기를 아우르는 도문기를 확보하였다. 황윤석의 사례에서 보듯이 토지의 소유는 명문으로 확인할 수 있으며, 이를 증빙하기 위해 구문기도 잘 확보하여야 했다. 그래서 이들을 모두 가리키는 도문기를 잘 관리하는 것은 토지의 확보와 경영에 아주 중요했다.

신문기와 구문기를 안정적으로 확보하는 일은 완전한 매매를 위해 중요한 요소였다. 그래서 매득자는 이들 명문을 신중하게 관리했다. 이와 같은 신문기와 구문기를 포괄하는 도문기로서 명문을 관리한 흔적을 보여주는 사례는 전라도 부안의 부안김씨 종가에서 찾을 수 있다.[34] 모두 5점의 매매명문은 신문기와 구문기로 연결되어 있으며, 최종 매득자 김정렬(1750~1798)이 토지를 사고 확보한 뒤 부안김씨 종가가 이들 명문을 도문기로 관리한 결과이다. 이들 5점 명문의 중요 내용을 정리하면 다음과 같다.

· 1732년 임자, 2월 13일 승 옥민께 하는 명문이다. 이 명문을 하는 일은 이처럼 큰 흉년을 당해 살아갈 길이 없기 때문입니다. 그래서 하동(下東)의 7작(作) 경자(慶字) 논으로 10마지기를 경작하는 24복 6속을 상전의 패지에 따라 전문 16냥으로 바꾸어 받고 이 사람께 본문기와 함께 영영 방매합니다. 뒷날 행여라도 잡담하거든 이 문자로 관청에 아뢰어 바로잡을 일입니다. 논 주인 김석벽. 증인 전만명, 문서는 선임문 작성.[35]

· 1732년 임자, 11월 15일 전만명께 하는 명문이다. 이 명문을 하는 것은 승려인 이 몸이 이매(移買)를 하기 위해서입니다. 그래서 하동의 7작(作) 경자(慶字) 논으로 10마지기, 부수는 24복 6속인 곳을 전문 24냥으로 값을 쳐서 수대로 받고 이 사람께 본문기와 함께 영영 방매합니다. 뒤에 어떤 동생이나 상좌(上佐) 등이 만일 잡담하여 폐단을 만들면 이

34 신 · 구문기 연결 사례는 정수환(「우반동 김씨 집안의 18세기 땅문서」, 『우반동 양반가의 가계경영』, 한국학중앙연구원출판부, 2018) 글을 고쳤다.

35 韓國精神文化硏究院, 『扶安金氏愚皤古文書』, 1983, 180쪽(土地文記類 32).

문기(文記)를 가지고 관청에 아뢰어 바로잡을 일입니다. 논 주인 승려 옥민. 증인 하필선, 문서는 유학 이한욱 작성.[36]

· 1770년 경인, 2월 28일 김생원댁 노 기봉께 하는 명문이다. 이 명문을 하는 것은 이런 큰 흉년에 즈음하여 장례 비용을 갖추기 어렵기 때문입니다. 전래 받은 7작(作)의 경자(慶字) 논 10마지기를 경작하는 24복 6속인 곳을 전문 33냥으로 값을 쳐서 수대로 받고 이 사람께 본문기 2장과 함께 영영 방매합니다. 뒤에 잡담이 있거든 이것을 가지고 관청에 아뢰어 바로잡을 일입니다. 논 주인 상주 전논소다지. 증인은 성이 같은 4촌형 전순재. 문서는 유학 선이문 작성.[37]

· 1774년 갑오, 11월 15일 유학 김환규께 하는 명문이다. 이 명문은 초상으로 재산이 무너진[喪敗] 때를 당한 즈음 장례비용을 마련하기 어렵기 때문입니다. 내가 샀던 논 7작(7作)으로 경자(慶字) 논 10마지기를 경작하는 24복 6속인 곳을 전문 35냥으로 값을 쳐서 수대로 받고 이 사람께 본문기 3장과 함께 영영 방매합니다. 뒷날 잡담하거든 이 문자로 관청에 아뢰어 바로잡을 일입니다. 논 주인 유학 김대여. 문서는 증인 유학 김진후 작성.[38]

· 1781년 긴축, 정월 18일 유학 김정렬께 하는 명문이다. 이 명문을 하는 것은 이매(移買)를 하기 위해서입니다. 그래서 제가 샀던 하동의 7작(作) 척자(尺字) 논으로, 9마지기를 경작하는 24부 6속을 35냥으로 값을 쳐서 받고 이 사람께 본문기와 함께 영영 방매합니다. 뒷날 만일 잡담이 있으면 이 문자로 바로잡을 일입니다. 논 주인 유학 김환규. 증인 유학 김진항. 문서는 유학 최알 작성.[39]

논을 매매하는 다섯 점의 토지매매명문은 모두 신문기와 구문기로 연결한 도문기이다. 종가에 있는 130점의 토지매매명문 중 1781년(정조 5) 종손인 김정렬이 매득한 명문을 기준으로 구문기를 추적하여 이들 명문을 찾았다.[40] 매매명문 내용을 확인하는 방법은

---

36 韓國精神文化硏究院, 앞의 책, 1983, 180쪽(土地文記類 33).
37 韓國精神文化硏究院, 앞의 책, 1983, 183쪽(土地文記類 84).
38 韓國精神文化硏究院, 앞의 책, 1983, 184쪽(土地文記類 52).
39 韓國精神文化硏究院, 앞의 책, 1983, 185쪽(土地文記類 61).

매매명문에 적고 있는 방매자와 매득자 사이의 관계, 매매대상 토지의 위치와 규모 그리고 매매명문에 적고 있는 구문기 혹은 본문기에 대한 언급 등을 확인하는 것이다.

먼저 매매자의 연결관계를 확인할 수 있다. 1781년(정조 5) 매매명문에서 거슬러 올라가면서 확인을 시작하면, 유학 김정렬은 유학 김환규에게 논을 샀다. 그리고 그로부터 7년 전, 1774년(영조 50) 유학 김환규는 유학 김대여에게 논을 샀다. 1770년(영조 46) 김생원댁 노 기봉은 전논소다지에게 논을 샀는데, 전논소다지의 상전 김생원은 뒤에 살펴볼 매매대상 토지의 위치와 규모 등의 내용으로 볼 때 김대여로 볼 수 있다. 그리고 38년 전 1732년(영조 8) 11월 전만명은 승려 옥민에게 논을 사며 명문을 작성했는데, 전만명은 명문의 다른 기록으로 볼 때 그리고 38년이라는 시차를 생각한다면 전논소다지의 부친일 가능성이 높다. 끝으로, 같은 해 2월 승려 옥민은 김석벽으로부터 논을 사면서 명문을 작성했다. 매매자의 연결 관계는 '김석벽 → 옥민 → 전만명(=전논소다지) → 김생원댁 노 기봉(=김대여) → 김환규 → 김정렬'로 정리할 수 있다.

매매대상 토지의 위치와 규모로 신문기와 구문기의 연결관계를 파악할 수 있다. 매매명문의 토지정보는 양안 기재양식의 변화와 긴밀한 연관성을 갖고 있었다.[41] 그래서 매매명문의 자호에 변화가 있을 가능성을 고려하면서 구문기를 찾아야 한다. 1781년 명문에는 하동의 척자尺字 9마지기로 24복 6속을 매매대상으로 하였다. 그리고 그 이전 1732년부터 1774년까지 4점의 명문에는 하동의 경자慶字 10마지기 24복 6속으로 적고 있다. 이들 매매명문 중 비록 1781년의 매매 명문이 자호와 마지기의 차이를 보이고 있지만, 토지가 하동에 있으면서 결부는 같다는 특징이 있다. 1719~1720년(숙종 46) 경자양전은 조선후기 마지막 전국단위 최대규모의 양전사업이었으며, 자호는 5결마다 천자문의 순서에 따라 부여하면서 이전과 많은 변경이 있었다.[42] 이후에는 각 군현별로 양전을 실시

---

40 조선후기 부안김씨 종가는 이들 명문을 일괄로 구분하여 관리하였다. 다만, 『고문서집성』을 편집하면서 개별 자료로 분류하여 수록하였으며, 이 때문에 신문기와 구문기의 연결성을 재구성하여야 한다.

41 오인택, 「조선후기 量案과 토지문서」, 『조선후기 경자양전 연구』, 혜안, 2008, 329~330쪽.

42 김건태, 「갑술 · 경자양전의 성격 - 칠곡 석전 광주이씨가 전답안을 중심으로」, 『조선후기 경자양전 연구』, 혜안, 2008, 443쪽.

했는데, 전라도 고산현의 경우 1748년(영조 24)과 1759년(영조 35) 각기 부분적인 성과가 있었다.[43] 양안에 따라 토지의 위치를 표기하는 자호가 바뀌고 경자양전 이후 지역별로 양안을 수정하였던 배경을 알 수 있다. 그렇지만 토지에 대한 부세 기준이 되는 결부는 변경의 여지가 적었던 점도 고려하여야 한다. 그렇다면 1781년 명문은 자호와 마지기는 다르지만, 위치와 결부가 같다는 사실에서 다른 매매명문과 연결성을 알 수 있다. 내용을 정리하면 '1732년 2월 → 1732년 11월 → 1770년 → 1774년 → 1781년' 토지매매명문으로 신문기와 구문기를 연결할 수 있다.

매매명문에 적고 있는 구문기 혹은 본문기에 대한 기록도 연결성을 암시한다. 1732년 2개의 명문은 본문기 전여 사실만 적었지만 1770년 명문은 '본문기 2장'으로, 1774년은 '본문기 3장'으로 확인했다. 이들 명문이 신문기와 구문기로 연결된다면 1770년과 1774년의 본문기 개수가 실제 매매명문 수와 명문에 적은 내용이 일치한다. 그리고 1781년 명문에는 본문기를 전여한다고 밝히고 있다. 다만, 1732년 2월 매매명문에서 언급한 본문기는 현재 확인이 어려운 상황이다. 따라서 5점의 매매명문은 본문에서 '본문기'의 전여 여부와 개수를 기준으로 신문기와 구문기로 연결할 가능성이 높다.

토지매매에 있어 매매자의 연결관계와 토지의 위치기록 그리고 본문기에 대한 언급 등을 확인한 결과 5점의 매명문은 신문기와 구문기로 연결된다. 따라서 부안김씨 종손 김정렬이 1781년 유학 김환규로부터 논을 사면서 이전에 3회에 걸친 매매에서 작성한 4점의 명문도 본문기 혹은 구문기로 함께 건네받은 사실을 알 수 있다. 그가 이처럼 구문기를 확보하여 매득한 토지를 도문기로 관리한 것은 매매명문 작성으로 거래를 완성하고 매득한 토지에 대한 분쟁을 방지하기 위한 노력의 결과였다.

구문기 혹은 본문기 그리고 신문기를 포함하는 도문기는 매득한 토지의 소유를 확보하고 관리하기 위한 중요한 요소였다. 그리고 매득자는 토지를 둘러싸고 분쟁이 발생하거나, 분쟁을 대비하여 확보한 입안이나 입지도 넓은 의미에서 일종의 도문기로 인식하고 함께 관리하였다. 매득자는 토지소유의 유지를 위해 문서 관리 노력을 기울였던 것이다.

---

43 朴魯昱, 『朝鮮後期 量案 硏究에 대한 批判的 檢討』, 景仁文化社, 2016, 107~108쪽.

대표적으로 전라도 구례의 문화류씨 매매명문이 있다.[44] 신문기와 구문기는 물론 이후 입안이나 입지를 받은 문서를 종이 끈이나 풀로 함께 묶어 일괄문서로 관리한 흔적을 확인할 수 있다.

전라도 구례 문화류씨가에 전하는 매매와 관련있는 문서들은 매매명문과 함께 입지, 패지 등을 같이 풀로 붙여 점련하거나 종이 끈으로 묶어서 관리한 비중이 높다. 이렇게 관리한 일괄문서는 크게 3가지 유형으로 나눌 수 있다. 먼저 현재 매득자의 소유경위를 알 수 있게 거래와 양도의 내용을 담은 구문기를 신문기와 함께 관리하였다. 그리고 패지, 입안, 입지 등과 같이 토지매매명문과 관련하여 작성되어 소유를 보장 혹은 확보하기 위한 문서를 모은 것이 있다. 마지막으로 서로 관련성이 없는 명문들이지만, 류씨가에서 비슷한 시기 혹은 같은 지역의 명문을 함께 분류하기도 했다.

토지를 매매한 후 매득자는 매매당시 작성한 신문기와 함께 이전의 매매 내용을 담고 있는 구문기를 확보하여 토지를 둘러싸고 생길 수 있는 분쟁을 1차로 막았다. 그리고 매득 이후에도 토지와 관련한 소유를 증명하거나 방증할 수 있는 문서를 함께 보관하였으며, 토지가 많으면 연관성이 있는 명문이나 문서들을 함께 분류하여 관리하였다. 이처럼 조선시대 매득자는 매매명문의 관리에 신중하여 분쟁을 사전에 막는 노력을 기울였다.

4. 토지매매와 입안

토지를 매매하고 결과물로 토지와 더불어 매매명문을 확보한 매득자는 명문 관리에 신중했다. 조선 초기에는 매매명문으로 입안을 받아서 토지 매득 사실을 공고히 했다. 그렇지만, 조선후기 특히 18세기 이후부터 수수료와 복잡한 절차 그리고 입지의 출현으

---

44 구례 문화류씨의 일괄문서 관리 내용은 정수환 · 이헌창(「조선후기 求禮 文化柳氏家의 土地賣買明文에 관한 연구」, 『古文書研究』 33, 韓國古文書學會, 2008) 글을 고쳤다.

로 점차 입안 발급 관행은 약화했다.[45] 이런 경향은 한성부의 토지와 가사 매매명문과 입안 536점을 대상으로 매매와 입안 발급 추이를 추적한 연구에서도 확인할 수 있다. 문서 중 매매명문 대비 매매입안 비율이 17세기 2.3 : 1에서 18세기 3.9 : 1로 거의 두 배로 증가였는데, 이 수치는 17세기 매매 2건에 1건의 입안을 받던 것이 18세기 4건에 1회로 대폭 축소한 사실을 보여준다.[46] 그리고 19세기에는 입안 사례가 희소하고 매매에서 개인 사이의 백문기로 거래하는 관행이 있었다. 그래서 매매문기를 훔쳐 매매 하는 사건이 발생하기도 했다.[47] 18세기 이후부터 매매명문 그 자체가 소유를 증명하면서 매매명문의 관리가 더욱 중요했다.

조선후기 입안 발급과 관련하여 매매명문의 중요성과 가치에 차이가 있음에도 매득자는 명문 관리에 집중하였다. 매매결과 확보한 구문기를 안전하게 관리하고자 했다. 그리고 필요한 경우, 관청으로부터 입안이나 입지를 발급받아 있을 수 있는 분쟁을 미리 대비했다. 입안과 입지 이 또한 구문기 못지않게 때로는 구문기와 같은 중요한 근거로 의미가 있었다. 조선후기 매매 후 입안이나 입지의 발급이 일반적이지 않은 상황에서 매득자가 입안을 확보한 자료가 있다. 이 사례로 매매명문 작성의 엄격성과 함께 완전한 소유를 확보하기 위한 매득자의 노력을 확인할 수 있다.

17세기 후반 전라도 해남의 해남윤씨 종가 매매명문 중에는 입안을 발급받은 고문서가 있다. 1682년(숙종 8) 매매명문을 작성한 후 이듬해 해남현에서 입안을 발급받은 사례이다.[48] 이 매매명문은 여자종을 매득자로 적고 있지만, 함께 점련한 입안에 따르면 실질적인 매득자는 해남윤씨 인물이 아닌 유학 이필성이다. 이필성이 매득하고 입안을

---

45 최연숙, 앞의 글, 2005, 257쪽.

46 송철호, 「서울역사박물관 소장 한성부 토지 · 가옥 매매문서의 현황과 특징」, 『조선후기 한성부 토지 · 가옥 매매문서』 2, 서울역사박물관, 2024, 269~270쪽.

47 노상추(1746~1829)의 『盧尙樞日記』에는 인척이 '畓文券'을 가져가서 방매를 시도한 기록이 있다(盧尙樞, 『辛未日記』, 11月 27日 壬寅). 19세기는 매매명문을 소유한 것만으로도 매매가 가능했기에 私賣, 斥賣, 盜賣의 위험이 컸다.

48 해남윤씨와 입안 내용은 정수환(「1863년 3월 8일 토지등기부 등본 발급」, 『조선 명문가가 사는 법』, 한국학중앙연구원출판부, 2022) 글을 다듬었다.

발급받은 문서가 해남윤씨에 전하는 사연은 정확히 알 수 없다. 다만, 방매자 담이는 해남윤씨가 해남 지역의 토지를 매매할 때 증인 등 주변인으로 명문에 이름을 올리고 있으며, 해남윤씨 소유 노비와 혈연관계를 형성하고 있다.[49] 이렇게 본다면, 담이는 해남윤씨 소유의 노비일 가능성이 높다. 그리고 이필성이 해남현에서 발급받은 입안을 해남윤씨가 소유한 것도 쟁송의 결과물일 가능성을 암시한다.

1682년(숙종 8) 유학 이필성이 매매명문을 작성하고 이듬해 발급받은 입안이 있다. 이들 자료를 매매와 명문 작성 그리고 입안의 과정을 보여주는 사례로 살펴본다. 먼저, 매매명문 내용이다.

> 1682년 임술, 12월 초 8일 호비(戶婢) 월매에게 하는 명문이다. 이 명문을 하는 것은 이 몸이 여러 가지로 많은 식구가 연거푸 흉년에 농사를 망쳐서 살아갈 방도가 어렵기 때문이다. 그래서 어쩔 수 없이 화산 일도면의 대로월원에 있는 약자(若字) 논 9마지기로 세 논배미에서 동쪽 3마지기 한 배미 10복 3속인 곳을 벼[正租] 10섬으로 바꾸어 수대로 받는다. 그리고 이 여자 종에게 영영 팔아 버린다. 그러니 이 뒤에 동생, 자식, 조카 중 잡담을 꾸며 만들거든 이 문기(文記)로 관청에 알려 바로잡을 일이다. 논 주인 사노 담이. 증인은 같은 성씨의 조카 사노 석벽. 보증은 내수사 노 처일. 문서는 정병 진득창 작성.[50]

1682년 12월 호비 월매가 사노 담이에게 논을 사면서 작성한 명문이다. 입안에 따르면 호비 월매의 주인과 상전은 유학 이필성이다. 어떤 사연인지 알 수 없지만, 해남윤씨 고문서에서 월매가 호비의 신분으로 토지매득을 대행한 것은 3번이 있었다. 이 매매에 앞서 1680년(숙종 6) 사노 귀현에게 논 3마지기를 샀으며, 그 뒤 1695년(숙종 21) 사노 봉철로부터 논 2마지기를 매득했다.[51] 토지 방매자 사노 귀현과 사노 봉철은 자기가

---

49 정수환, 앞의 글, 2022, 254~256쪽.

50 韓國精神文化硏究院, 『古文書集成』 3 - 海南尹氏篇 正書本, 1986, 213쪽; 韓國精神文化硏究院, 『古文書集成』 3 - 海南尹氏篇 影印本, 1986, 142쪽(土地文記 4).

51 韓國精神文化硏究院, 『古文書集成』 3 - 海南尹氏篇 正書本, 1986, 291쪽(土地文記 344) · 317쪽(土地文記

매득하여 경작하거나 조상에게서 몫으로 받은 논 팔았으며, 월매는 이들 사노가 소유한 토지 매득에 상전을 대행했다. 그리고 이들 매매명문에서 월매는 모두 '호비'로 등장한다. 앞뒤 명문의 관계로 본다면, 월매는 유학 이필성의 호비로 그를 대신하여 매매에 매득자로 참여했다.

유학 이필성이 매매명문을 확보하고 입안 발급을 결심한 사연이 있다. 매매명문은 조선후기의 작성 양식을 갖추고 있다. 첫 문장의 매매일시와 매득자 기록에서 시작해서 본문의 매매사유, 토지위치와 규모, 매매가 그리고 분쟁을 대비한 담보 내용이다. 명문의 말미에는 방매자와 인척 혹은 넓은 의미에서 관료가 증인과 작성자로 이름을 올렸다. 그렇지만, 매매사유와 함께 기재하는 토지의 획득 경위와 본문기의 전수 내용이 없다. 게다가 분쟁 방지를 담보하는 내용에서 동생과 자식에 조카까지 밝혀 적었다. 이 점은 토지와 이해가 얽힌 인물이 많다는 점을 나타내고 있었다. 그래서 이필성은 매매 뒤 매매명문의 내용에 대한 논란과 함께 복잡한 이해관계자들과 분쟁이 발생할 것을 걱정하고 관청으로부터 입안을 발급받아 대비하고자 했다.

매매명문 내용에서 본문기의 전수와 관련해서도 분명히 해야 했다. 명문에 본문기의 존재 여부는 언급조차 없다는 점이다. 호노 월매가 대행한 나머지 2건의 매매명문에는 '본문기와 함께本文記幷以'라는 문구를 바로 적었다. 예를 들면, 1680년 매매명문에서 사노 귀현은 호노 월매에게 방매한 명문과 함께 그가 매득할 때 작성한 명문을 구문기로 밝혔다. 사노 귀현과 호노 월매의 매매에서 있었던 본문기와 구문기를 함께 정리하면 다음과 같다.

> · 1667년 정미, 3월 17일 사노 귀현에게 하는 명문이다. 이 명문은 쓸 곳이 있어서 하는 것이다. 조상으로부터 몫으로 전해 받아 갈아 먹다가 화산일도의 삼치원에 있는 사자(思字) 논 3마지기로 복수가 8복인 곳을 목 2동 10필로 바꾸어 수대로 받고 이 사람에게 영영 방매한다. 뒤에라도 동생과 자식 등이 잡담을 하거든 이 문기로 관청에 아뢰어 바로

447).

잡을 일이다. 논 주인 사노 담이. 증인 사노 명금. 증인 보증 사노 인복. 문서는 김윤탁 작성.[52]

· 1680년 경신, 2월 초2일 호비 월매에게 하는 명문이다. 이 명문은 쓸 곳이 있어서 하는 것이다. 처삼촌 담이에게 매득하여 갈아 먹다가 현의 화산일도의 삼치원에 있는 사자(思字) 논 3마지기 복수는 8복인 곳 중에 값을 8승목 1동 20필로 바꾸어 수대로 받고 이 사람에게 본문기와 함께 영영 방매한다. 뒤에라도 자식이나 동생 중 어떤 사람이 잡담하려거든 이 문기(文記)로 관청에 알려 바로잡을 일이다. 논 주인 사노 귀현. 증인 처남 석벽. 증인 보증 보인 양체일. 문서는 한량 최철수 작성.[53]

1667년(현종 8) 매매명문은 사노 담이가 사노 귀현에게 3마지기 논을 방매하는 내용이다. 매매토지를 분재로 확보했다고 적어 담이 소유의 토지를 매매대상으로 삼았음을 보여주고, 이런 배경에서 매매가 있은 뒤 형제와 자식들이 문제를 제기할 여지가 있다는 내용을 적었다. 사노 귀현은 그로부터 3년 뒤, 1680년(숙종 6) 이필성의 호비 월매에게 이 토지를 다시 팔았다. 귀현은 자신이 처삼촌 담이로부터 매득했다는 사실을 적었다. 그리고 매매대상 토지의 위치와 규모가 일치하고 있어 명문에서 적은 '본문기'가 1667년의 매매명문이라는 점을 알 수 있다. 다만, 1667년 매매명문에는 본문기를 언급한 내용이 없다. 그렇지만 사노 담이가 분재를 받은 토지를 방매하기에 분재기에 다른 토지 혹은 노비가 함께 있어서 건네지 못했을 사정을 알 수 있다. 1680년 매매명문에서 본문기, 바로 구문기를 신문기와 함께 호비 월매에게 건네고 있어 분란의 소지를 제거했다.

구문기의 중요성과 관련하여 다시 호비 월매가 매득한 1682년(숙종 8)의 매매로 돌아가 보자. 1682년 이필성은 호비 월매가 가져온 매매명문에서 '본문기'에 대한 언급이 없는 점에 주목했다. 사노 담이가 토지를 확보한 사연도 없고, 본문기의 전수 여부도 적지 않았기 때문이다. 더불어, 명문에는 '이 여자 종에게 영영 팔아 버린다同婢處永永放賣'고

52 韓國精神文化研究院, 앞의 책, 1986, 264쪽(土地文記 227).
53 韓國精神文化研究院, 앞의 책, 1986, 291쪽(土地文記 344).

하여 일반적으로 '이 사람同人'으로 적는 관행보다 구체적으로 여자 종이라고 적었다. 이 부분도 어쩌다가 나중에 매득자를 둘러싸고, 그리고 문서 형식과 관련하여 분란을 걱정할 요소였다. 이런 복잡한 사정으로 유학 이필성은 입안 발급을 결심하였다.

매매명문의 사실을 확인하고 입안 발급을 요청하는 소지에는 월매가 유학 이필성의 호노라는 사실을 바로 적었다. 호노 월매가 이필성을 대신하여 올린 입안 발급 요청 소지는 아래와 같다.

> 화산면에 사는 유학 이필성의 호노 월매. 이 글은 삼가 소지를 아뢰는 것입니다. 저의 상전님께서 고을에 살고 있는 사노 담이에게서 화산일도의 '대로월원' 약자(若字) 논 3마지기인 곳을 지난해 샀지만, 관청에서 빗기를 못 받았습니다. 그래서 감히 이제 호소하오니 사례에 따라 빗기 발급을 시행해 주십시오. 수령께 처분을 바랍니다. 계해년(1683) 3월 며칠 소지.
> [판결] 원하는 대로 빗기를 발급할 일이다. 초 5일. 관청.[54]

이필성은 입안 요청 소지에 명문에서 빠뜨렸던 월매가 그의 호노라는 사실을 정확히 적었다. 소지 본문에서도 이필성을 주어로 해서 그가 매매명문에 기록한 토지를 매득한 사실을 다시 적어 확인했다. 그리고 입안을 요청하는 내용을 밝혔다.

토지를 매매한 뒤 15일 이후에는 변경을 제한하고, 100일 안에 관청의 입안을 받도록 한 법전의 규정을 지켜서 소지를 제출했다.[55] 이필성은 1682년 12월 8일 매매명문을 작성하고 90일이 지난 이듬해 3월 5일 입안 요청 소지를 해남현에 올렸다. 해남현에 제출한 사연이 있었다.

> 1475년(성종 6) 이후 비록 관리의 서압이 있는 문서라 하더라도, 관청에서 확인해 소유주

54 韓國精神文化硏究院, 『古文書集成』 3 - 海南尹氏篇 正書本, 1986, 213쪽; 韓國精神文化硏究院, 『古文書集成』 3 - 海南尹氏篇 影印本, 1986, 142쪽(土地文記 4).

55 『經國大典』, 「戶典」, 賣買限.

[財主]가 살고 있는 곳이 아니면 받아 처리하지 말 것.[56]

토지매매도 노비매매를 준용하였는데, 이에 따라 방매자 담이 혹은 매득자 이필성의 거주지에서 입안을 발급했다. 담이는 해남의 해남윤씨 소유로 해남에 살았으며, 이필성 또한 해남 화산면에 산다고 소지에서 적고 있다. 입안에 필요한 요건을 지켜서 이필성은 해남현에 매매명문에 대한 사실을 확인하고 입안을 발급해 달라고 요청했다.

소지 내용에 따라 해남현감은 빗기, 즉 입안 발급을 진행하라는 판결을 내렸다. 입안 발급을 위해 해남현은 매매에 참여한 방매자와 증인 그리고 문서 작성자들에게 사실을 확인하고 초사를 작성했다. 매매명문 작성에 있어 증인과 필집筆執을 갖추어야 하는 이유가 여기에 있었다.

초사는 토지를 파는 사람부터 시작했다. 조선 초기 매매를 허락한 예외 사유에 해당하는 내용을 명문에 적도록 하였고, 입안을 발급하면서 이 사실을 확인하도록 한 조치에 따른 순서였다.[57] 방매자 담이의 진술 내용은 다음과 같다.

계해년 3월 초 8일 논 주인 사노 담이, 나이. 아룁니다. 이 몸은 살길이 어려워 살림을 위해 화산일도면 대로월원에 있는 약자(若字)의 9마지기 논의 세 배미에서 동쪽 3마지기 한 배미인 곳을 정조 10석으로 값을 쳐서 받았습니다. 그리고 위의 유학 이필성 호노 월매에게 영영 방매한 것이 바로 사실입니다. 서로 살펴서 시행하십시오.[58]

계해년, 바로 1683년(숙종 9) 3월 8일 해남현은 방매자를 상대로 초사를 했다. 이필성의 소지를 접수하고 3일 뒤의 일이었다. 나이를 확인하여 담이의 신원을 정리한 다음 진술을 받았다. 담이는 매매명문에 적은 매매사유와 토지의 위치와 규모가 사실과 다름이

---

56 『經國大典』, 「刑典」, 奴婢決訟定限.

57 『世宗實錄』 卷23, 世宗 6年 3月 己亥.

58 韓國精神文化硏究院, 『古文書集成』 3 - 海南尹氏篇 正書本, 1986, 213~214쪽; 韓國精神文化硏究院, 『古文書集成』 3 - 海南尹氏篇 影印本, 1986, 143쪽(土地文記 4).

없다고 아뢰었다. 초사에는 매매명문에서 가난이 토지를 파는 이유로 축약되어 있다. 매매명문은 식구가 많고 흉년에 농사를 망쳐 살기 어렵다는 사유를 적었지만, 초사에는 그냥 살아가기 어렵다고 간략하게 언급하였다. 초사에서 매매사유 확인을 대비하기 위해서도 명문에 매매사유를 적어야 했다.

조선 초기 매매를 허용하면서 증인과 필집을 갖추되, 가족이나 관료를 세우도록 했다.[59] 이런 배경에서 방매자 다음으로 증인과 필집에 대한 초사가 있었다.

> 같은 날. 증인 사노 석벽, 나이. 증인 보증 내수사 노 처일, 나이. 문서 작성 정병 진득창, 나이. 아룁니다. 노 담이가 살길이 어려워 그의 논이 있는 화산일도면 대로월원에 있는 약자(若字) 3마지기 논 한 배미를 정조 10석 값으로 바꾸어 받고 앞의 유학 이필성 호비 월매에게 영영 방매하였습니다. 그때 증인으로 참석한 것이 바로 사실입니다. 서로 살펴서 시행하십시오. 아룁니다. 아룁니다. 아룁니다. 아룁니다. 관청.[60]

매매명문 작성에 참여한 증인 둘과 필집 한 명의 진술내용이다. 이들은 매매명문의 매매사유와 토지 내용에 이상이 없으며, 명문에 따라 완전한 매매가 이루어진 사실을 확인해 주었다. 증인과 문서 작성자는 법전 규정을 준수하고 있다. '동성질자 사노 석벽'을 증인으로 세우고 넓은 의미에서 관원적 성격을 지니는 내수사노 혹은 정병正兵을 증인과 필집으로 세웠던 것이다.

입안 발급을 위해 해남현은 방매자로부터 매매사유를 확인하고 증인과 필집의 요건을 확인하였다. 그리고 이들로부터 매매물 내용의 일치와 함께 매매가 안정적으로 완전히 이루어졌는지도 확인하였다. 초사를 거쳐 그날 해남현은 이필성에게 입안을 발급했다. 입안의 형식은 『경국대전』의 입안 양식을 절충하여 적용했다.[61] 1683년 3월 초사 결과를

---

59 『經國大典』, 「刑典」, 私賤.

60 韓國精神文化硏究院, 『古文書集成』 3 - 海南尹氏篇 正書本, 1986, 213~214쪽; 韓國精神文化硏究院, 『古文書集成』 3 - 海南尹氏篇 影印本, 1986, 143쪽(土地文記 4).

61 『經國大典』, 「禮典」, 立案式.

담아 발급한 입안 내용은 다음과 같다.

> 1683년 3월 며칠 해남현 입안. 이 입안은 뒤에 살피기 위함이다. 붙여서 제출한 소지에 의거해서 매매에 간여하여 바로잡은 각 사람들의 진술이 있었다. 위의 유학 이필성 호노 월매가 사노 담이에게 화산일도면 대로월원에 있는 약자(若字) 3마지기 논이 있는 곳을 매득한 사실이 분명하다. 그러므로 증빙문서를 관에 보관하고 이것에 의거해서 뒤에 살피고자 합당하게 입안을 시행하는 것이다. 현감.[62]

입안의 형식은 『경국대전』을 따르고 있다. 첫 줄은 발급 일시와 주체를 적었다. 발급 목적도 '나중에 상세히 살피'는데 있다고 밝혔으며, 종결문도 '합당하게 시행하여 입안을 하는 것'이라고 적었다. 이런 양식과 내용은 입안 발급의 목적과 절차 그리고 내용이 원만히 이루어졌음을 드러내고 있다. 해남현감은 민원서류를 접수하고 방매자, 증인, 필집 등에게 매매사실을 조사하였다. 그리고 양안 등의 관청문서를 확인하여 '해남현 입안'을 발급한 최종 책임자였다.[63] 입안을 발급하면서 관련한 증빙서류를 해남현에 남겨 분쟁을 대비했다.[64]

해남현 입안은 1683년(숙종 9) 3월 8일쯤 발급되었다. 월매가 담이로부터 토지매매명문을 작성하고 90일 뒤의 일이었다. 17세기 말은 대체로 입안 발급의 수요가 감소하고 있었다. 그리고 입안을 대신하여 명문의 훼손이나 분실 등이 있을 경우에 비교적 간략한 입지를 확보하는 경향이었다. 이러한 때, 이필성은 호비 월매가 가져온 매매명문의 내용과 매매물에 얽힌 이해관계가 복잡하다는 이유로 특별히 입안을 발급받았다. 그리고 매매명문과 함께 점련한 이 입안은 어떤 사정으로 해남의 해남윤씨에 전하게 되었으며, 그 과정에서 매매명문과 입안은 일종의 구문기로서 건넸다고 볼 수 있다.

---

62 韓國精神文化硏究院, 『古文書集成』 3 - 海南尹氏篇 正書本, 1986, 213~214쪽; 韓國精神文化硏究院, 『古文書集成』 3 - 海南尹氏篇 影印本, 1986, 143쪽(土地文記 4).

63 해남현 읍지의 선생안을 참고하면 1683년(숙종 9) 3월 입안 발급 당시 해남현감은 元德徽 혹은 崔楠이다.

64 김동석(「葉作에 관한 一考察」, 『藏書閣』 14, 한국학중앙연구원, 2005, 119~120쪽)은 입안에 적고 있는 '葉作'을 관련 증빙서류로 파악했다.

제2장

매매명문에 나타난 사회현상

1. 매매사유, 이매와 요용소치
2. 매매규모, 매매주기 그리고 매매자
3. 제주 목장과 지역 특성
4. 동계와 종계의 토지매매
5. 거간 그리고 거간인

제2장

매매명문에 나타난 사회현상

1. 매매사유, 이매와 요용소치

토지매매명문에는 매매시기, 매매자와 매매물 내용을 적고 더불어 토지를 팔 수밖에 없는 사연도 적고 있다. 매매사유는 이주, 재난, 세금납부 등과 같은 개인적인 이유이지만, 이들 사유는 사회와 끈끈하게 연결되어 발생한 사건이었다. 토지매매명문에 적은 매매사유를 사회현상과 연결하여 이해하기 위해 매매사유 중 이매를 살펴본다. 이매를 방매 이유로 적은 명문을 읽어본다.

· 1697년 정축, 4월 29일 전라도 구례현 김덕립에게 하는 명문이다. 이 명문을 하는 것은 이 몸이 직접 사서 갈아 먹다가 이 고을의 토지면 수집원의 칭자(稱字) 논 5마지기로 부수는 21복속인 곳을 여러 해 갈아 먹다가 다른 도의 먼 땅에 있기 때문이다. 이매를 하기 위해 이 사람에게 벼 15섬 값으로 받고 본문기 2장과 함께 영영 방매한다. 뒷날 동생이나 일족 그리고 상좌(上佐) 등이 잡담을 하면 이 문기로 관청에 아뢰어 바로잡을 일이다. 논 주인은 경상도 쌍계사의 승 일행(日行). 증인은 정시태. 증인과 보증은 신일생, 작성은 공후원.[1]

· 1706년 병술, 정원 27일 하상서계(河上書契)의 모두에게 드리는 명문이다. □□□ 명문

을 하는 것은 이매를 위해 내가 전래 받은 하회의 녹가(鹿加) □□□96, 95번 논 8복 7마지기 곳을 전문으로 값을 쳐서 □□□ 수대로 받는다. 그리고 이 논을 서책계원(書冊契員)께 팝니다. 본문기는 다른 토지와 노비가 함께 있어서 주지 못합니다. 뒤에 잡담이 있거든 이 문서로 관청에 아뢰어 바로잡을 일입니다. 문서를 쓴 논 주인은 유학 류기천.[2]

1697년(숙종 23) 매매명문은 경상도 하동에 있는 쌍계사 승려 일행日行이 전라도 구례현에 거주하는 김덕립에게 5마지기의 논을 파는 내용이다. 승 일행은 매매사유를 '다른 도의 먼 땅'에 있어 이 고을, 즉 구례현 토지면에 있는 자신의 논을 팔았다. 도를 경계로 거주지가 다른 사람들이 거래하는 명문으로, 토지는 매득자가 거주하는 곳에 있었다. 그리고 이 명문에는 매매자가 모두 거주지를 경상도와 전라도로 밝혀 적어 이매의 사유를 명확하게 보여주고 있다. 그리고 1706년(숙종 32) 유학 류기천이 서계書契에 7마지기 논을 방매하는 명문이다. 매매대상 토지는 '하회'로, 안동에 있었다. 그리고 '하상서계'도 하회에 있는 서책계書冊契라는 사실을 명문에서 알 수 있다. 류기천은 본관이 전주류씨로 전라도 전주에 거주하면서 1687년(숙종 13) 급제한 사실을 문과방목에서 확인할 수 있다. 전라도에 거주하는 류기천이 안동 하회에 있는 논을 하회의 서책계에 방매하여 이매를 실현하였다. 그 또한 먼 거리에 있는 땅을 관리하기 힘들어 방매를 결정하였다.

매매명문의 사례에서 보듯이 매매자와 매매물의 위치를 확인하여 이매의 배경을 더 자세히 살필 수 있다. 매매명문에 매매물과 방매자 내용이 있지만, 이 둘의 지역적 배경을 알기는 쉽지 않다. 전래경위를 알 수 없이 수집된 자료는 매매자의 거주지와 매매물 등의 정보를 추적하기에는 한계가 있다. 전래 경위가 분명한 가전 자료는 가계의 역사와 함께 명문의 배경정보를 추적할 수 있는 주변 고문서들로 쉽게 확인 할 수 있는 장점이 있다. 매매명문과 관련 있는 고문서를 함께 살펴 방매자 거주지를 확인하고 이매의 더 많은 이야기를 찾아볼 수 있다.

---

1 韓國精神文化硏究院, 『古文書集成』 38 - 求禮 文化柳氏篇II, 1998, 95쪽(土地明文 53).

2 韓國精神文化硏究院, 『古文書集成』 16 - 河回 豐山柳氏篇II, 1994, 243쪽(土地明文13).

가전 자료를 대상으로 매득자의 거주지는 가계 역사로 가늠할 수 있다. 이주와 세거한 내력을 살펴 현재 남아있는 명문의 매득자를 확인하고 거주지를 확정할 수 있다. 가전 자료를 중심으로 매매자와 매매물의 지역적 정보를 추적하기 위해서는 가계의 역사를 통한 거주지 변동 사실 확인이 필요하다. 예를 들면, 경상도 영해 재령이씨는 고려 때 본관지 황해도 재령에 세거하다 조선초 밀양, 함안 등지로 이주했다. 그리고 이맹현(1436~1487) 때 잠시 서울에서 사환하였으며, 아들 이애(1480~1561)가 영해의 진보백씨와 혼인하면서 영해에 정착했다.[3] 전라도 영광의 영월신씨는 서울의 사족으로 있다가 15세기 말~16세기 초 영광에 입향했다. 조선 초 신보안이 영광군수 재임시 그의 아들이 영광의 사족 청주한씨와 혼인하면서 후손들이 이곳에 세거한 것이다.[4] 조선시대 사족들은 처향, 외가를 따라 이주하거나 사환 등으로 거주지 변경이 있었으며, 대체로 이런 거주지 변경으로 16세 이후 지금의 세거지에 정착하였다.

거주지를 다수 옮긴 가문의 경우, 이동 경로에 따라 매매명문의 형성지를 추적할 수 있다. 함양박씨와 해주오씨는 근기지방의 가문이었다. 함양박씨 박세영(1480~1552)의 후손가는 17세기까지 사환을 이유로 서울을 근거지로 양주에 선영을 조성하고 있었다. 박경후(1644~1706)가 시흥에 잠시 우거하다가 20세기 초에 충청도 부여로 입향하였다.[5] 해주오씨 가문도 16세기 초까지 광주廣州, 죽산 등에 세거하였다. 그러다가 오희문(1539~1613)이 처향을 따라 용인으로 입향하면서 그의 후손은 이곳에 정착했다.[6] 비록 그 후손들의 영달로 서울과 광주廣州 등 지역에 잠시 우거한 바는 있으나 용인을 크게 벗어나지 않았다. 이처럼 거주지의 잦은 변동이 있는 가문에서 형성한 가전 자료는 가계의 역사를

---

3 鄭求福 · 文叔子, 「古文書를 통해 본 載寧李氏家門의 社會 經濟的 基盤」, 『古文書集成』 33, 韓國精神文化研究院, 1997, 4~10쪽.

4 安承俊, 「解題」, 『古文書集成』 27 - 靈光 寧越辛氏篇(I), 韓國精神文化研究院, 1996, 11쪽.

5 安承俊 · 金鶴洙, 「扶餘 恩山 咸陽朴氏의 家系와 古文書」, 『古文書集成』 45 - 扶餘 恩山 咸陽朴氏篇, 韓國精神文化研究院, 2000, 6~9쪽. 18세기 중엽에 이 가문은 경기도 이천으로 이거 하였으며, 부여로 거주지를 옮긴 것은 1905년이다.

6 文叔子, 「古文書를 통해 본 龍仁 海州吳氏 가문의 사회적 기반」, 『古文書集成』 36, 韓國精神文化研究院, 1998, 7~8쪽; 鄭萬祚, 「朝鮮時代 龍仁地域 士族勢力의 動向」, 『韓國學論叢』 19, 국민대학교 한국학연구소, 1997, 89~93쪽.

살펴서 매매명문에 적고 있는 가문의 매득자와 매매물인 토지의 위치 내용을 확정할 수 있다. 이를 바탕으로 토지매매명문의 이매 내용을 해석할 수 있다.

매매명문의 전래 경위와 소장처가 분명한 경우, 매매명문은 가계인물과 밀접한 관련을 지니고 있어 매득자의 거주지 확인에 쉽다. 경상도 경주 여주이씨 자료 중 1693년(숙종 19) 유학 이수담이 5촌 숙부 유학 정재노에게 논을 사는 명문의 경우, 여주이씨 이수담이 경주 안강에 거주하는 것이 분명하다.[7] 부여 함양박씨 매매명문 중 1694년(숙종 20) 박참판댁에서 금천북면의 답을 매득한 것이 있다.[8] 박참판은 박경후를 가리키는 것으로 당시 시흥에 터를 마련하고 있었고 이 일대 토지를 매득한 결과를 알 수 있다.

가전 자료를 이용하여 매득자의 거주지를 확인하고 이들이 거주지 인근의 토지를 이매로 집적하는 것을 알 수 있다. 하지만, 매득자와 더불어 방매자의 거주지를 확인하기 위해서는 매매명문의 내용을 서로 확인하여야 한다. 매매자 모두의 거주지를 추적하여 이매의 사유를 살피기 위해서이다. 먼저, 매매명문에 방매자를 적고 있는 사례가 있다.

> 1636년 병자, 3월 17일 통정대부 전 행담양부사 김홍원에게 주는 명문. 위 명문은 가정에 쓸 일이 생겼으므로 팔면서 작성한다. 부안 입석면 하리 우반에 있는 전답은 6대조인 우의정 문간공이 태조조 개국공신으로 사패지로 받은 땅이다. 서울로부터 너무 멀리 떨어져 있어, 거둬들이지 못할 뿐만 아니라 깊은 골짜기 가운데 인민들이 혹 도여살기도 하고 흩어져 살기도 하며 논밭도 멧돼지와 사슴의 피해를 입어 폐기하여 둔 지 수백 년이 되었다. 지난 임자년(1612) 가을에 비로소 내려와 띠를 베고 나무를 잘라내어 밭과 논을 일구어 어렵게 거듭 마련하여 이제 20여 년 동안 경작해 오고 있다. (가운데 줄임) 재주 통훈대부 전 행공조정랑 유성민. 증인 장손 학생 덕창. 필집 외손 조산대부 전 별좌 조송년.[9]

---

7 韓國精神文化硏究院, 『古文書集成』 65 - 慶州 玉山 驪州李氏 獨樂堂篇, 2003, 694쪽.

8 韓國精神文化硏究院, 『古文書集成』 45 - 扶餘 恩山 咸陽朴氏篇, 2000, 484~485쪽.

9 명문 번역문은 정구복(『古文書와 兩班社會』, 一潮閣, 2002, 10~12쪽)의 내용을 줄여 그대로 실었다. 매매명문은 한국정신문화연구원(『扶安金氏愚皤古文書』, 1983, 683~684쪽) 자료이다.

1636년(인조 14) 유성민은 명문에서 밝히고 있듯이 6대조가 공신전으로 받은 땅을 20년 전에 새로이 가꾸어 경작하다가 관리가 힘들어 방매를 결정하였다. 유형원(1622~1673)의 조부인 그는 서울에 살면서 1612년(광해군 4) 전라도 부안에 있는 논밭을 관리하다가 먼 곳의 땅을 지역 사족인 광산김씨 김홍원에게 팔아 이매를 실현했다.

관찬사료를 이용하여 방매자의 거주지를 알 수 있다. 매매명문에 방매자로 등장하는 사족의 경우 환력과 과거기록을 통해서 확인이 가능하다. 특히 생원 진사시의 경우 방목에 거주지 기록이 나타난다. 1605년(선조 38) 생원 최현이 처삼촌 이직장에게 3마지기 논을 방매한 명문이 있다.[10] 이 자료는 경상도 영해 재령이씨가문에 전하는 가전 자료 중 매매명문이므로 이직장은 영해에 거주하는 인물임을 알 수 있다. 방매자 최현은 생원시에 합격한 인물인데, 『사마방목』에서 1588년(선조 21) 선산에 거주하다 급제한 내용을 찾을 수 있다.[11] 사례가 많지 않으나 사환 기록을 관찬사료에 찾아 방매자의 거주지 확인 노력을 기울일 수 있다.

가전 자료는 호구단자, 준호구, 분재기, 패지는 물론 향안, 노비안 등의 내용을 찾아서 매매명문의 방매자 거주지를 파악할 기회를 제공한다. 경상도 경주 경주손씨에 전하는 매매명문 중 하나의 사례이다.

> 1703년 계미, 정월 25일 손문계(孫門契) 유사 유학 손시식께 하는 명문이다. 이 명문을 하는 것은 긴요하게 쓸데가 있어서이다. 전래 받은 사동원의 장자(將字) 11번 논 19부 2속 9마지기 곳을 전문 55냥으로 쳐서 받는다. 그리고 이 논을 손문계에 영영 파는데, 뒤에 잡담이 있으면 이 문기로 바로잡을 일이다. 논 주인은 유학 이덕웅, 증인은 5촌숙 이미, 작성은 조하창.[12]

10 韓國精神文化研究院, 『古文書集成』 33, 寧海 載寧李氏篇(I), 1997, 437쪽.

11 CD-ROM 『사마방목』, 韓國精神文化研究院(宣祖21年 戊子式年試).

12 韓國精神文化研究院, 『古文書集成』 32 - 慶州 慶州孫氏篇, 1997, 571쪽(土地明文 155).

1703년(숙종 29) 봄 유학 이덕응은 경주손씨의 문중계 유사 손시식에게 9마지기의 논을 팔았다. 손시식은 문계의 유사로 손씨가문의 일원으로 경주에 거주하고 있음을 알 수 있다. 토지의 소재지 표기와 매매사유에 이매를 살필 수 있는 내용이 없으므로 이덕응은 경주와 원거리에 거주하지 않은 것으로 추정할 수 있다. 그런데, 경주손씨 고문서 중 1700년(숙종 26) 작성한 경주 양동의 『동안』에 그의 이름이 있다.[13] 그래서 이덕응은 경주, 그것도 양동에 거주하는 인물로 확정할 수 있다. 증인 조하창도 경주의 『향안』에 이름이 있어 경주에 거주한 인물이었다.

매매자의 거주지 정보를 확인하고, 이들이 경영하는 토지와 먼 거리에 거주한다면 토지를 이매하는 사연을 알 수 있다. 이매의 경우 방매자가 원거리 토지를 팔면 매득자가 자신의 거주지 인근 토지를 사는 이야기이다. 다만, 이 과정에서 토지의 위치를 정확히 파악할 필요는 있다. 전답매매의 경우 매매대상 토지 소재지를 적고 있다. 기록의 종류는 도를 밝히거나 군현, 면리, 촌락, 평원坪員 등을 적는 등 구분이 있었다. 매매자의 거주지가 동일한 경우에는 매매 대상 전답의 소재 군현을 밝히지 않았다. 기재 내용은 '부남' '본현' 등과 같이 군현 이름을 밝히지 않거나, '화산', '토지' 등과 같이 면 단위 이하의 기록을 적었다. 심지어 '양좌동', '우반동' 같은 동리와 '현풍원', '판교원', '양좌평' 같은 평원 그리고 자호와 지번만을 적었다. 매매자가 서로 위치를 이해하고 있어 분쟁 가능성이 적었기 때문이다.

군현단위 이상으로 전답의 소재지를 밝힌 경우는 매매자의 거주지와 관련이 있었다. 1646년(인조 24) 전라도 무장에 거주하는 유학 김성기가 전라도 영광에 소재한 10마지기 논을 영광에 사는 노 일수에게 방매하였다.[14] 이 명문에서 토지 소재지를 '영광 도내□□ 신촌'이라고 적었다. 매매명문에 토지 소재지를 적은 사례를 살펴보자.

> 1660년 경자, 2월 초1일 전별좌 윤인미에게 하는 명문이다. 이 명문을 하는 것은 꼭 쓸

---

13 韓國精神文化研究院, 앞의 책, 1997, 933쪽(洞案 3).

14 韓國精神文化研究院, 『古文書集成』 27 - 靈光 寧越辛氏篇(I), 1996, 536쪽.

곳이 있어서 조상에게 전해 받은 여자종 원지의 두 번째 자식 노 홍립이 기상한 해남의 화산면 안정포리에 있는 (가운데 줄임) 논밭주인 광주에 사는 충의위 윤천민. 증인은 동생 충의위 윤상민. 작성은 유학 윤선익.[15]

전라도 해남의 해남윤씨 가문에 전하는 매매명문 중 하나이다. 1660년(현종 1) 경기도 광주에 사는 충의위 윤천민은 해남현에 거주하는 전별좌 윤인미에게 해남현에 있는 10마지기 논을 방매하였다. 윤인미는 해남윤씨 가문의 인물로 그는 해남에 거주하고 있었고, 경기도 광주의 윤천민과 매매하고 명문을 작성했다. 이들 둘의 거주지 차이가 있기에 군현 이하의 토지위치를 명문에 상세히 적었다. 매매대상 토지의 소재지를 군현명부터 밝혀 기술한 사례의 경우 매매자의 거주 군현이 달랐던 것이다. 이 경우 이매를 통한 토지경영의 합리화 사유가 더욱 선명하다.

개별 매매명문을 이용하여 방매자와 매득자의 거주지 그리고 매매물의 위치를 확인하여 이매를 한 사유를 확인했다. 그 결과 매득자가 거주지 인근으로 토지를 집적하고, 방매자는 원거리에 있는 토지를 방매하는 경향을 확인할 수 있었다. 그리고 매매명문을 양적으로 분석하여 매매사유의 동향을 살펴볼 수 있다. 먼저, 17세기 토지매매명문을 대상으로 매매사유에서 엿볼 수 있는 몇몇 현상을 살펴본다.[16] 분석대상이 되는 1,714점 매매명문의 매매사유는 다양한 매매사유와 상투구와 결합하고 있다.[17] 본론에 쉽게 다가가기 위해 여러 매매사유를 살펴본다. 예를 들어, '긴히 쓸 곳要用所致', '가난때문貧寒所致'과 같은 단독의 매매사유를 기재한 것은 49.7% 정도이다.[18] 이중 '요용소치'가 647건, '빈한소치'가 204건이다. 그리고 이매移買, 납세納稅, 채무 같은 구체적 사유는 271건으로

---

15 韓國精神文化硏究院, 『古文書集成』 3 - 海南尹氏篇, 1986, 260쪽.

16 17세기 토지매매 사유에 대한 설명은 정수환(「17세기 화폐유통과 전답매매양상의 변화」, 『藏書閣』 23, 한국학중앙연구원, 2010) 글을 다듬었다.

17 토지의 매매사유 유형 분류는 정수환 · 이헌창(「조선후기 求禮 文化柳氏家의 土地賣買明文에 관한 연구」, 『古文書硏究』 33, 韓國古文書學會, 2008, 208~209쪽) 기준을 적용했다.

18 喪, 免俗, 寺刹重建, 贖良(贖身), 畓價不足, 緊用 등과 같은 일시적 필요에 의한 매매에도 '요용소치'와 같은 상투구를 적었다.

15.8%이다.

매매사유는 이매, 납세 그리고 채무로 크게 3가지 유형으로 나누어 살펴볼 수 있다. 이매는 자기 거주지와 먼 곳의 토지를 방매하거나 가까운 곳의 토지를 확보하는 사유이다.[19] 그렇기에 합리적인 토지경영을 목적으로 생각하고 있는 경우이다. 이매를 사유로 적은 매매명문의 경향은 1601~1610년 사이 전체 매매 사유의 22.9%를 나타내다가 1611~1620년 3.6%로 급락했다. 그렇지만, 1631~1640년 13.5%의 분포를 보인 다음 1691~1700년까지 14.3% 정도를 유지했다. 17세기에는 등락이 있었으나 초반 높던 이매 비율은 조정기를 거쳐 후반기 전체 매매에서 13% 안팎이었다. 그렇지만, 17세기 동안 방매 사유에서 가난이나 납세의 이유보다 이매를 적은 사례가 높게 나타났다.

납세가 매매사유인 1621~1630년의 사례는 13건으로 같은 시기 전체 매매사유의 22.4%를 나타내긴 했으나 전반적으로 6.5%를 넘지 않았다. 그리고 채무의 상환이 목적인 경향은 1611~1620년 4건의 사례로 7.3%였지만, 전체적으로 3% 미만으로 낮게 유지했다. 이들 경향은 사례의 부족으로 일반화하기에는 한계가 있다.

전라도 구례 지역 문화류씨가에 남아 있는 17~19세기 매매명문으로 매매사유의 경향을 살펴 비교할 수 있다.[20] 매매명문 중 매매사유를 확인할 수 있는 493점을 대상으로 한다.[21] 경영 합리화를 예상할 수 있는 이매가 사유인 사례는 135건으로 전체의 27.4%이다. 이매 사연의 비중은 17세기에는 21.4%, 18세기 전반 21.5%, 18세기 후반 44.3%, 19세기 이후는 21.5%의 흐름을 보인다. 17세기의 경향은 앞서 17세기 매매명문 만 대상으로 한 연구에서 22.9%~13.5%를 오갔던 내용과는 조금의 차이가 있다. 그렇지만 매매사유의 흐름을 볼 때 18세기 후반까지 이매 사유가 점증하고 있는 점을 확인할 수 있다. 이 결과는 그만큼 토지를 경영하기 위한 노력이 활발했던 사회적 분위기를 암시한다.

---

19 이매는 '遠處耕食爲難 近處移買次'와 같이 적고 있다(韓國精神文化硏究院, 앞의 책, 1998, 89쪽(土地明文 47)).

20 구례 지역의 매매명문 사례는 정수환 · 이헌창(앞의 글, 2008) 성과를 살폈다.

21 매매사유는 '이매차+요용소치+세부득이', '납세사유+빈한소치+세부득이', '빈한사유+빈한소치+세부득이'가 서로 결합하고 있으며 '이매차'와 '세부득이'는 상투구로 본문과 연결하고 있다.

납세와 채무 그리고 빈한을 이유로 한 매매는 '곤궁방매'로 분류할 수 있다. 납세, 채무, 빈한 사례는 전체 493점 중 각각 36건, 14건, 66건이다. 이들 세 가지 사례는 17세기 45.7%, 18세기 전반 29.8%, 18세기 후반 12.2% 그리고 19세기 이후에는 12.1%로 18세기 이후 점차 줄어드는 추세이다. 여기에는 18세기 이후 매매사유를 구체적으로 기재하지 않고 '세부득이'나 '요용소치'로 기재하는 경향의 결과였다. '세부득이'와 '요용소치'로 기재한 사례는 17세기 17%에서 19세기 48%로 급증하였다. 이 둘이 결합한 사례 '세부득이'는 곤궁 판매에, '요용소치'는 일시적 소비지출의 증가와 관련성이 있었다.[22] 18세기 후반까지 납세나 채무 등과 같은 곤궁한 사정에 따른 사유는 18세기 이후 감소하였는데, 이는 매매사유 기재의 투식화에 따른 결과이기도 했다. 그렇지만 한편으로는 토지경영을 위한 이매를 목적으로 토지를 거래하는 경향은 미미하게 이어지고 있었다. 명문의 매매 사유가 '요용소치' 등으로 상투화하는 경향은 앞서 이매로 원거리 매매를 실현하여 분쟁 사유가 줄어들었던 데에도 요인이 있었다. 그리고 19세기 이후 사회적 변화로 개인적 곤궁한 상황 서술을 투식화해서 '요용소치'로 갈무리한 결과라고 하겠다.

2. 매매규모, 매매주기 그리고 매매자

토지를 매매한 명문 낱장에는 많은 정보를 담고 있지만, 한 장의 문서로 시대의 모습을 발견하기에는 한계가 있다. 그렇지만, 다수의 매매명문을 하나의 규칙에 따라 자료로 가공하고 양적으로 분석하면 토지매매와 사회현상에 좀 더 다가갈 수 있다. 이를 위해 토지매매명문에 담긴 토지 거래 규모의 변화 모습과 매득한 토지를 보유한 기간에 드러나는 현상을 확인하고 매매인들의 성격을 확인한다. 17세기 매매명문을 대상으로 출발하면서 조선후기 현상은 매매명문을 집적하고 있는 가문의 가전 자료를 대상으로 한다.

---

22 '勢不得已'의 경우, '積敗之餘生道爲難'으로 '勢不得已 賣食資生'으로 적고 있다(韓國精神文化研究院, 앞의 책, 1998, 329쪽(土地明文 28)).

토지매매명문 중 1601~1720년 사이에 작성한 결과를 대상으로 17세기 쯤 나타나는 매매와 관련한 사회현상을 확인할 수 있다.[23] 분석대상 자료는 모두 1,714점이다. 토지매매명문은 매매물인 토지의 크기를 표기하는 단위로 마지기斗落, 결부結負, 일경日耕 등 여러 가지가 있다. 명문에는 결부와 마지기가 함께 사용되기도 하지만, 중심은 마지기였다. 마지기를 기준으로 표기한 사례는 1601~1700년 매매명문 중 57.4%였다. 이 중 1621~1630년 동안은 전체 매매명문 중 84.5%가 마지기 기준이기도 했다.[24] 매매명문은 결부 등과 마지기가 결합하여 면적을 표지하였지만, 마지기를 기준으로 매매토지의 면적을 확인할 수 있는 매매명문은 1,423건이다. 이들 명문을 대상으로 토지의 매매규모 변화에 다가선다.

매매토지의 규모를 3마지기씩을 기준으로 비교해 본다.[25] 3마지기 미만을 매매한 명문은 1601~1610년 5%에서 출발하여 1621~1630년 2%로 일시적인 감소가 있었다. 그렇지만 전체 매매토지 중 3두락 미만이 차지하는 비중이 계속하여 늘어나다가 1651~1660년에는 15%를 넘고 1671~1680년 사이에는 20%에 근접하였다. 그리고 전국적인 동전 유통이 실현된 1691~1700년에 27.1%, 18세기 초는 32%까지 늘었다. 이처럼 상대적으로 3마지기 이하 소규모 토지에 대한 거래 비중이 점차 높아지다가 동전 유통이 이를 가속화하고 있었다.

3마지기 미만 토지의 매매 증가 경향과 함께 3~6마지기 토지도 주목할 현상이 있다. 이 정도 규모를 매매하는 토지매매명문의 비중은 1620년 이전 20% 안팎이었으며, 1621년 이후 전체 매매 중 40% 이상을 차지하였다. 이 경향은 1711~1720년까지 이어졌다. 이처럼 3마지기 이하 규모 토지 거래의 꾸준한 증가와 3~6마지기 토지가 변함없는 주된 거래 토지의 대상이 된 현상을 확인할 수 있다.

---

23 계량적 분석으로 17세기 매매토지의 규모와 매매주기 등을 접근한 부분은 정수환(「17세기 화폐유통과 전답매매양상의 변화 - 賣買明文에 대한 분석을 중심으로」, 『藏書閣』 23, 한국학중앙연구원, 2010) 글을 바탕으로 고쳤다.

24 16세기 264건 중 결부 104건, 마지기 92건으로 비슷한 모습이었다(김소은, 「16세기 매매관행과 문서양식」, 『16세기 한국 고문서 연구』, 아카넷, 2004, 304쪽).

25 2마지기나 5마지기를 기준으로 구분하여도 전체적 경향에는 차이가 없다.

6마지기 미만 토지가 17세기 토지매매의 주류를 점하기 시작하더니 18세기 초에는 74%에 이르게 되었다. 이와 반대로 6~9마지기는 17세기 초 30%에서 18세기 초에는 12.2%까지 하락하였다. 9두락 이상 대규모 토지의 매매도 40%에서 10.3%까지 아주 많이 줄었다. 이러한 상대적으로 소규모 토지의 매매증가는 임진전쟁과 뒤이은 병자전쟁 그리고 17세기 말 경신 · 을병대기근 상황에서 소규모 토지를 방매하여 위기를 벗어나려 했던 현상의 반영이다.[26] 17세기부터 상대적으로 소규모 토지를 매매하는 사회적 현상이 나타나고 있었다.

17세기 동안 상대적인 소규모 토지매매의 증대 현상이라는 특징에 이어서 조선후기 전시기를 대상으로 한 장기추세에서도 경향성을 확인할 수 있다.[27] 전라도 구례 문화류씨 토지매매명문 중 두락을 기준으로 토지규모를 확인할 수 있는 413건이 대상이다. 논과 밭으로 구분하여 각 시기별 주도적인 거래 규모가 있었다. 논은 17세기에 4~7두락, 18세기에는 2~4두락, 19세기는 1~3두락의 거래가 가장 많았다.[28] 시기를 구분하지 않고 413건의 매매명문에서는 논밭 모두 2마지기 이상 3마지기 미만의 거래가 가장 많았다. 그리고 밭의 매매 토지 크기보다는 논의 매매규모가 크게 나타났는데, 밭은 3마지기 이하가 66%를 차지하였으며, 논은 45% 정도였다. 밭의 매매토지 규모도 17세기 이후 19세기까지 점차 축소하는 것을 알 수 있다. 조선후기 토지매매가 점차 소규모 토지를 대상으로 하는 비중이 높아지는 현상을 알 수 있다. 일반적 사회현상으로 섣불리 결론을 내릴 수는 없지만, 가족단위로 소규모 토지를 소유하고 가족 노동력으로 자급자족적 생계를 유지하는 모습을 그려볼 수 있다. 그리고 방매자들이 주로 이들이므로, 가족단위의 소규모 토지 소유자들이 경제적 곤란에 부딪히면서 이들 토지를 방매한 현상으로 볼 수 있다. 이 부분에 대해서는 좀 더 정밀한 접근이 필요하다.

---

26 17세기 말 동전 유통 이후 토지매매도 또한 급증하였다(이정수 · 김희호, 「조선후기 奴婢賣買 자료를 통해 본 奴婢의 사회 · 경제적 성격과 奴婢價의 변동」, 『韓國民族文化』 31, 부산대학교 한국민족문화연구소, 2008, 370~372쪽).

27 전라도 구례의 문화류씨 매매명문을 대상으로 조선후기의 매매토지 규모와 주기에 대한 접근은 정수환 · 이헌창(앞의 글, 2008) 글을 바탕으로 다듬었다.

28 밭의 경우, 사례가 55건 소규모로 의미 있는 경향을 발견할 수 없다.

소규모 토지 경작으로 삶을 이어가는 사회에서 토지매매가 얼마나 빈번하였는지를 살펴 변화의 조짐을 찾아본다. 조선후기 전라도 구례 문화류씨의 토지매매명문을 대상으로 신 · 구문기로 이어지는 사례를 추적하여 286건의 사례를 확인하였다. 이들 사례를 바탕으로 17세기에서 19세기까지 토지의 매매 간격을 살펴본다.

신 · 구문기 연결을 통해 매매간격을 확인한 자료 전체의 평균 매매 간격은 13.9년이다. 매매 간격은 1년 미만에서 50년 이상까지 다양하다. 매매 경향을 살피기 위해 1년 미만과 1~5년 그리고 매 5년을 단위로 매매간격을 구분하여 살필 수 있다. 1년 미만이 12.2%, 1~5년 미만이 23.8%로, 전체 매매 중 매득 후 5년 미만에 방매한 사례가 103건으로 36.0%를 차지하고 있어 주류를 이룬다. 10~20년 사이에 매매한 사례는 21%이고, 20년 이상 장기간 토지를 보유하다 방매한 사례는 모두는 24.8% 정도였다. 조선후기는 대체로 5년 미만 토지를 보유하다 방매하는 경향이 있었다.

매매 간격을 시기별로 확인해 볼 수 있다. 매득하고 10년 미만 동안 토지를 보유하고 방매한 사례는 17세기 후반에서 18세기 전반까지 전체 분석 대상 중 47~48%를 차지했다. 이후 18세기 후반 62%까지 증가하였고 19세기에는 71%를 나타냈다. 이처럼 18세기 후반부터 10년 미만 토지 보유 비중이 급증하였다. 좀 더 좁혀서 5년 미만 토지를 보유하다 매매한 사례를 살펴 비교해 볼 수 있다. 17세기 후반 35%이다가 18세기 전반 29.2%, 18세기 후반 44.2% 그리고 19세기에 46.4%의 비중을 차지했다. 특히, 19세기 토지명문 중 매매 간격이 1년 미만인 사례는 25%에 달하였다. 이처럼, 조선후기에는 매득한 토지를 5년 미만으로 짧게 보유하였으며, 매매토지의 규모도 3마지기 미만으로 나타나고 있다. 여기에는 농민의 궁핍으로 인한 현상이겠지만, 한편으로는 '이매'의 경향이 18세기 후반 급증했던 현상과 연결하여 생각해 볼 수 있다. 조선후기 토지매매가 활발해졌으며, 특히 18세기 중엽 이후 소규모 토지를 빈번하게 매매하는 현상이 나타나고 있었다.

매매토지의 소규모화와 매매기간의 단축을 가져온 요인 중 하나로 1678년(숙종 4) 동전주전과 17세기 말 전국적 유통을 생각할 수 있다. 17세기 매매명문 1,714점을 살펴본다. 월별 매매시기는 6월에 2% 미만으로 가장 사례가 적고 2~3월에 가장 많은 매매가 있었다. 논은 2월에 전체 매매의 17.4%를 밭은 3월에 18.7%로 몰려 있었다. 특히 논은 1~3월 사이 연간 전체 매매의 49.7%가 성사되었다. 농작물 수확기에는 매매가 줄고, 이른바 춘궁기에 급증하는 상황을 담고 있다.

동전 유통 이전과 이후 매매의 월별 추이는 조금의 차이가 있다. 행전行錢 이전 1601~1690년과 유통 이후 1691~1720년의 매매명문을 비교할 수 있다. 행전 이전에는 연간 전체 매매 중 9월 4.5% 최저점에서 3월의 17.4%의 정점에 이르기까지 가파르게 상승한 후 급감했다. 행전 이후에는 9월 1.7%에서 2월 18% 정점을 이룬 다음 역시 급감했다. 동전 유통을 계기로 6~9월 사이에 발생하는 매매가 행전 이전과 비교하면 행전 뒤 미미하게 감소하였다. 동전 유통으로 6~10월의 매매는 행전 이전보다 낮은 비중이고, 11~2월에 매매가 좀 더 높아졌다. 토지매매의 계기가 연중 조금은 고르게 조정이 되었지만, 여전히 춘궁기에 쏠리는 현상은 가속화하고 있었다.

동전의 유통으로 추수기의 매매 비중이 감소하였지만, 춘궁기 매매는 상대적으로 이전에 비해 집중되었다. 행전 이전에는 추수 후부터 꾸준히 토지 방매를 실현하였지만, 행전 이후에는 겨울 4개월 정도에 집중하였다. 17세기 말의 현상이 이러했다. 섣부르게 단정하긴 이르지만, 18세기 중엽 이후 매매토지 규모가 줄어들고 매매 간격도 좁아지는 현상이 동전유통으로 가속화 했다고 볼 수 있다. 연중 매매의 기회가 늘어나면서 나타난 현상이라 할 수 있다. 그렇지만, 여전히 전근대 사회의 특성상 춘궁기 매매 경향을 유지하고 있었다. 좀 더 확장해서 생각한다면, 동전유통이 점차 매매의 기회를 늘렸을 가능성이 있다. 그만큼 토지매매 시장이 넓어지고 있었다고 볼 수 있다.

조선후기 토지매매가 점차 활발해진 현상과 매매자, 특히 매득자의 토지 획득사례와 연결해서 확인할 수 있다. 17세기 사례를 다시 살펴보자. 매매대상 전답의 소유경위는 매득, 상속, 기상記上 등 여러 가지이다. 이들 매매전답의 소유경위를 자기매득, 상속 그리고 경위를 적지 않은 사례로 구분해 볼 수 있다. 자기매득으로 토지를 획득한 것으로 밝힌 사례는 1611~1620년 16.4%를 차지하다 1651~1660년 43.3%까지 증가했다. 그 뒤 감소하기 시작하여 17세기 말 28.6%를 나타낸 다음 18세기 초 34.2%를 기록했다. 그러다가 18세기 초에는 자기매득의 비중이 상속의 31.6%를 초과하면서 매매명문에서 방매토지의 주된 획득 사유가 되었다. 18~19세기 토지매매명문을 대상으로 확인한 토지를 매득한 다음 다시 방매하기까지의 평균 매매간격이 13.9년이었다. 이 기간은 19세기로 갈수록 점점 짧아졌다. 17세기 사례에서 자기매득 비중이 늘기 시작하는 경향이 높아지다가 18세기 초 상속으로 인한 비중을 초과하는 현상은 시장 매매의 활성화가 동전유통을 가능하게 했던 요인 중 하나였다는 사실을 보여준다. 여기에 덧붙여 동전유통을 계기로 토지의 자기매득 기회가 많아지고 매매가 증대시켰다는 사실을 암시한다.

자기매득과 달리 상속에 의한 토지 획득은 17세기 전반 40% 이상을 차지하며 주된 경향이었다. 상속, 바로 명문에 분재로 얻은 토지를 방매한다고 밝힌 토지매매명문의 비중은 1640년 이전까지 21.4%이다가 이후부터 46.2%로 증가하였다. 1641~1650년 27.9%로 일시적인 감소가 있었으며 이후 1661~1670년 46%로 다소 증대한 이후 1700년까지 34.6%로 줄었다. 상속토지는 가산의 의미가 있어서 방매에 신중할 필요가 있었기에 이들 토지의 매매는 매매주기를 늘리는 요소로 작용했다. 이런 측면에서 1711~1720년 사이 방매토지의 획득 사유가 상속보다 자기매득이라고 적은 비중이 높아진 현상은 이후 매매간격을 좁히는 하나의 요인이 될 수 있다. 동전의 유통과 다른 요인의 결합으로 자기 의지에 의한 토지 매득과 방매가 활성화하고 있었다.

자기매득과 상속 토지의 매매 경향과 관련하여 참고할 수 있는 사례가 있다. 구례 문화류씨 매매명문의 경우 상속을 통해 취득한 토지에 대한 방매의 비중은 17세기 40%였다가 이후 지속적으로 감소하여 19세기에는 24%가 되었다. 상속 사유의 감소는 매매명문에 '자기매득'이라고 밝히지 않은 경우까지 고려한다면 자기매득 토지의 매매경향이 높아진 것으로 볼 수 있다. 방매 토지의 취득 경위에서 상속 사유의 비중이 하락하고 매득의 비중이 증가하게 된 것은 조선후기 매매의 증대를 보여준다.

자기매득이든 상속이든 토지를 매득한 사람들, 그리고 이를 방매한 사람의 사회적 신분을 확인할 수 있다. 매매명문에는 매매자들의 직역을 밝힌 사례가 있다. 전라도 구례 문화류씨 매매명문 중에는 227건의 매매명문에서 방매자의 직역을 적고 있다. 이 중 방매자가 유학으로 기재한 것은 122건으로 전체의 54%를 점하면서 과반이 넘는다. 그 외에 승려 39건을 비롯하여 역리, 한량, 정병 등 여러 직역도 있다. 그리고 노가 방매자로 기재한 것은 46건이고 이중 상전의 패지에 따라 매매를 대행하는 것이 19건이다. 또한 여자 종의 남편이 방매자인 사례도 있다.

> 1798년 무오, 12월 15일 수노 임적께 하는 명문. 이 명문을 하는 것은 내가 산 가대에 여러 해 살다가 이처럼 흉년을 당해서 개인적으로 공적인 비용을 마련할 길이 없기 때문이다. 문척면 구성리의 구자(驅字) 대전으로 콩 1마지기를 심을 수 있는 초가 3칸인 1복 3속인 곳을 상전댁에 전문 40냥으로 하고 본문기 2장을 함께 영영 팔아서 드린다. 뒷날 만일 잡담 하면 이 문서로 살필 일입니다. 가대주인은 비부(婢夫) 정소남. 문서 작성은 김대길. 증인은 서정중.[29]

여자종의 남편이 자신이 사서 거주하던 1마지기 정도의 집과 땅을 처의 상전에게 40냥으로 방매했다. 이 1798년(정조 22) 명문은 비부와 수노 임적의 상전인 양반사이 거래이다. 이처럼 노비로 하여금 매매를 대신하게 한 사례를 고려하더라도 양반이 방매자인 사례는 전체의 62%였다.

매매명문에서 시기구분 없이 방매자의 직역을 토대로 신분을 확인하면 양반이 절반 이상을 차지하고 있다. 이와 더불어 매득자의 신분 또는 직역을 표시한 사례는 186건이다. 이중 유학이 82건으로 가장 많고, 노가 상전을 대신해 매득을 대행한 사례도 41건이다. 이른바 양반이 매득한 것이 66%였다. 그 외에 승려 44건, 노 7, 비 2건 등이다. 제한적인 사례로 일반화에는 어려움이 있지만, 매매자 모두 양반들 사이에 매매가 이루어지면서 경제력을 갖춘 사람들이 집중적으로 매매를 하고 있었다. 조선후기 신분제의 와해에 따라 양반직역의 증대 현상을 고려한다면, 이들 외에도 40%의 신분층에도 매매에 참여하고 있는 점은 조선후기 그만큼 모든 신분층에서 매매에 참여하고 있었다는 사실을 암시한다.

매매자를 기재한 명문도 있지만 매득자를 기재하지 않은 사례도 있다. 구례 문화류씨 매매명문 중 매득자를 기재하지 않은 것이 83점이다. 18세기 명문 312건 중 매득자가

---

29 韓國精神文化研究院, 앞의 책, 1998, 82쪽(土地明文 40).

없이 공란이 명문은 6건이다. 하지만 19세기 107건 중 77건이 매득자를 공란으로 남겼다. 매득자를 명기하지 않으면 소유와 관련해서 분쟁이 발생할 틈이 있었다. 그런데도 18세기 후반부터 매득자를 명기하지 않는 토지매매명문이 나타나고 그 뒤에 급증했다. 그렇지만, 구례 문화류씨에는 이로 인한 소유 분쟁을 보여주는 고문서는 없다. 이것은 토지소유를 담보하는 지역사회의 힘이 성장하였음을 드러낸다. 경작하는 토지의 경우에는 지역사회에서 남의 땅을 자기 땅으로 거짓 거래하기는 어렵게 된 것이다. 지역사회에서 소유를 확인할 수 있고 이로 인한 분쟁의 위험이 감소한 것은 매매자 입장에서 토지거래에 보다 쉽게 다가서는 하나의 요소로 작용하였다.

3. 제주 목장과 지역 특성

토지는 지역에 따라 위치, 관리, 형태 등에 있어 조금씩 다른 모습을 보이고 있으며, 토지매매에도 이런 조건이 변수로 작용했다. 제주의 경우, 섬이라는 특징으로 논이 희소하고 밭이 대부분이었다. 게다가 목장이 넓게 분포하고 있었다. 이런 상황을 생각하며 제주의 토지와 매매 모습을 살펴본다. 제주의 토지매매 관행을 주제로 사례분석을 시도한다. 제주 어도 진주강씨는 제주에 세거하면서 토지매매를 하였으며 매매의 결과 매매명문을 다수 가전하고 있다.[30] 매매명문은 매매 시간과 장소 그리고 사람들의 이야기를 연결하기 좋은 대상이다.

제주 사회의 신분구조는 삼남지방 등과 같은 지역과는 다른 면이 있었다. 제주 대정현 사계리 호적중초를 활용한 18~19세기 제주 지역사회의 신분 변동을 추적한 연구에 따르면, 장의掌議, 별감別監 등과 같은 직역은 다른 지역에서 양반으로 분류하기에는 엄격한 판정을 필요로 하지만 제주에서는 양반 직역으로 볼 수 있다.[31] 어도 진주강씨 인물

---

30 제주의 토지와 매매 내용은 정수환(「제주 토지 소유와 매매의 한 양상」, 『조선시대 제주와 제주 문화』, 한국학중앙연구원출판부, 2023) 글을 고쳐서 마무리했다.

중에는 좌수, 별감과 훈장 등을 대대로 역임한 사람이 있어 이른바 어도 진주강씨는 지역사회에서 양반 엘리트 집단으로 볼 수 있다.[32] 진주강씨의 위상과 더불어 제주사회의 특징적인 면이 있다. 제주는 1801년(순조 1) 국가의 내시노비 혁파가 있기 이전까지 노비호의 비중이 45.2%에 이르렀다.[33] 18세기까지 관노비가 광범위하게 있었던 제주 지역사회의 특징을 참고로 토지 및 매매에 대해 접근한다.

조선후기, 특히 18세기 말부터 제주사회는 신분적으로 큰 사회변화를 시작하고 있었다. 제주 어도 진주강씨는 18세기부터 탄탄한 지역적 기반을 유지하고 있었으므로 19세기 제주 사회 신분 동요에 큰 영향을 받지는 않았다. 지역에서 사회적 배경을 바탕으로 오히려 묘지의 설치를 위한 전답 확보를 위해 노력했다.

> 육소장 아래 월각, 거기는 주인 없는 가경(加耕)이었습니다. 그런데 한쪽 땅에 이미 3개의 분묘가 있어서 갈아 먹을 남은 땅이 없다는 것은 생각할 수 있습니다. 제가 가꾸고 보호하여 대개 소와 말이 들어와 침입하는 것을 방지했습니다. 앞서 문인도라는 사람이 들어와 경작하니 소지를 올려 제가 가꾸고 지킨 여부를 실제로 조사한 다음 엄하게 금지하는 판결을 얻었습니다. 그런데 고영발이 함부로 들어와 경작할 계획을 꾸미고 있으니 도규(島規)에 따라 엄격하게 금지…[34]

1754년(영조 30) 어도에 사는 진주강씨 강여홍이 제주목 판관에게 올린 소지이다. 그는 육소장 근처에 있는 산 아래를 개간하고 선대의 분묘를 설치하면서 점유하고 있었다.

---

31 정수환, 「19世紀 假率의 성격과 濟州社會 - "濟州大靜縣沙溪里戶籍中草"를 중심으로」, 『濟州島研究』 23, 濟州學會, 2003, 218~219쪽.

32 노인환 · 조광현, 「제주도 고문서의 현황과 특징 - 진주강씨 · 곡산강씨 · 김해김씨 · 경주김씨 · 제주고씨 · 동래정씨를 중심으로」, 『고문서집성』 114 - 濟州 晉州姜氏 · 谷山康氏 · 金海金氏 · 慶州金氏 · 濟州高氏 · 東萊鄭氏 古文書, 韓國學中央研究院, 2015, 48~49쪽.

33 金東銓, 「朝鮮後期 濟州島 住民의 身分構造와 그 推移」, 『國史館論叢』 65, 國史編纂委員會, 1995, 205~213쪽.

34 韓國學中央研究院, 『고문서집성』 114 - 濟州 晉州姜氏 · 谷山康氏 · 金海金氏 · 慶州金氏 · 濟州高氏 · 東萊鄭氏 古文書, 2015, 154쪽.

그는 분묘와 함께 인근의 토지도 경작하면서, 주위의 나무를 가꾸어 묘소를 지켰다. 이미 이런 사실을 관청에 알려 묘소 일대 가경전加耕田의 소유를 관청에서 확인받았지만, 고영발이 근처를 경작하려 하자 다시 정소했다.

강여홍은 고영발의 행위를 침해로 간주하고 그 근거로 섬의 규약, 즉 도규에도 어긋난다고 주장했다. 그러자 고영발은 강여홍의 주장을 인정하고 침해하지 않을 것을 약속하는 다짐을 적은 고음侤音을 발급하였다.[35] 고영발은 논란의 토지를 강여홍이 담장을 쌓고 나무를 심어 지킨 '묘좌전墓坐田'으로 일컬었다. 제주에서는 묘지 주위에 담을 치고 나무를 가꾼 다음 조성한 사람에게 일정 토지의 소유를 인정하는 섬의 규약이 관행으로 작동하고 있었다.

19세기에도 묘소를 설치하고 주위에 토지를 조성하였으며, 이를 실현한 사람은 묘지와 토지의 소유를 인정받기 위해 관청에서 입지를 발급받았다.

> ① 이 몸이 부모를 위하여 육소장에 있는 우전원을 점지하고 (가운데 줄임) 육지에서 온 풍수가 임진황에게 숫마 2필 값을 주고 매득하고 공들여 표시하였습니다. 그런데 뒷날 다른 사람이 분쟁하려는 폐단이 있을까 하여 뒤에 살피고자 입지를 발급해 주십시오.[36]
>
> ② 저희의 선조를 육소장 경내의 이달봉 아래에 장사 지내고 산을 가꾸기 위해 나무를 심으려고 하였습니다. 그래서 감히 이제 호소하오니, 뒤에 살피기 위한 입지를 성급하라고 시행하여 주십시오.[37]
>
> ③ 이 몸의 조상 묘소가 육소장 안 이달봉 아래 산기슭에 있습니다. 그런데 혈의 앞이라는 데에 대정현 감산리의 강팔기라는 사람이 그 어머니를 장사 지냈습니다. 그래서 금지하는 것을 다투었더니 그 사람이 경계를 정하자고 하였습니다. 그래서 강팔기의 묘 뒤 7보 즈음에 나무를 심고 경계를 나누었습니다. 그런데 세월이 오래된 뒤에 경계로 정한

---

35 韓國學中央硏究院, 앞의 책, 2015, 390쪽.

36 韓國學中央硏究院, 앞의 책, 2015, 156쪽.

37 韓國學中央硏究院, 앞의 책, 2015, 157쪽.

소나무가 그가 가꾸는 산을 침범할 우려가 없지 않습니다. 뒷날 살피기 위해 입지를 발급하도록 시행하여 주십시오.[38]

1827년(순조 27)~1841년(헌종 7) 사이 진주강씨 강익진 등은 선대 분묘가 있는 사유로 묘소와 근처 토지 소유를 확인받는 입지를 마련하는 활동을 했다. 인용문의 입지는 강익진의 활동 내용을 담고 있다. ①은 1827년 분묘가 있는 육소장에 점지하여 매득한 토지에 대해 입지를 요청하였다. 강익진은 목장이 아닌 밭을 매득하고 묘역을 조성했으며, 경계를 정해서 수호하고 있다고 주장했다. ②와 ③은 육소장의 이달봉 아래에 마련한 분묘를 수호하면서 발생한 다툼을 해결하고, 이들 토지 소유를 확인하는 입지를 요청하는 소지이다. ②는 분묘에 대한 금양을 통해 점유를 허가받고자 했으며, ③은 묘역을 둘러싸고 대정현의 강팔기와의 분쟁에 대해 소유 확인 입지를 요청한 소지이다. 이달봉 근처 진주강씨 묘역은 육소장 안의 밭에 있었는데, 강익진은 묘역 수호를 위해 나무를 심어 경계를 정하고 가꾸었다. 묘역과 금양을 실시한 목장안 토지는 도규, 즉 관행에 따라 소유를 주장하는 근거가 되었다.

육소장 안의 묘소는 나무를 심어 경계를 정하고 주위에 토지도 함께 가꾸는 형태였으며, 이 점은 제주지역 묘역의 한 특징이었다. 인용문에서 보듯이, 토지 매득을 계기로 묘역을 설치하고 경계를 정한 다음 목장안 묘역에 나무를 가꿈으로써 소유 및 점유를 확정했다. 이러한 현상은 제주지역 분묘 설치 관행과 관련이 있었다. 제주지역은 분묘를 밭에 대부분 설치하면서 목장에도 조성하는 풍습이 있었다.[39] 밭에 묘지를 조성하게 되면서 우마의 침해가 발생하자 경계를 정하기 위해 돌로 담장을 만드는 '산담'을 조성했다.[40] 제주지역 묘소는 주위에 연결된 토지와 목장 안에도 조성하였으며, 이러한 묘역 조성 관행은 토지 소유에서도 고려되고 있었다.

---

38 韓國學中央硏究院, 앞의 책, 2015, 158쪽.

39 조정곤, 「제주지역의 묘지 점유와 분쟁」, 『藏書閣』 34, 한국학중앙연구원, 2015, 109~110쪽.

40 제주판관 金坵이 이러한 문제로 '聚石築垣'을 시행했다(『新增東國輿地勝覽』 卷38, 濟州牧, 風俗).

매매로 확보한 전답의 소유를 둘러싼 쟁송 사례로 토지 수호의 양상을 알 수 있다. 1872년(고종 9)과 이듬해까지 진주강씨에서 소송을 제기한 고문서 소지가 있다.

> 이 몸은 우리 마을 강재흠에게 우리 마을에 있는 한 곳의 밭을 매득하였습니다. 이 강씨는 출계(出繼)한 사람입니다. 밭은 생가에서 몫으로 받은 것으로 전후 문기가 분명히 있습니다. 강재흠의 첩 허소사가 파기할 뜻으로 분쟁을 도모합니다. 문중은 강가의 물건으로 강가의 아들에게 방매하였으므로 첩이 분쟁을 일삼는 것은 의리에 맞지 않다는 점을 여러 가지로 타일렀습니다.[41]

어도의 진주강씨 문중 인물들 사이에 토지매매에 따른 분쟁이 발생했다. 인용문의 소지는 인척관계인 사람들 사이의 토지매매에 대해 강재흠의 첩 허소사가 매매를 되물리기를 주장하고 있었다. 허소사는 강재흠 형제의 분재에 문제를 제기하고 있었다. 이에 대해 매득자 강영운은 자신이 매매결과 확보한 문기를 근거로 제주목에 소지를 올려 합당한 매매라는 점을 호소했다. 매매에 대한 분쟁의 쟁점은 문권, 즉 명문의 존재와 내용의 인정 여부였다. 강영운이 주장한 문기는 쟁송 과정에서의 증빙문서로서 바로 토지매매명문이었다.[42] 그가 근거로 제시한 매매명문은 아래와 같다.

> 1872년 임신, 5월 19일 강영운에게 하는 명문. 긴요하게 쓸 곳이 있어서 이 명문을 한다. 나의 생가에서 몫으로 받은 밭으로 마개지 동변원의 겉보리 1말 부지(付只)로 합쳐진 밭이다. 사표(四標)가 동으로는 강승진의 밭, 서는 작은 길, 북은 강태범 밭으로 경계가 분명한 것을 전문 130냥을 기준으로 계산해서 받은 뒤 이 사람에게 본문기와 함께 영영 준다.[43]

---

41 韓國學中央硏究院, 앞의 책, 2015, 160쪽.

42 분쟁 결과 발급하는 입안에서 '葉作'은 관련 문서로 볼 수 있다(金東錫, 「葉作에 관한 一考察」, 『藏書閣』 14, 한국학중앙연구원, 2005, 119~120쪽).

43 韓國學中央硏究院, 앞의 책, 2015, 502쪽.

매매명문은 1872년(고종 9) 강영운이 강재흠으로부터 밭을 매득하는 내용이다. 강재흠은 자신의 생가로부터 금득 한 밭 1섬지기를 130냥에 방매했다. 그는 이 매매명문을 근거로 이듬해 허소사와의 쟁송에서 승소했다. 이 매매명문은 문서 작성에 사용된 용어, 매매물의 전래, 토지의 위치표기와 관련하여 제주지역의 특징을 반영하고 있다. 매매명문의 내용과 형식에서 사실을 인정받은 결과였다.

강재흠과 강영운 사이에 작성한 토지매매명문의 사례에서 토지규모를 표기하는 단위에 주목할 특징적인 용어가 있다. 제주지역 토지매매명문은 매매대상 토지의 규모를 부지付只, 락지落只, 결부結負, 야미夜味 등으로 적고 있지만, 이들 중 '부지'의 사례가 다수이다.[44] '부지'는 두부지斗付只, 승부지升付只, 석부지石付只로 사용하고 있다. '두부지'는 제주지역의 이두로 '붙이 · 부찌'의 한자 차용표기이면서 '마지기'에 대응하는 제주방언 '말부치기 · 말부찌기'였다.[45] 이처럼 제주 매매명문에는 '두락斗落'에 해당하는 '부지付只'를 적고 있다.

결부가 아닌 두락과 관련한 '부지'를 주로 사용한 배경은 제주지역 토지제도와 관련이 있었다. 제주지역 토지 분포와 이용 실태는 외지에서 부임한 관인이 관찰하기에 특이점이 있었다. 제주목사 이형상(1653~1733)은 18세기 제주도가 바위와 돌이 많아 삼과 면화가 나지 않는다고 기록하였다.[46] 제주목사 이원조(1792~1871)는 19세기 제주 3읍의 토질이 제주는 보리, 대정은 조, 정의는 기장이 좋다고 분석했다.[47] 이들 제주목사의 관찰결과는 제주지역의 토지가 척박하다는 의미였으며, 그에 따라 중앙정부는 토지에 과세하지 않았다. 다만 19세기 중엽까지 목장을 개간한 경작지에 대해서만 과세하고 그 비율도 낮아 지역사회에서 큰 문제가 되지 않았다.[48] 제주 3읍 전체 9,604결에 대한 세액은

---

44 김영란, 「조선후기 제주지역 土地賣買 연구」, 『藏書閣』 37, 한국학중앙연구원, 2017, 224쪽. 분석 사례 566건 중 531건이 '付只'로 표기되고 있다.

45 오창명, 「康熙 13年(1674) 都許與明文과 제주 지명」, 『지명학』 28, 한국지명학회, 2018, 142~143쪽. 같은 사례로 '浮只'는 제주방언 '한말떽기 · 한말띠기' 등에서 확인되는 '떼기'의 한자 차용표기로, 표준어는 '~들이'이다.

46 李衡祥, 『南宦博物』, 誌俗.

47 李源祚, 『耽羅錄』, 辛丑年(1814) 9月 25日.

약 200석에 불과할 정도로 미미하였으며, 이들 토지의 대부분도 민전이 아닌 목장토, 궁방전, 아문둔전으로 구성된 공토公土였다.[49] 그리고 이들 공토에 대한 파악과는 별도로 제주지역에는 전세가 아닌 인두세 기준임에 따라 민전에 대한 과세를 기준으로 한 양안이 작성되지 못했다. 이런 배경에서 매매명문에 결부보다 두락에 해당하는 '부지'가 면적 표기 단위로 통용되었다. 양안이 없으므로 과세 기준이 되는 결부를 확인하기 어렵고, 토지의 위치 확인을 위해 양안을 활용할 수 없어서 사표 내용을 명확하게 기재했다고 볼 수 있다.

어도 진주강씨는 목장 토지에 분묘를 설치하고 토지를 확보하고 있었다. 진주강씨가 묘역 설치 후 입지를 제주목에서 받은 것은 제주지역의 토지, 목장과 관련한 특징과 연계하여 이해할 수 있다. 18세기 이후 제주의 유력 세력들은 목장을 개간하거나 목장에 묘역을 설치하면서 토지를 확보하고 있었다. 제주는 토질이 척박하여 수확량에 한계가 있었으며,[50] 이 때문에 유력자들 사이에 토지 확보의 필요성이 항존하였다. 토지 소유를 위한 갈등을 절충하기 위해 분묘 설치로 토지를 확보할 경우 '산담'을 만들어 경계를 강조했다. 폐쇄적 인적 연결망이라 할 수 있는 '괜당'이 상징하는 제주 지역사회의 특징에도 불구하고 토지소유와 관련한 갈등의 절충을 위해서는 산담과 같은 관행의 개발이 있었다.

18세기 후반 제주목사 이원조는 주민을 동원하여 개간을 적극 진행했다. 우도와 가파도를 개간하여 토지를 확보하고 과세를 시도하였다.[51] 이즈음 제주에는 개간이 활발하여 '밭두렁을 이어서' 경작하는 토지가 많이 있었다. 이러한 특징은 매매명문의 기재 요소로 연결되었다.

---

48 李源祚, 『耽羅錄』, 壬寅年(1842) 4月 29日, 上領閣書.

49 허원영, 「19世紀 濟州島의 戶口와 賦稅運營」, 韓國學中央硏究院 韓國學大學院 博士學位論文, 2005, 174~176쪽. 목장토, 궁방전, 아문둔전의 양안은 있다.

50 李源祚, 『耽羅誌草本』 卷1, 濟州 - 土俗.

51 李源祚, 『耽羅錄』, 癸卯 3月 20日, 兩島許耕田分處事傳令.

· 1670년 계해, 6월 초4일 노 명일에게 하는 명문이다. 이 명문을 한다. 긴요하게 쓸 곳이 있어서 조상전래로 갈아 먹던 동래의 남쪽에 있는 어옥지원에 있는 겉보리 10두부지 밭으로, 사표가 동으로 양남의 노 정립이 밭, 서로는 노 기련, 북은 김여해의 밭과 집터 등으로 분명히 정한 밭이다. 값은 4필로 계산해 받은 뒤 이 사람에게 영영 방매한다.[52]

· 1875년 을해, 10월 초10일 강영운에게 하는 명문이다. 이 명문을 한다. 나의 서 동생이 오래된 채무가 너무 많으므로 내가 전해 받은 논으로 구인수원에 있는 나락 1두 2승부지로 4표가 동으로 고한준의 논, 남으로 고한제 논, 북으로 윤계홍 논으로 사표가 분명한 논을 백목(白木) 26필로 계산하여 받는다.[53]

17세기 후반의 매매명문의 사례뿐만 아니라 그로부터 200년 후 19세기 후반에 작성한 토지매매명문에 이르기까지 매매대상 토지에 대한 사표를 강조하는 실상을 보여주고 있다. 이는 이미 언급했듯이 양안의 작성이 제한적인 점도 있었지만, 소유 경계를 확인하기 위한 현실적 대안이었다. 사표를 기준으로 한 토지 소유자에 대한 명기는 매매토지의 경계를 확인하여 분쟁을 막는 역할을 했다. 그리고 사표가 지역 공동체, 특히 제주의 경우 마을 주민 사이의 소유에 대한 상호 보증과 확인이 강하게 작동했던 사실도 보여준다.

제주 지역의 토지매매 결재수단은 현물 위주였다. 다른 지역 토지매매명문의 결재수단은 동전유통을 계기로 17세기 말부터 전면적인 동전 결재 체제로 전환했다.[54] 그렇지만, 제주지역은 매매명문에 기재된 매매수단을 분석한 결과에서 매매수단이 다양하면서 동전을 이용한 매매는 한계가 있었다. 매매수단 종류는 면포가 주류를 이루면서 우마, 곡물 등 이었다. 우마를 결재수단으로 삼은 것은 목장이 산재한 제주지역의 특징을 반영하고 있다. 그래서 19세기까지 면포를 이용한 매매가 주류를 형성하고 있었다. 토지매매

---

52 韓國學中央硏究院, 앞의 책, 2015, 425쪽.

53 韓國學中央硏究院, 앞의 책, 2015, 504쪽.

54 정수환, 『조선후기 화폐유통과 경제생활』, 景仁文化社, 2013, 221~222쪽.

에서 매매가를 동전으로 결재한 가장 앞선 사례 중 하나가 1872년(고종 9) 강영운이 강재흠으로부터 밭을 매득하는 명문이다.[55] 자세히 살펴보면, 면포과 곡물이 주된 매매 결재 수단을 이루면서 1875년쯤 일부 전문으로 매매한 사례가 나타나기 시작했다. 여기에는 이유가 있었다. 조선은 정책적으로 19세기 이후에야 제주지역에 동전을 유통하면서 제주지역 토지매매에서 동전이 주된 결재수단이 된 것은 19세기 후반에서야 가능했다. 토지매매명문에서 매매가의 동전 결재가 제주지역이 다른 지역보다 거의 150년 이상 뒤 가능했다는 특징이 있다.

4. 동계와 종계의 토지매매

전라도 광주의 양과동은 마을의 결사를 '향약'으로 가치를 부여하고, 임진전쟁 이후 1604년(선조 37) 동계로 새롭게 닦고 지금까지 운영하고 있다. 동계는 1663년(현종 4) 안정적 운영을 위해 토지를 마련하였고, 1693년(숙종 19) 동답을 '공공지물'로 정의하였다.[56] 이 내용을 광주목에서 확인도 받았다. 동계는 동답을 구성하고 동사洞舍 건립과 계원들이 함께 사용하는 각종 집물什物을 갖추고 19세기까지 거듭 중수를 반복했다. 광주의 양과동에서 토지를 확보하여 운영한 사례로 동계에서 토지를 획득하고 관리한 내용을 확인한다.

양과동 동계는 토지를 매득하여 마을 공동의 토지로 명하고 계를 운영하는 바탕으로 삼았다. 이를 보여주는 자료는 『동답기』이다. 『동답기』는 「동답치부기」와 「동중완의」로 내용을 구성하고 있다. 「동답치부기」는 동중洞中에서 확보한 전답의 현황을 적은 장부이다. 기록의 제약으로 양과동의 동답은 양과동 주변에 있었다고 추측할 뿐이다.

---

55 韓國學中央硏究院, 앞의 책, 2015, 502쪽.

56 광주 양과동의 토지 운영은 정수환(「조선후기 마을의 동답과 동정을 위한 협동 - 전라도 광주 양과동계와 공공지물(公共之物)」, 『지방사와 지방문화』 27-1, 역사문화학회, 2024)의 글을 바탕으로 한다.

동답 내용은 논 34마지기와 규모를 알 수 없는 과수밭 그리고 3마지기 밭이었다. 토지의 성격은 18세기 중엽 마을 숲 조성을 위해 토지를 매득한 사례처럼 마을 공동의 재산이었다.[57] 마을 토지 '동답'은 양과동과 동계의 공유자산이었다. 『동답기』 중 「동중완의」에 토지를 확보한 과정을 적고 있다.

> 동답을 설치한 목적은 비록 처음에 곡식을 모으려던 것이지만, 이미 마을의 의전(義田)이 되었다. 그래서 공공의 재물로 다른 사적인 계원의 논과는 다르다. … 곡식을 낸 자손이 아닌 사람과 다른 곳에서 이 마을로 옮겨 사는 사람도 이름이 동적(洞籍)에 기록되면 또한 동답의 주인이 된다. … 혹시라도 뒤에 분쟁을 도모할 것이 걱정되어 함께 완의를 한다.…[58]

완의는 동답으로 동계 운영에 필요한 곡식을 확보하는데 있었다고 밝히고 있다. 문기에 적지는 않았지만, 동답 마련을 위해 마을 동계의 계원을 대상으로 곡물을 수합하여 매득 재원을 마련한 배경을 짐작할 수 있다. 동답을 매득한 시점은 1693년(숙종 19)이었다. 그렇기에 매득한 동답이 마을의 재산으로 자리 잡은 의미라고 밝혔다. 그래서 이 동답을 '의전'으로 강조했다. '의전'은 송나라 때 범중엄(989~1052)이 토지를 내어 가난한 종족들을 구제했다는 기록에 근거를 두고 있는데, 마을의 동답은 이 의미를 적용하고 있었다.[59] 그래서 마을은 매득한 토지를 동답으로 일컬었다.

동답을 '공공지물'로 분명히 적어 계원의 사유재산과 차별화한 '공유자산'으로 강조했다. 공유자산의 의미는 '동적'이 암시하듯이 '동중'의 계원으로 참여하면 동답에 대한 권리가 발생한다는 지적에서 드러난다. 그래서 양과동으로 이주하고 계에 참여하는 사람 누구에게도 동답을 향한 권리가 열려 있었다. '완의'는 이런 사실을 확인하면서 공유자산

---

57 정수환, 「18세기 경주 갓뒤마을 동계의 말림갓을 위한 호혜와 협동」, 『歷史學報』 252, 歷史學會, 2021.

58 한국학호남진흥원, 『광주향약』 2, 2022, 111~112쪽.

59 鄭香春, 「'義田'의 국내 수용과 전승 양상」, 『東方漢文學』 84, 東方漢文學會, 2020, 183~189쪽. 문중은 '의전'을 종중 재원으로 운영했다(이해준, 「17세기 중엽 坡平尹氏 魯宗波의 宗約과 宗學」, 『忠北史學』 11 · 12, 충북대학교 사학회, 2000).

을 지속하기 위한 마을 계원들의 노력을 글로 확인한 결과였다. 마을의 공유자산인 동답은 환난상구를 위한 의전이라는 의미를 담고 있었다. 왜냐하면, 17세기 경신대기근(1670~1671)을 겪은 결과를 담고 있었기 때문이다. 그리고 나중에 을병대기근(1695~1699)을 거치면서 동답은 공유자산으로서 더욱 가치가 높아졌다.

경상도 경주의 이조동에는 17세기 이후 동계가 작동했다. 동계는 1658년(효종 9)~1786년(정조 10)까지 작성한 『이조동안』을 중심으로 작동했다. 동계의 활동 방향은 계에 참여하는 사람을 『이조동안』으로 정리하고 계원들이 갹출한 재원을 운영하는 것이었다.[60] 그리고 동계는 계원들의 장례와 혼례에 서로 돕는 활동을 펼쳤다.

동계의 활동 내용은 1658년 6월 동계를 설립하고 합의한 규약 내용으로 알 수 있다. 규약은 동계 내의 질서, 혼상부조, 동계의 유지 및 관리와 관련한 것들이었다. 그 중심에는 동계에서 혼인과 상례에 계원을 돕는 것으로, 넓게는 계원들 사이의 상호 부조가 있었다.

> 1. 부모와 자신의 상장에는 여러 동원(洞員)이 이유를 대지 말고 부음을 듣고는 다 함께 돕는다. 빈소를 차리기 전에 조문하고 물러난다. 그런데 따르지 않는 사람은 계에서 빼버린다. 부조는 백지 2권, 기름종이 3장, 참깨 1말, 왕골자리 3립, 빈 가마니 15립을 한다. 장사 때 각기 문상하고 상여를 따라가는데, 따르지 않은 사람도 영원히 계에서 빼버린다.
> 1. 혼인 때 매 동원마다 백미 2되, 참깨 1되, 건어 1마리를 부조할 일이다.[61]

인용문은 규약 내용의 일부이다. 혼인보다 상례에 대한 엄격한 규칙을 적용했다. 전근대 사회에 기근과 재난이 이어지면서 상장례의 증가라는 현실적 요인과 비용의 지출 부담을 생각한 결과이다. 계원 본인과 계원 부모의 상사에 동계의 계원이 함께하여야

---

60 이조동계의 재원 운영과 동전답의 존재에 대해서는 정수환(「조선후기 경주 이조동계의 공유자산을 향한 호혜와 협동」, 『인문학연구』 39, 제주대학교 인문과학연구소, 2025) 글을 참고했다.

61 『伊助洞案』, 「立議」, 戊戌 6月日.

하는 것을 강조했다. 상사에 동참하는 것은 사유를 따지지 않는 무조건적인 것으로 계원의 의무였다. 계원들에게 제공하는 부조는 의례에 실질적으로 필요한 종이나 음식물로 구성하였다.

동계로 혼인과 상례에 부조할 수 있었던 재원의 내용은 「동중중기」에 정리하고 있다. 「동중중기」는 동계에서 관리한 각종 물종과 재원의 출입 내용을 유사의 임기마다 정리한 기록이다. 1704년(숙종 30)~1731년(영조 7)이라는 28년 사이의 내용을 담고 있다. 초기에는 포布, 곡穀, 수임水荏, 전문錢文과 같은 4개 항목을 전수와 전여 내용의 기록 기준으로 제시했다. 그러다가 1711년(숙종 37)부터 곡물 등의 수입을 모두 동전으로 바꾸고 이를 바탕으로 회계를 했다. 예를 들면, 1712년(숙종 38)에 남은 곡식 '여재곡餘在穀' 1석 12두를 돈으로 1냥 3전을 바꾸었다. 그리고 이 액수를 전수하지 않고 그해에 모두 소진하는 방향으로 회계를 전환했다. 그렇지만, 1722년(경종 2) 뒤로는 동계에서 계원에게 받아들이지 못한 곡물과 동전답洞田畓의 타작곡물을 전문으로 바꾸는 과정에서 착오도 많아졌다. 이처럼 이조동은 사회제도의 변화에 따르면서 회계를 실시하여 마을의 공동재원을 관리하고 있었다.

18세기 동계는 혼상부조 등을 위한 재원을 마련하기 위한 공유자산으로 전답을 마련하고 있었다. 「동중중기」에 동전답의 '타작반분기打作半分記'를 정리했다. 1714년(숙종 40) '계사추타작각곡1석癸巳秋打作各穀1石'이라는 기록이 있어 동계 전답의 소출 규모를 보여준다. 여기서 각곡은 조租, 모牟, 태太, 목맥木麥이었다. 소출을 바탕으로 정확한 동전답의 규모를 알 수 없지만, 「동중중기」는 동계가 동전답의 소출을 바탕으로 동계의 상호부조와 여러 운영 비용을 마련한 실제를 담고 있다.

마을과 동계는 토지를 매득하고 이를 바탕으로 재원을 운영하는 과정에서 명문을 작성했다. 경상도 경주의 방어리에서는 사계射契를 조직하고 또한 혼상부조 등을 위한 각종 집물을 운영했다. 1690년(숙종 16) 이후 사계에서 계의 재원을 관리하기 위해 작성한 「사계전여기射契傳與記」에 그 내용이 있다. 그리고 이 문서의 내용 중 유사 사이에 인수인계하는 중요 서류를 적고 있는데, 그중 명문이 있다. 살펴보면, 1690년 전여 기록에 없던 '명문'이 1696년(숙종 22) '명문 1장'을 전여의 대상으로 적고 있다. 그러다가 1703년

(숙종 29) 전여에서 '답명문畓明文 2장'으로, 그리고 1706년(숙종 32) 다시 1장으로 변화했다. 특히, 1711년 기록에는 전답명문이 각 1장씩 있다고 밝히면서 명문의 방매자 기록이 있다. 전답매매명문의 방매자 이름을 장민준이라고 밝혀 매득한 내용을 확인했다.

동계에서 토지를 집적하는 매매명문의 실물이 남아 있다. 1895년(고종 32) 경상도 안동의 이계동에서 밭을 사는 명문이다.

> 1895년 갑오, 2월 15일 이계동에 하는 명문이다. 이 명문은 아주 쓸 곳이 있어 예전에 내가 갖고 있던 고노동원의 매자(每字) 75번 논 5부 2속 2마지기인 곳을 전문 85냥으로 값대로 받는다. 본문기는 다른 문기와 붙어 있어서 줄 수 없고 이 사람께 신문기 1장과 영영 팔아 버린다. 뒷날 만일 잡담이 있거든 이 문서로 살필 일이다. 권오복은 논 주인으로 문서를 작성하고, 증인은 유학 김재삼.[62]

안동의 권오복은 예전에 자기가 매득하였던 논 2마지기를 이계동의 동계에 전문 85냥을 받고 방매했다. 매매에서 구문기는 빼고 신문기를 건넸다. 이 매매명문은 경주의 방어리 사계와 이조동 동계 그리고 광주 양과동의 동계에서 밝히고 있는 '동전답'을 마련하는 과정을 생각하는 기회를 준다. 안동의 이계동에서 마을 재원으로 동전답을 마련하면서 작성한 토지매매명문이라 하겠다.

동계는 전답을 매득하여 소출을 활용하기도 했지만, 다른 필요에 따라 계의 전답을 관리하기도 했다. 경상도 경주 황성동은 1725년(영조 1) 동계를 조직하고 20세기 초까지 동계를 운영했다.[63] 동계 활동 중심은 상호 부조에 있었지만, 이 동계는 토지를 사서 나무를 심어 풍수해를 방지하는 활동을 펼쳤다.

> 북쪽이 아주 비어 있어 터가 부족하다고 일찍이 지사가 안타까워했다. 우리 마을 계원이

---

62 韓國精神文化硏究院, 『古文書集成』 42 - 安東 周村眞城李氏篇(II), 1999, 83쪽(土地賣買明文172).

63 땅을 사서 숲을 가꾸는 활동 내용은 정수환(앞의 글, 2021)의 연구 성과를 참고했다.

안타깝게 생각하지 않음이 없어서 일찍이 나무를 심어 북쪽의 빈터를 막고자 한 지 오래되었다. 그런데 심을 곳이 모두가 주인이 있는 땅이라 임의로 할 수 없었는데 지금 비로소 의견을 모아 나무 심을 곳을 매득했다. 오늘 모두 나아가 나무를 심으니 큰 다행이다.[64]

1730년(영조 6) 동계를 작동하고 얼마지 않아 마을 사람들의 의견을 모아서 북쪽 지역의 공터에 있는 토지를 매득했다. 이것은 북쪽 빈터가 허전하다는 풍수가의 지적에 따라 마을 사람들이 대응한 결과였다. 마을 계원들은 토지 매득을 위해 재원을 모으고 또, 매득한 토지에 함께 나무를 심는 활동을 했다. 동계는 매득한 토지와 심은 나무를 관리하기 위해 『동안』과 절목에 매득 토지 내용을 적고 인수인계를 했다.

매득한 두 밭은 다음과 같다. 경주부 북초(北初) 지북원(枝北員)의 문자(文字) 2번 밭 9부 6속, 3번 밭 15부 5속으로 25마지기인 곳과 봉림(蓬林) 월령평(月令坪) 보내원(洑內員)의 국자(國字) 15번 밭 31부 2속으로 30마지기인 곳이다.[65]

1764년(영조 40) 동계에서 확인한 토지의 위치와 규모에 대한 기록이다. 처음 매득한 토지를 그대로 유지하면서 인수인계의 중요한 대상으로 삼고 있었다. 토지의 규모는 모두 55마지기에 달했다.

동계와 더불어 문중에서도 계를 조직하고 이를 운영하기 위해 토지를 매매했다. 경상도 경주 옥산동에는 여주이씨가 집성촌을 이루며 세거하고 있다. 여주이씨는 이언적(1491~1553)이 남긴 토지와 노비를 기반으로 16세기부터 경주의 안강에 '옥산별업'을 경영하면서 성장했다. 17세기 여주이씨는 옥산별업 근처에 있는 정혜동을 아우르는 공간적 영역을 확대하며 동계를 조직하고 연대를 강화했다. 18세기에는 지역의 다른 유력한 사족과 경쟁을 위해 문중을 결속하고자 문계門契를 만들었다. 1746년(영조 22) 여주이씨

---

64 『枝北洞中節目』, 「庚戌正月25日基後北植松立議」.

65 『枝北洞案 - 甲申孟冬改』, 「節目」.

는 문계를 조직하고 길흉에 상조하기 위한 재원을 마련했다. 문계 재원은 계원인 문중 사람으로 구성된 종인들의 곡물 갹출로 마련했다.

> 1. 전곡(錢穀)은 종인이 절대로 빌려 쓰지 못하게 할 것. 그런데 만일 길흉의 어려운 일 같은 어쩔 수 없는 일이면 꼭 서로 대응하는 전답문서(田畓文書)를 낸 뒤에 전곡을 내어 줄 일이다.[66]

문계의 운영 방향을 합의하고 작성한 절목 내용 중 일부이다. 계원의 갹출로 마련한 전문과 곡식을 바탕으로 이를 빌려주고 받는 이자가 재원의 바탕이었다. 하지만, 어떤 종원들은 이자 납입을 제대로 하지 않거나 더 큰 규모의 대출을 실현하여 문계의 재원 관리가 어려운 점이 있었다. 이런 사정으로 종원에 대해서는 대여를 제한하였다. 다만 필요한 경우 전답문서, 즉 토지매매명문을 담보로 시행하도록 정했다. 이처럼 토지매매명문은 종계의 운영에 있어 확실한 담보로 설정하고 또 기능하고 있었다.

종계에서 토지를 기부받거나 매득활동을 보여주는 완의와 매매명문이 있다. 경주 경주최씨 종계는 1800년(정조 24) 사우를 중건하면서 재원의 소모가 발생하자 계회의 합의를 거쳐 4마지기 논을 종계로 귀속시켰다.[67] 그리고 또 다른 사례로, 종계가 직접 토지를 확보하는 매매명문이 있다.

> 1829년 기축, 3월 30일 이씨종계 유사댁 노 순홍 앞으로 하는 명문이다. 이 명문은 이 몸이 관청의 채무가 있어서 용인의 모하에 있는 초하리의 팔자(八字) 93번 밭 2복 5속 반일갈이 규모와 72번 밭 5복으로 하루갈이인 곳을 이 사람에게 전문 10냥을 받고 바꾼다. 그리고 본문기 3장과 함께 영원히 방매하니 뒷날 만일 잡담이 있으으면 이것으로 관청에서 바로잡을 일이다. 밭 주인은 이중철, 증인은 장세윤, 작성은 서원갑.[68]

---

66 韓國精神文化硏究院, 앞의 책, 2003, 923쪽(『門契案』, 「節目」).

67 韓國精神文化硏究院, 『古文書集成』 50 - 慶州 伊助 慶州崔氏 · 龍山書院篇(I), 2000, 904쪽(完議6)

1829년(순조 29) 충청도 제천의 연안이씨 종계에서 토지를 매득하면서 확보한 매매명문이다. 이중철은 세금 납부를 위해 밭을 종계에 방매하기로 결정하고 명문을 작성했다.

종계에서 토지를 운영한 사례가 있다. 경기도 광주의 광주안씨 종중은 종계를 구성하고 토지를 운영했다.[69] 광주이씨는 종계구성에 앞서 종가에서 봉사조 토지를 잘 지키고 있었다.

> 달리 덜어낸 봉사를 위한 노비와 전답은 비록 종손과 종부라도 함부로 전매하거나 나눠 가질 수 없다. 그러므로 종손 된 사람은 이를 대대로 따라야 한다.[70]

제사를 계속하여 문중과 종가의 위상을 갖추고 종통을 지키기 위한 토지가 있었다. 특히, 종가에서 매득한 토지 중 봉사조奉祀條 토지에 대해서는 다른 사람에게 팔거나 주는 '손외여타孫外與他'를 엄격히 금기시했다. 중요한 종가의 봉사조 토지를 잠매潛賣할 경우, 송사를 제기하여 되찾는 노력을 기울였다.

> 강상죄를 범한 죄인으로 감옥에 갇혀 있으면서 안가의 막중한 묘위 전답을 어찌 감히 멋대로 팔아먹는단 말입니까. 사리로 헤아려 보면 지극히 부당하므로 종가의 제사를 옮긴 뒤에는 법률상 즉시 되찾는 것이 마땅합니다만…[71]

1734년(영조 10) 종중유사가 종원들의 연명으로 제출한 소지이다. 종중 구성원이 종가의 묘위답을 상의 없이 함부로 파는 잠매 행위의 부당함을 호소하고 매매를 물리는 판결을 요청하고 있다. 묘위답을 되찾기 위한 노력은 1742년(영조 18)까지 계속했는데, 잠매의 부당함과 함께 모자 사이에 매매명문을 작성했다든지 언문 패지의 서체 문제

---

68 韓國精神文化硏究院, 『古文書集成』 55 - 堤川 寒水 延安李氏篇, 2001, 286쪽(明文14).

69 광주안씨 가문과 종계의 토지 운영은 정수환(「18세기 廣州 廣州安氏 宗契 조직과 운영의 재구성」, 『藏書閣』 48, 한국학중앙연구원, 2022)의 성과를 바탕으로 고쳤다.

70 韓國精神文化硏究院, 『古文書集成』 8 - 廣州安氏 · 慶州金氏篇, 1990, 54~56쪽(分財記 1).

71 韓國精神文化硏究院, 앞의 책, 1990, 42쪽(所志類 4).

등과 같은 증거를 제시하기도 했다.[72] 광주이씨 문중은 종가의 토지 수호와 함께 문중 활동을 위해 종계를 구성하고 토지 확보를 시도했다.

광주이씨 문중은 1738년(영조 14) 2월 종회를 개최하고 종계 설립을 결의했다. 그 후 종계 운영을 위한 안정적인 재원을 확보하기 위해 토지매득을 계획하였다.

> 하나는 식리하고자 하는 것, 하나는 논을 매입하고자 하는 것이었다. 식리를 하자는 의견은 계의 물자가 부족하기 때문이었고, 먼저 논을 사자는 의견은 처음부터 제청(祭廳)을 짓는 이야기가 있었을 때 실행되지 못했기 때문이다.[73]

1740년(영조 16) 종계 재원을 운영하기 위한 회의 내용이다. 종원들로부터 확보한 전곡으로 식리를 하여 재원을 증식하는 방안과 식리에는 변수가 있으므로 안정적인 수입원을 마련하고자 논을 매득하는 방안이 깊이 논의 되었다. 종계 활동이 묘역 금양과 제청 마련에 있다는 원론적인 의견에 따라 전답을 사기로 결정했다. 종계에서 마련한 재원 관리에 종손이었던 안정복(1712~1791)이 관여하였으며, 그는 1775년(영조 51) 종계소유의 전답 및 종계전을 관리했다.[74] 광주안씨 종계는 18세기 전반에 조직하고 작동하기 시작하였으며, 18세기 말까지 종계답과 재원의 관리 활동을 했다. 종계 운영의 분기점은 토지매매를 통한 토지매득이었다.

5. 거간 그리고 거간인

토지매매를 이루기 위해서는 매매대상 토지를 확인하고, 소유자를 찾아서 흥정한 다음

---

72 韓國精神文化硏究院, 앞의 책, 1990, 40쪽(所志類 2).
73 韓國精神文化硏究院, 앞의 책, 1990, 141쪽(宗契日記 1).
74 安鼎福, 『册曆日記』 41册, 乙未 9月 20日 · 21日.

매매명문을 작성하는 절차가 필요하다. 조선시대에는 이 모든 과정이 사람과 사람을 통해서 가능했다. 희망하는 토지 소유자를 사람들에게 수소문하기 위해 인적 네트워크를 가동하고, 양반의 경우 자신의 차노를 시켜 상대방과 가격 등을 협상하게 하였다. 조선 사회에서 토지시장은 인격적 거래가 일반적이었으므로 토지와 매매여부에 대한 정보 접근도 제한적이었다. 이런 상황에서 토지 정보를 모아서 거래를 중간에서 중재하는 거간인이 나타나기 시작한 것은 큰 사회 변화 중 하나였다. 이런 거간과 거간인의 존재는 19세기 매매명문과 일기를 함께 읽어 토지거래의 모습을 재구성하여 확인할 수 있다.

노상추(1746~1829)가 일기로 남긴 『노상추일기』는 조선후기 토지 매매시장 정보의 형성과 유통을 분석하기 좋은 사례이다.[75] 그의 매매활동을 적은 일기 내용에 접근하는 출발은 토지매매명문이다. 노상추 후손가에는 토지를 매매한 명문이 지금도 전하고 있는데, 그중 노상추가 관여한 자료가 있다.

> 1788년 무신 4월 13일, 노생원댁 노 일돌에게 하는 명문이다. 이 명문은 제 상전댁 채무를 갚기 위해서이다. 계(稧)의 논으로 차동원에 있는 휴자(虧字) 135번 논 9복 8속, 5마지기를 전문으로 30냥을 쳐서 수대로 받는다. 그리고 본문기 2장과 함께 이 사람에게 패지에 따라 방매한다. 그러니 훗날 만일 잡담이 있거든 이 문기로 바로 잡을 일이다. 논 주인 김생원댁 노 잇남. 증인 최악이. 작성 박태건이.

1788년(정조 12) 노상추는 차동원의 논을 전문 30냥으로 매득하면서 구문기도 확보하는 이 매매명문을 완성했다. 일반적인 기재 내용을 갖추고 있는 이 매매명문은 노상추의 가노家奴 일돌이가 상전을 대신하여 매매를 진행한 결과이다. 명문 작성으로 매매를 완성하기까지 매매자 사이에 매매정보를 주고받은 내용은 이 토지매매명문에서는 알

75 노상추가 남긴 일기를 통해 거간 행위와 거간인의 역할 그리고 노상추의 대응 서술은 정수환(「노상추(1746~1829)의 토지매매정보 수집과 매매활동 - 居間과 居間人 그리고 土地買賣明文」, 『民族文化論叢』 73, 영남대학교 민족문화연구소, 2019) 연구를 다듬었다.

수 없다. 다만, 매매명문 작성 이전과 이후의 여러 배경을 알 수 있는 일기가 있다. 『노상추일기』에는 매매와 관련한 주변 이야기를 수록하고 있다.[76] 그렇지만, 일기에서 그가 직접 개입하거나 매매와 관련한 배경정보를 정리한 내용은 없다. 그렇지만, 그는 수많은 매매활동을 하면서 토지를 방매하는 인물파악, 매매가격 결정, 매매공증 등과 매매정보 수집 활동 흔적을 일기에 남겼다. 그래서 『노상추일기』는 18~19세기 즈음 매매와 관련한 시장의 모습을 묘사하기 좋은 기회를 만들어 준다.

토지를 매매하기 위해서는 매매물의 위치, 소유자에 대한 정보 그리고 이들 내용의 실재 확인 등 여러 복잡한 과정이 필요했다. 조선시대 가장 중요한 재산 중 하나가 토지였으므로 신중하게 접근했다. 매매 정보를 간찰로 주고받기도 했다. 1720년(영조 46) 권희는 김필대에게 노비의 매매를 홍정하는 간찰을 보냈다.[77] 노비의 사례이지만, 18세기 매물에 대한 정보가 유통되고 있는 상황을 보여준다. 토지매매에 있어 매매명문에 포괄되는 내용, 예를 들면 매매자, 매매물 위치, 매매사유, 매매가격, 신 · 구문기 등과 같은 것은 중요했다. 일기에는 매득자가 이런 정보의 수집과 매매 전략의 수립 그리고 매매 후 분쟁에 대응하는 내용이 있다.

경상도 선산에 세거하고 있던 노상추(1746~1829)는 17세부터 83세까지, 즉 1763년(영조 39)~1829년(순조 29)에 이르는 68년의 일상을 일기에 남겼다. 일기는 일종의 가계 운영을 기록한 '가계일지'로 집안의 경제상황을 잘 적고 있다.[78] 그래서 『노상추일기』에는 곡물가를 관찰한 기록이 많은데, 이 부분을 토지매매가와 연동하여 생각할 기회를 제공한다.[79] 토지가격의 요동 요인을 지방관의 전문에 대한 정책 실패에서 찾기도 하면서 매매

---

76 노상추 일기는 국사편찬위원회의 자료를 참고하였다(國史編纂委員會 『盧尙樞日記』 1~4, 2005~2006; 국사편찬위원회, 『국역 노상추일기』 ①~⑥, 2017~2018). 이 글의 번역문은 국사편찬위원회의 결과를 참고하여 다듬었다.

77 안승준, 「조선시대 인신매매의 광경 - 노비 홍정과 거래」, 『문헌과해석』 2009.8월 발표문, 2009; 정수환, 「18세기 권상일의 시장접촉과 화폐경제생활」, 『史學硏究』 104, 韓國史學會, 2011, 69쪽. 이 자료는 『尙州牧 斜給立案』에 토지 소유를 증빙 받기 위해 점련한 간찰이다.

78 문숙자, 『68년의 나날들, 조선의 일상사』, 너머북스, 2009, 25~26쪽.

79 盧尙樞, 『甲戌日記』, 3月 30日 辛酉.

가 변동요인을 곡물가와도 관련이 있다는 실마리를 제공해 주었다. 노상추의 토지에 관한 관심은 84세 이후 그가 세상을 떠나기 직전까지도 끊이지 않았다.[80] 논의 관개를 염려하고, 전문의 유통으로 인한 사회 변화를 주목했던 이유는 토지 거래와도 관련이 있었다. 이처럼, 토지와 물가에 기울인 관심을 세세히 적은 노상추의 일기는 토지매매와 관련한 사회 분위기를 잘 담아내고 있다.

노상추의 일기 내용 중 토지 소유자, 토지위치, 토지매매 그리고 토지분쟁에 대한 기록은 사환기 이전과 치사 뒤 주로 고향 선산 일대에서 생활할 때 자세하다. 예를 들면, 출사하기 이전 27세이던 1772년(영조 48) 정월에 쓴 일기에 토지매매에 대한 기록이 있다.

> 도개의 홍진휴씨가 새해 전 주천으로 옮겨 살면서 땅[田庄]을 팔려고 하므로 면포전을 사기로 약속하고 정했다.[81]

지금의 구미시 도개에 거주하는 홍진휴가 주천으로 이거하면서 밭을 방매한다는 내용으로, 방매자와 방매 사유에 대한 정보이다. 도개는 노상추가 살고 있던 선산 접경지역이다. 매매사유는 이거로 인한 이매였다. 일기에 홍진휴(?~1774)는 금오서원의 영당을 관리하는 유사로, 선산에서 활동하는 인물이라고 밝히고 있다.[82] 이 사례에서와 같이 매매사유와 매매자에 대한 배경을 일기로 추적할 수 있는 이유는 지역사회에서 개인의 정보가 유통되고 있었고, 노상추가 관련 내용을 확보하고 일기에 기록했기 때문이다.

노상추는 토지, 토지매매 그리고 매매관련 인물 내용을 일기에 기록했다. 주위에서 이루어지는 매매 내용을 적기도 했다.

---

80 盧尙樞, 『再己丑日記』, 7月 初10日 壬寅 · 27日 己未. 노상추는 말년에 백운동에 토지를 경영했다(김성우, 「19세기 초반 노상추(盧尙樞)의 백운동 별업(別業) 조성과 경영」, 『역사와현실』 78, 한국역사연구회, 2010).

81 盧尙樞, 『壬辰日記』, 正月 11日 丁未.

82 盧尙樞, 『丁亥日記』, 4月 24日 癸丑 · 6月 初1日 癸巳.

생질 류성목을 돌려보냈는데 바야흐로 이곳을 이매하려 한다. 하상에 금득(衿得)했기 때문에 논을 팔고 들어가려 한다.[83]

노상추는 경상도 안동 하회에 사는 생질 류성목이 방문했을 때 토지매매에 대해 나눈 내용을 적었다. 류성목은 선산의 전답을 방매하고 거주지 하회의 토지에 집중하는 이매를 시도하고 있었다. 이매의 배경이 바로 류성목이 분재로 하회의 토지를 획득한 점과 그곳으로의 이주라는 사실을 알 수 있다.

노상추는 주변에서 발생하는 매매활동 및 매매정보에 관심을 기울이고 자신의 매매에 참고하고자 일기에 적었다. 토지 외에도 주변 인사들의 가사매매와 이주 내용도 관심을 기울였다. 박상택이 자신과 함께 집을 사서 같이 이주할 계획을 만들었다거나, 조평중이 노상추가 생각했던 같은 곳에 3~4칸 집을 사려 한다는 동향도 적었다.[84] 그는 주변의 토지와 가대 등의 매매 움직임을 관찰하고 이 내용도 일종의 정보로 일기에 남겼다.

1814년(순조 14) 69세의 나이에 고향으로 귀향한 이후의 일기도 토지매매에 대한 이해를 담고 있다. 토지와 가사에 대한 내력을 기록했다. 특정 토지의 경우 지역사회에서 특별한 의미를 지니고 있으며 이와 관련한 정보가 공유되고 있었다. 노상추는 지역의 특정 숲을 범한 12명에게 나무를 심도록 했는데, 숲과 이어진 그 땅이 장현광(1554~1637)의 노가 경작하는 목화밭이었기 때문이었다. 밭의 의미도 장현광이 박영(1471~1540)의 가묘를 보호하기 위해 마을 입구에 직접 나무를 심은 곳이라고 적었다.[85] 숲은 특별한 의미를 담고 있었기에 노상추가 눈길을 주고 동향을 일기에 적었다. 그리고 그는 조윤의 서당을 방문하고, 서당 건물이 조경홍의 재실을 사서 바꾼 사실을 또한 일기에 적었다.[86] 노상추가 일기에 적은 이런 토지와 건물 등의 내용은 매매와 같은 토지 관리의 동향에 관심을 기울이면서 얻은 하나의 정보였다. 그는 주위에서 발생한 매매토지의 규모와 사유는

---

83 盧尙樞, 『丁未日記』, 4月 初10日 丁未.
84 盧尙樞, 『戊戌日記』, 2月 15日 丙子 · 9月 25日 辛亥.
85 盧尙樞, 『丙子日記』, 3月 初3日 癸未.
86 盧尙樞, 『癸亥日記』, 5月 初3日 丙申.

물론 잠매, 도매와 같은 사건도 주목했다.

① 이백심이 와서 집안사람이 그의 집안 논 12마지기를 잠매(潛賣)했다는 것을 들었다.[87]

② 백련암의 화봉대사 성휘와 청련승 진총이 함께 왔는데, 이것은 김대복이 논을 도매(盜賣)한 일로 관청에 호소하기 위해서이다.[88]

③ 그의 양모 박씨가 모친을 위해서 우곡의 목화밭 8마지기를 매득해서 노 세원에게 경작하게 하고 분묘를 벌초하는 바탕으로 삼았다. 혹은 5~6년, 혹은 3년에 1번씩 왕래했는데 올해 방매를 계획했다. 내가 옳지 못함을 책망하자 잠매하고 세상을 떠났다.[89]

①은 주위에서 있었던 매매 사례를 적은 것이다. 이백심은 노상추와 함께 그와 개를 삶아 먹거나 여행하며 여러 번 동침하기도 한 인연이 있었다.[90] 평소 친분과 교유가 있는 그를 만나 이씨댁의 종답 11마지기를 몰래 방매 당한 사건을 들었다. ②는 노상추가 이백심 집안 토지의 잠매 사건을 추적한 내용이다. 이백심이 노상추와 만난 적 있는 승려들과 함께 찾아와서 집안의 땅을 도둑질하듯 팔아 버린 사람 김대복을 관청에 고발하는 것을 상의했다. 송사를 승려들과 함께하는 것은 종중 토지가 승려들의 암자와도 관련이 있었기 때문이었다.

③은 노상추가 토지매매와 관련한 의견을 적은 기록이다. 내용은 토지의 유래 경위는 물론 그 위치와 규모까지 포함할 정도로 자세하다. 신응준이 목화밭을 사서 관리하다 방매하려 했는데, 노상추가 부정적인 의견을 냈지만 실현하고 말았다. 노상추는 이 우곡에 있는 8마지기 밭이 사실 자기의 가노 원세가 경작하고 있어 자신의 이해와 관련이 있었기에 반대했다. 그래서 노상추는 이 매매를 잠매로 규정하였다.

노상추는 자기 주위에서 일어나는 토지매매의 내용과 배경을 관찰하고 일기에 기록하

87 盧尙樞, 『乙亥日記』, 3月 初4日 庚寅.
88 盧尙樞, 『再癸未日記』, 正月 初5日 乙亥.
89 盧尙樞, 『再丙戌日記』, 正月 18日 庚子.
90 盧尙樞, 『辛未日記』, 6月 初8日 甲寅 · 10月 初1日 丙午.

였으며, 자신의 이해를 반영하여 토지매매의 내용을 정리하기도 했다. 이러한 그의 관심은 매매를 염두에 둔 것이었고 실제 자기의 매매에 적용하기도 했다. 이 과정에서 토지시장에 대한 현실을 발견하고 기록으로 남겼다. 그는 직접 매매에 관여하게 되면서 주위에서 일어나는 토지매매의 여러 상황에 관심을 기울이고 일기에 적었다.

노상추가 주위에서 일어나는 매매 내용을 처음 일기에 남긴 것은 그의 나이 22세이던 1767년(영조 43)이었다.

> 아저씨 박상택씨가 자신의 생질 금정훈과 함께 바야흐로 왔다. 금정훈은 자신의 토지 가격을 홍정하는 일로 와서 이야기를 나누었으나 결정하지 못하고 돌아갔다.[91]

며칠 전 금정훈은 고향으로 돌아가기 위해 자신의 토지를 팔려고 노상추 부친을 찾아온 일이 있었다.[92] 그 후 금정훈은 박상택(?~1780)과 함께 노상추 집을 찾았는데, 박상택은 노상추 집안과도 인연이 있는 인물이었다. 금정훈은 박상택을 가운데 세워 방매 토지에 대한 홍정을 잘하려고 시도하고 있었다. 노상추가 매매와 관련한 주변 정보를 확보하는 인물은 박상택이었다.

> · 도개의 류택수를 방문하니 상중에 있는 박상택씨가 류씨집으로 왔다. 류씨가 목화밭 30마지기를 척매(斥賣)하므로 85냥으로 값을 정하고 집으로 돌아왔다.[93]
> · 박상택씨에게 가서 김익채 군과 함께 다항촌에 간 것은 새 터전으로 정한 곳이 다항에 사는 김백항의 논이기 때문이다. 김백항을 만나 값을 정하여 명문을 완성한 다음 돌아왔다.[94]

---

91 盧尙樞, 『丁亥日記』, 正月 初4日 己巳.
92 盧尙樞, 『丙戌日記』, 12月 23日 己未.
93 盧尙樞, 『丁酉日記』, 12月 15日 丁未.
94 盧尙樞, 『戊戌日記』, 正月 15日 丙子.

노상추가 목화전 30마지기를 흥정하는 과정에서 박상택은 상중인데도 동행하여 매매에 동참하였다. 그의 도움이 있었는지 모르지만, 매매에 참여한 결과 85냥이라는 흥정에 도달하였다는 사실을 알 수 있다. 노상추도 이 매매의 결과에 불만이 없었다. 이후에도 다항촌에 터전을 마련하려 했던 노상추가 그곳에 사는 김백항과 만나기 전에 박상택을 찾아 함께 했다. 이처럼 노상추는 매매에 박상택을 찾아서 같이 흥정은 물론 명문을 완성하는 결과를 만들었다.

박상택과 노상추는 선산이라는 지역사회를 배경으로 생활하면서 또한 혈연으로 연결된 관계였다. 박상택은 노상추의 6대조 노경필의 동생 노경륜의 5대 손자사위로 아주 먼 인척이었다.[95] 그는 선산 도개를 터전으로 다른 곳으로 거주지를 옮겼다. 그렇지만 노상추는 매매와 관련하여 계속 관계를 유지하고 있었다. 노상추는 직접 그와 당나귀를 매매하기도 했다.[96] 그리고 박상택이 노수에게 말을 담보로 30냥을 빌렸다는 사실을 일기에 적었다.[97] 노상추는 박상택의 활동에 관심을 기울였으며, 둘이 경제활동으로 연관된 기록이 일기 곳곳에 있다. 박상택은 세상을 떠나기 전까지 인척으로서 노상추와 관계성을 유지하면서도 매매에 동참 혹은 관여하는 과정에서 정보를 제공 및 공유했다.

박상택 외에도 토지 정보를 확보하고 매매 등에 역할을 한 인물들을 일기에서 확인할 수 있다.

- 도개 법화의 산지기 세귀를 만나 도개에 있는 해평 내동의 논과 밭의 좋고 나쁨을 물었더니 이놈이 자세히 안다. 이 논의 일은 이제 바야흐로 개령의 40마지기 논과 서로 바꾸어 매매하고 이사해서 농사를 지을 계획이다.[98]
- 저녁이 되어 갈 때 영중과 더불어 성곡에 가서 친척 김수옥을 보고 12마지기의 목화밭을 팔아서 상경 노자로 삼았다.[99]

---

95 국사편찬위원회, 『국역 노상추일기』 ①, 2017, 55쪽.
96 盧尙樞, 『丁亥日記』, 2月 11日 乙巳.
97 盧尙樞, 『庚寅日記』, 閏5月 初7日 壬子 · 26日 辛未.
98 盧尙樞, 『丁酉日記』, 12月 初10日 壬寅.

· 서울 사람 김도원이 왔다. 이 사람은 조병사 집을 위해서 전답을 척매하는 일을 한다.[100]

노상추는 오늘날 김천의 개령에 있는 40마지기 논을 선산 도개와 해평의 논으로 서로 바꾸어 매매하는 문제를 산직이와 상의하였다. 도개 법화동 산지기 세귀를 통해 선산의 내동 주위에 있는 논밭의 상황을 수소문한 정보를 바탕으로 매매 계획을 수립하였다. 그는 세귀를 전답 품질에 대한 정보를 축적하고 있는 인물로 평가했다. 세귀는 법화동에 있는 노상추의 선대 분묘를 지키면서 일대의 토지정보를 알고 있는 인물이었다.[101] 세귀가 도개 일대 토지에 대한 정보를 확보하고 있음에 따라 노상추가 그를 통해 매매계획을 만들 수 있었다. 노상추는 김천의 논과 도개의 논을 상환하여 자신의 거주지 선산일대로 토지를 집적할 계획이었다.

토지거래에 동행하거나 대행하는 기록이 있다. 노상추는 토지를 방매할 때 동생과 함께 하기도 했다. 그는 동생과 함께 가서 인척 김취옥에게 목화밭 12마지기를 팔았다.[102] 동생을 매매 정보 보유자로서 매매에 이바지할 인물로 속단하기는 어렵지만, 동생이 함께한 것은 가족의 토지 거래에 함께하여 매매의 착오나 나중의 분쟁을 대비하는 의미도 있었다. 하지만, 매매를 대행하는 인물도 일기에서 찾을 수 있다. 노상추가 홍주목사로 부임하자 서울에서 온 김도원을 만났는데, 그는 병사를 대신하여 전답을 매매하는 소임을 띄고 있었다. 그의 신분적 배경을 알 수는 없지만 서울의 전답주를 대신하여 홍주지역의 토지 매득자를 물색하여 방매를 성사하고 있었다.[103] 일기에 김도원을 차노, 수노라고 언급한 기록이 전혀 없어 상전의 패지에 따라 매대를 수행하는 차노가 아니라 매매를 위한 인물임을 알 수 있다.

매매에 동행하거나 도움을 주는 사람들 기록과 더불어 노상추의 토지매매 정보 수집

---

99 盧尙樞, 『庚子日記』, 正月 17日 丙申.

100 盧尙樞, 『辛酉日記』, 正月 13日 己丑.

101 盧尙樞, 『乙酉日記』, 10月 16日 戊午.

102 “檍弟改名尙根 字曰英仲 檍字音相同澺字故也”(盧尙樞, 『壬辰日記』, 正月 26日 壬戌).

103 盧尙樞, 『辛酉日記』, 正月 24日 辛丑.

과정에서 거간인이 일기에 등장하고 있다.

> ① 강시언의 논을 매득한 문기는 정숙에게 있는데, 일이 되어 가는 것을 듣고 무곡에 사는 거간인(居間人) 이가 놈에게 주었다고 한다.[104]
>
> ② 김명탁과 김명로 형제는 바야흐로 그들의 계모와 서로 다툼이 그치지 않는다고 들었다. 이른바 계모 홍씨가 둘째 김명로의 논을 거의 3천금으로 방매하려고 한다는 소문이 있자, 중간에서 일을 하는 사람이 힘들이지 않고 재물을 차지할 수 있으므로 한사코 '거간(居間)'하려 한다고 한다.[105]

두 개의 인용문은 노상추가 일기에 기록한 거간 관련 내용이다. ①은 조카 노정엽이 제사를 위해 마련한 논을 방매 하려 하면서 노상추와 갈등을 빚고 있는 내용 일부이다. 노상추는 이 사건을 서술하는 과정에서 노정엽이 묘사를 위해 논을 파는 일에 대한 정보를 노정엽에게 제공한 '거간인'이 존재했음을 밝히고 있다. 조카를 위해 행동한 그 거간인을 '이가 놈李哥漢'으로 적고 있다.

②는 매매 과정에서의 '거간'이 일어나고 있는 사실을 적은 기록이다. 김명로 형제와 계모 사이에 토지를 둘러싼 갈등이 있었다. 노상추는 일기에 계모가 토지를 팔려고 하자 거간이 개입하고 있는 내용을 적었다. 이 일기는 김명로가 계모의 토지 방매를 대행하는 사람들의 이익을 방지하고자 거간을 실현하려 한다는 내용으로 볼 수 있다. 또는 이러한 분쟁의 여지가 큰 매매에서 모리배가 중간에 끼어 이익을 볼 수 있으므로 김명로 형제가 이를 방지하기 위해 보다 객관적으로 볼 수 있는 거간을 하려는 움직임이 일어나는 상황으로도 읽힌다. 둘 모두의 경우에도 토지매매가 일어나면서 매매가를 둘러싸고 분란과 손해를 줄이기 위해 거간이 있다는 사실을 암시한다. 두 개의 인용문에서 본다면, 거간 과정에서 거간인이 매매가의 일부에서 이익을 차지하거나 일종의 수수료가 있었음

---

104 盧尙樞, 『乙亥日記』, 2月 17日 癸酉.
105 盧尙樞, 『再丙戌日記』, 7月 29日 己酉.

도 알 수 있다. 그리고 거간은 매매자들 사이에서 '사환'하는 사람들이 수행했으며, 이들을 거간인으로 볼 수 있다.

노상추는 19세기에 별업을 조성하기 위해 주변 토지 동향에 주목하는 과정에서 매매를 거간하는 행위와 이를 대행하는 거간인이 있었던 당시의 실상을 일기에 남겼다. 그렇지만 이러한 거간을 위한 거간인의 존재가 갑자기 나타난 것이라 보기는 어렵다.[106] 이미 매매를 주관하거나 매매 정보를 집적한 인물이 앞서 존재했다고 하겠다. 다만, 거간을 하는 행위가 18세기 후반부터 『노상추일기』에 등장하고 있으며, 이들의 행위와 인물에 대한 명칭인 '거간'은 19세기부터 명명되었다고 볼 수 있다. 노상추는 거간과 거간인이라는 통용되는 지식을 일기에 그대로 사용했던 것이다.

노상추는 거간인을 통한 거간을 염두에 두면서도 토지 및 매매정보를 수집하고 기록했다. 토지매매 정보는 토지매매가의 동향을 파악하고 매매에 대응 혹은 적응하는 구상으로 연결되었다. 그는 계속 토지 가격 동향을 기록했다.

> 올해 시장의 모든 물화가 고가가 아님이 없어서 평시의 토지 값도 못하지 않다. 이것은 실로 방백이 적임자가 아니고 수령이 적임자가 아니어서 그런 것이다.[107]

당시 물가가 오른 현상 속에서 토지의 값도 상승한 현실을 분석했다. 노상추는 해결책으로 영문에서 작전作錢 규정을 정하고 수령에게 잘 지키게 해야 한다고 보았다. 국가가 동전을 기준으로 강제로 물가를 정해야 한다는 입장이었다. 그리고 이를 작동하게 하기 위해서는 부민富民들도 이를 따르게 해야 한다고 진단했다. 곡물가와 인심을 안정시키면 토지가도 연동할 것이라 평가했다. 그리고 가문의 종답宗畓을 매매하면서 토지매매 정보를 확보했다.

---

106 1897년 즈음 고문서 혹은 20세기 초 전라도 보성의 토지매매명문 중 居間과 興成의 사례 16건이 있었다(채현경, 「寶城 濟州梁氏家의 토지매매명문 검토」, 『조선 후기 호남의 경제와 사회』, 호남권 한국학자료센터, 2011, 75~76쪽).

107 盧尙樞, 『甲戌日記』, 3月 30日 辛酉.

개령의 종중 논을 잠매(潛賣)한다고 들었으므로 뒤늦게 출발해서 갈현을 넘어 문산고직 집에서 말을 먹이고 신포의 정유간의 집에서 묵었다. 정찬과 이야기하니 그의 아우 정전, 정숙과 정양직, 정완이 왔다. 노정엽 조카가 천금으로 개령의 논을 개령현의 송고(松賈) 양신겸에게 척매(斥賣)하고 부의 아전 강시언의 신포 앞에 있는 논 72번 논으로 이매(移買)하고 명문을 만들려고 한다고 한다.[108]

노상추는 조카 노정엽(1756~1815)이 개령의 묘위답으로 설정한 논을 몰래 팔려고 한다는 소식을 듣고 정유관의 집을 방문했다. 여기에 인척 정완 등으로부터 매매에 대한 추가 정보를 확보했다. 노정엽이 매매하고자 하는 논의 매매가와 매득자는 물론, 이매하는 방식에 이르기까지 상세한 내용을 파악하였다. 노정엽의 토지를 사려는 사람은 양신겸으로 나무 장사꾼으로 밝히고 있다. 노정엽이 논을 방매하여 이매하려는 논은 신포에 있는 선산부 이방의 소유라는 사실도 확인했다. 노상추가 이런 잠매의 정보를 접하고 신포에 있는 인척 정씨가를 방문한 것은 정확한 매매 내용의 확인 목적도 있었다.

신포에 유숙하는데 정유간이 와서 이야기하고, 저녁은 정숙이 제공해 주었다. 이날 아침에 문산의 고직이 중삼이 개령에서 와서 '양신겸처척매명문(梁信謙處斥賣明文)'을 찾아 돌아왔다. 들으니 양신겸이 어제 천금을 운송해 왔는데, 오는 길에 세원이 어제 신포를 향해가서 길에서 서로 만나 환송했다고 한다. 강시언의 답을 매득한 문기는 바로 정숙에게 있는데, 이 일이 되어가는 것을 듣고 무곡에 사는 거간인 이가 놈에게 주었다고 한다.[109]

조카의 문중 토지 잠매와 관련하여 신포에 머물던 노상추는 조카가 양신겸에게 방매한, 이른바 '척매명문'을 확보하고 이 매매를 무산시켰다. 그는 자신의 가노家奴 세원에게 매매대금을 가져오고 있는 양신겸을 중간에 만나 매매명문을 확보하게 시켰다. 명문은

108 盧尙樞, 『乙亥日記』, 2月 16日 壬申.
109 盧尙樞, 『乙亥日記』, 2月 17日 癸酉.

고직이 중삼을 거쳐 노상추에게 전달되었다. 그리고 경위는 알 수 없지만 강시언이 논을 매득한 명문을 정숙이 가지고 있었는데, 정숙은 양신겸의 매매명문을 확보한 소식을 듣고 노정엽과 강시언의 매매를 거간한 이가에게 명문을 건넸다. 노상추는 노정엽과 양신겸, 강시언 사이의 매매를 무산시킬 수 있었다. 이 과정에서 그는 매매자, 거간인 등에 대한 정보를 바탕으로 주변 인사들을 동원하여 대응하였다.

노상추는 고향 선산 일대 토지정보를 접하고 수집했다. 노상추는 지역에서 돌고 있는 토지 및 토지매매 내용을 수집하는 데 그쳤지만, 거간인에게는 거간행위를 위한 중요한 정보였다. 다만, 노상추는 이들 정보를 기초로 매매를 요청하는 편지를 보내거나 대면 혹은 거간을 통해 매매의 성사를 시도하였다. 매매는 전답매매명문 작성으로 완성했다. 먼저, 그는 매득 대상 토지 확인을 시도했다.

> 강 넘어 도개에 이르러 김덕규의 가대를 살피고 30냥으로 값을 정해서 문서를 만들어 그것을 샀다.[110]

인용문은 매매가 성사된 결과만 적은 기록이다. 1768년(영조 44) 노상추는 부친 주도로 도개에 있는 가대 매매를 시도했다. 그는 매물로 정한 김덕규의 가대를 방문하여 터를 확인했는데, 이에 앞서 김덕규가 좌수라는 것도 파악했다. 그리고 일기 내용처럼 직접 혹은 간접적으로 매매가를 흥정한 뒤 매매명문을 작성했다. 이처럼 매매명문을 완성하기에 앞서 매매토지를 확인하는 과정이 있었다.

> 나는 우곡에 가서 김익채 군의 집에서 묵으면서 밤에 김군의 3부자와 이야기를 나누었다. 나는 우곡의 신기 월평에 뜻을 두고 이 터로 이사하려 했는데, 그곳이 신기이다. 지사(地師)가 여러 번 살폈으나 먼저 발설하지는 않았다. 거처를 정한 터의 모퉁이에서 7~80보 쯤 되는 곳에 김군의 중형이 집을 짓고 정착한 지 6~7년이다. 지금은 부자 형제가 가까이 함께 살고자

---

110 盧尙樞, 『戊子日記』, 12月 23日 丁丑.

해서 이것을 팔고 옛터로 돌아가려 한다. 그래서 이 집의 위와 아래 7칸 집 매매를 의논하는 것을 계기로 값을 정했다.[111]

노상추는 자신이 매득하고자 하는 우곡에 있는 매매물의 소유자 인척 집에 머물렀다. 이에 앞서 집터를 살피기 위해 지사에게 먼저 확인하게 했다. 그리고 김익채의 집에서 묵으면서 그들 부자가 옛터로 돌아가기 위해 가대를 방매하고 있다는 사실을 다시 확인한 다음 홍정으로 값을 정했다. 노상추는 일기에 매매를 의논하여 값을 정했다고 적고 있다. 노상추의 이런 언급에서 토지매매명문의 '의수받자依數捧上'라는 기록의 의미가 매매 과정에서 홍정으로 '결가決價'로 정한 액수를 확인하는 데 있음을 알 수 있다.

매매물에 대한 현장 확인 노력도 게을리하지 않았다. 노상추는 1772년(영조 48) 정월, 도개의 홍진휴와 목화밭 매매를 서로 약속한 다음 매매 마무리를 시도했다.

· 도개의 홍진휴씨가 새해 전 주천으로 옮겨 살면서 토지를 팔려하므로 목화밭을 사기로 약정했다.[112]
· 무래의 배상태가 와서는 6마지기를 척매한다는 패지를 받아 갔다.[113]
· 아침에 6마지기 논값으로 125냥을 받아서 홍진휴씨에게 도개의 밭값으로 주천에 보냈다.[114]

목화밭 매매의 사정을 진행 상황에 따라 일기에 적고 있다. 그는 도개에 사는 홍진휴가 이사를 계획하면서 밭을 방매한다는 소식을 듣고 매매를 서로 약속했다. 약속 방법은 직접 방문인지 아니면 편지를 보냈는지는 일기에 적지 않았다. 그리고 매매가 확보를 위해 자신의 6두락 토지를 급히 팔려고 무래에 사는 배상태에게 패지를 발급했다. 배상

111 盧尙樞, 『丁酉日記』, 12月 初7日 己亥.
112 盧尙樞, 『壬辰日記』, 正月 11日 丁未.
113 盧尙樞, 『壬辰日記』, 正月 24日 庚申.
114 盧尙樞, 『壬辰日記』, 正月 25日 辛酉.

태는 노상추의 차노나 수노가 아님에도 매매를 대행하고 있었다. 그렇다고 거간인이라 보기에는 정확하지 않다. 노상추는 이매 계획를 실현하려고 자신의 논 6마지기 방매가 125냥을 그대로 홍진휴에게 지급하고 매매를 완료했다.

매매가 완성된 토지라 하더라고 나중에 확인을 거쳐 명문 내용과 다르면 환퇴 대상이 되었다.

> ① 아버지께서 잠시 머물던 곳에서 돌아오셔서 홍생원으로부터 새로 매득한 밭이 있는 곳을 재어 보았다. 그랬더니 땅의 넓이와 마지기 수가 너무도 맞지 않았다. 그래서 내가 주천으로 갔으나 중도에 홍진휴씨가 도개로 갔다는 소식을 듣고 헛되이 돌아왔다.[115]
>
> ② 아침에 만의가 잠시 머무는 곳에서 와서 아뢰었다. 어제 낮에 홍진휴씨가 제평에 와서는 "방매한 목화밭 대신 연향 놈의 목화밭으로 대신 주고 집 짓는 값으로 삼겠다"고 했다고 한다. 이 계약이 성사된 일은 이미 땅의 넓이와 마지기 수가 차이가 있으므로 거의 긴요하지 않다는 일념이었다. 그중에 또 처음에 하고자 했던 목화밭이 아니니 전혀 사고 싶은 뜻이 없었다. 편지를 써서 홍생원이 있는 곳에 보내면서 앞서 보냈던 돈을 돌려 달라고 하니 돌려받았다.[116]

노상추는 홍진휴에게 매득한 밭을 아버지와 함께 현장을 확인하고 척량尺量을 했다. ①은 확인 과정에 대한 자세한 내용이다. 척량은 실제 토지 넓이는 물론 마지기 수까지 확인하는 것이었으며, 이는 매매명문에 기재하고 있는 마지기를 검증하는 것을 의미했다.[117] 그렇지만 명문과 현장의 내용이 다른 것을 확인하고 직접 홍생원과의 만남을 시도했다.

매득 토지와 매매명문이 서로 다르다는 사실을 따지기 위해 노 만의를 시켜 홍진휴와

---

115 盧尙樞, 『壬辰日記』, 2月 初5日 庚午.

116 盧尙樞, 『壬辰日記』, 2月 初6日 辛未.

117 "守門兒가 蛇浦 등에 있는 '新買田土'를 둘러보고 갔다"(盧尙樞, 『甲戌日記』, 3月 18日 己酉).

접촉을 했다.[118] ②는 홍진휴와 오고 간 매매에 대한 논쟁의 전말이다. 노상추가 항의하자 홍진휴는 매매명문과 실재 토지 면적의 다름을 인정하고 방매한 목화밭을 대신해서 연향의 목화밭으로 대토할 것을 제안했다. 그러나 노상추는 매매조건의 불일치로 인한 불신을 강조하면서 매매계약 파기를 결심하였다. 그리고 본가를 돌려달라는 편지를 보내어 돈을 돌려받은 뒤 매매를 취소했다.

매매를 진행하는 과정에서 토지를 가로채는 횡매橫買로 매매가 성립되지 않기도 했다. 노상추도 경험했다. 그는 "처음에 수침의 북쪽 개천 위를 점지했는데 김익거가 그 땅을 가로채어 사버리니 실로 훼방하려는 속셈에서 나온 것이니 원통하고 가소롭다"고 감정을 토로했다.[119] 이처럼 환퇴와 횡매의 사례는 매매가 성사되고 완성에 이르기까지 변수들이 존재했던 현실을 보여준다. 매매에서의 이런 불확실성 때문에 거간과 거간인의 역할이 등장하였다고 하겠다.

매매 정보 수집을 계기로 매매물에 대한 사전 확인, 매매가에 대한 약속 그리고 매매명문의 작성에 이르는 과정 중 매매가 지급과 매매가에 대한 절충이 있기도 했다. 노상추는 1802년(순조 2) 장성한이 5칸 와가를 방매한다는 정보를 듣고 편지로 협의하면서 그곳을 찾아 살펴보았다.[120] 20일 뒤 노 세원을 시켜 매매가로 장성한에게 47냥을 보냈다. 그런데 이후 장성한이 노상추가 매매가를 줄인 사실에 대한 불만을 표시했다. 그러자 노상추는 며칠 상황을 살피다가 그에게 3냥을 더 보냈다.[121] 노상추의 이런 대응은 그가 매매 성사를 위해 현장 확인과 매매가 약속 그리고 매매 흥정에 집중하였던 사실과 관련이 있었다. 그는 매매가를 흥정하여 매득한 뒤에도 시가에 대한 정보를 비교하여 방매자의 요구를 받아들였음을 암시한다.

노상추가 활동했던 18세기 후반과 19세기 초반의 사례로 토지매매에서 매매물 정보

---

118 盧尙樞, 『癸未日記』, 12月 14日 丙申.
119 盧尙樞, 『乙亥日記』, 2月 初10日 丙寅.
120 盧尙樞, 『壬戌日記』, 11月 初3日 庚午.
121 盧尙樞, 『壬戌日記』, 12月 初2日 己亥. 노상추는 가노에게 錢文을 보냈다. 이는 실제로 동전을 매매수단으로 이용했음을 보여준다.

의 유통과 이용, 거간과 거간인 등장 그리고 매매명문 작성과 완전한 매매를 위한 노력을 확인했다. 일기에는 매매물의 등장, 매매자에 관한 이야기, 토지의 위치와 현황에 대한 정보를 매득자가 확보하고 매매자가 서로 소통하여 가격을 정하고 명문을 작성한 내용을 담고 있다. 매매를 종료한 뒤에도 현장 확인으로 토지매매명문의 기재 내용이 틀림이 없는지 확인하고 이상이 있으면 되물리는 일이 발생했다. 노상추의 일기는 매매의 현장과 매매 뒤의 사정에 대한 실상을 보여주고 있다. 토지매매는 많은 정보를 수집하고 흥정을 하며, 매매물 확인에 이르는 과정에서 집중과 노력을 필요로 하는 쉽지 않은 일이었다. 그렇기에 19세기 초에 매매물에 대한 각종 정보를 모으고 문서의 작성과 매매물을 보증하는 거간인이 등장했으며, 이들은 일정한 수수료를 받고 거간을 수행하고 있었다.

제3장

토지매매와 집적 그리고 가계경영

1. 지역 정착과 토지 집적
2. 조상전래 토지
3. 토지 매득과 가산 관리
4. 전쟁과 가산 수습

제3장

토지매매와 집적 그리고 가계경영

1. 지역 정착과 토지 집적

조선시대와 같은 전근대 시대에는 사회 경제와 개인 삶의 기반이 토지였다. 토지에서 생산물을 만들기 위해 노동력이 필요했고, 가족 단위의 자급자족적인 생활과 더불어 노비를 동원한 경영도 있었다. 그래서 토지와 노비가 조선시대 가장 중요한 경제적 요소를 차지하고 있었다. 그렇지만, 이들 둘 중에서도 토지, 즉 논밭과 집에 딸린 토지 등과 같은 부동산이 부동의 가치가 있었다. 그리고 조선시대 사람들은 사환, 혼인, 유배 등의 많은 사유로 거주지를 바꾸는 과정에서 삶의 바탕을 갖추기 위해 토지를 확보하려는 노력을 게을리하지 않았다. 이 과정에서 가족과 문중 중심의 혈연 집단은 새로 이주한 지역에 거주지를 마련하고 사회 활동을 펼쳐 지역사회에 녹아들기 위해서는 토지의 확보가 아주 필요했다. 그렇기에, 이른바 후대의 관점에서 '입향'을 실현하고 전답 등 토지를 매득하는 활동과 전략이 중요했다. 토지매매명문은 매매 활동에서 문서를 작성하고 이를 전수하면서 전답의 관리와 경영을 실현한 실제를 담고 있다. 그래서 매매명문은 개인의 활동이 아니라 가족 혹은 가문의 경영 전략 결과물이기도 했다.

지역사회에 입향하고 정착하는 과정은 토지 매득 활동으로 실현하는 경제적 기반 확보의 측면에서 접근할 수 있다. 토지매매 활동을 전개하여 토지를 마련하고 경영하는 내용을 구현할 수 있는 사례는 강원도 강릉에 세거하고 있는 전주이씨 선교장이 있다.[1] 강릉 전주이씨 선교장은 18세기 강릉에서 혈연적 기반을 디딤돌로 정착의 기반을 마련하고 논과 밭을 적극 매득하여 지역사회에 지속 활동할 수 있는 바탕을 만들었다.

경기와 충주 기반을 유지하던 전주이씨는 이내번(1703~1781) 때 강릉으로 이주하고 후손들은 그 터전에 현재까지 살고 있다. 강릉 전주이씨는 효령대군 이보(1396~1486) 후손으로, 15세기까지 경기도 양주에 거주하다가 16세기 중엽 이효언(1511~1570)이 충청도 충주에 정착하고 이곳에서 거의 150년 세거했다.[2] 그리고 전주이씨 가계는 이주화(1647~1718)가 세상을 떠나고 아내 안동권씨와 아들 이내번이 이주하면서 강릉과 인연을 맺었다. 이주 사연은 집안에 전하는 『가승』에 잘 적고 있다.

> 강릉은 이내번 외가이다. 외가 오죽헌 권씨의 둔포촌 묘지 근처에 잠시 살면서 집안을 일으켰다. 지역에서는 성품이 너그럽고 아량이 넓으면서도 조심하고 성실한 사람으로 일컬었다.[3]

『가승』에는 아버지를 여읜 이내번이 강릉 지역사회에 뿌리를 내리는 과정을 적고 있다. 이내번 가족이 강릉으로 들어온 시기는 1721년(경종 1)이었다.[4] 정착에는 이내번 어머니의 친정으로, 강릉 토착세력이자 오죽헌의 주인인 안동권씨의 도움이 작동하였다.[5] 18세기까지 분재에서 자녀차등상속 관행이 남아 있었던 내용으로 볼 때 이내번 어머니 권씨부인은 오죽헌으로부터 재산을 받았으며,[6] 이것이 강릉으로 돌아오고 정착한 바탕이 되었다. 인용문에서 적고 있는 오죽헌의 묘지 근처에 기반을 마련했다는 내용은

---

1 전주이씨의 강릉 입향과 토지 집적 과정은 정수환(「18세기 강릉 전주이씨 선교장의 전답매매활동과 전략」, 『東洋古典硏究』 75, 東洋古典學會, 2019)의 글을 바탕으로 고치고 다듬었다.

2 『家乘』 辛巳7月更加衣; 『完山李氏家乘』 孝寧大君派.

3 『家乘』 辛巳7月更加衣, 李乃蕃條.

4 차장섭, 『선교장 - 아름다운 사람 아름다운 집 이야기』, 열화당, 2011, 18~19쪽.

5 임호민, 「18~19세기 선교장의 지역적 위상 변화의 추이 - 강릉 향촌사회를 중심으로」, 『藏書閣』 39, 한국학중앙연구원, 2018, 46~47쪽.

6 李樹健, 『嶺南學派의 形成과 展開』, 一潮閣, 1995, 107쪽; 文叔子, 『조선시대 재산상속과 가족』, 景仁文化社, 2004, 240~241쪽.

이를 암시한다. 안동권씨 부인은 충주 시가와 오죽헌 본가의 기반을 적극 활용하여 아들 이내번과 함께 강릉에 정착하기 위해 토지를 매득하고 확보했다.

전주이씨는 이내번의 주도적인 토지매매 활동으로 18세기 중엽 강릉에 안정적으로 정착하였다. 토지 확보는 이내번과 그의 아들 이시춘(1736~1785)이 주도하였으며, 이들이 확보한 경제적 기반으로 1756년(영조 32)~1785년(정조 9) 사이 선교에 터를 잡고 'ㅁ'자 주택 선교장을 건립하였다.[7] 그리고 집안의 1820년(순조 20) 추수기에 전답을 41결 이상 소유한 기록이 있는데,[8] 19세기에 '만석꾼' 규모의 토지를 경영하는 부호로 성장한 사실을 보여준다. 전주이씨의 강릉 정착과 경제적 성장은 이내번과 이시춘의 논밭 확보 노력의 결과였다.

강릉 전주이씨 선교장의 입향과 정착 내용에서 토지를 확보하는 과정을 살필 수 있는 좋은 자료는 토지매매명문이다. 현재 선교장에 남아 있는 고문서 6천점 이상 중 매매명문은 485점으로 강원도 자료로는 최대이다.[9] 매매명문 중에서도 토지매매명문이 470점인데, 이들 자료는 토지를 중심에 둔 선교장의 경제활동을 살필 기회를 만들어 준다. 토지매매명문을 활용하여 이내번과 이시춘 부자의 18세기 토지매매 이야기를 구성한다.

먼저, 이내번은 18세기 중엽 선교장을 짓고 주위에 토지를 확보하여 성장의 터전을 마련했다. 1762년(영조 38) 강릉부 호구단자에 이내번은 강릉부 '우동 조산리'의 통호로 등장했다.[10] 이보다 앞서 그는 이 일대 토지를 사들이는 매매를 했다.

나의 부모 형제가 거주하고 있는 가사, 가대전(家垈田)과 백달의 이서방이 매득한 김좌수의 옛집 그리고 대전을 서로 상환하기로 (이내번과) 약속을 했다. 그 뒤에 값을 더해서 130냥을

---

7 이명선 · 김봉렬 · 임충신, 「강릉 선교장의 변화과정에 관한 연구」, 『大韓建築學會學術發表論文集』 17-2, 대한건축학회, 1997, 331쪽.

8 徐炳沛, 「朝鮮後期 江陵地方의 士族支配秩序와 經濟問題」, 祥明大學校 博士學位論文, 1996, 72~74쪽.

9 비교할 수 있는 사례는 경상도 경주의 경주손씨, 전라도 구례의 문화류씨와 해남의 해남윤씨가 있다(정수환, 「17세기 화폐유통과 전답매매양상의 변화」, 『藏書閣』 23, 한국학중앙연구원, 2010, 163~164쪽).

10 「乾隆27年 正月日 江陵府李乃蕃 戶口單子」.

수대로 받고 이번 가을부터 이매(移買)하고 바꾸어 살기로 했다. 그래서 선교의 우자(羽字) 40번 논 3복 5속, 50번 밭 10복 4속, 51번 밭 1복 3속 땅의 짐 수를 모두 상의하여 서로 보내기로 하고 함께 문서를 만든다.[11]

1756년(영조 32) 6월 21일, 이내번이 유학 조하행과 가사와 전답을 상환 및 매매하는 명문이다. 이내번은 자기가 매득하여 살고 있는 집과 땅을 조하행 가족의 집과 그에 딸린 땅으로 130냥을 주고 바꾸었다. 매매명문에는 이들 집과 논밭의 현황을 나열해서 적었다. 그가 돈을 더 주고 바꾼 가옥이 선교장 건축의 토대가 되었다. 곧이어 매득한 가옥 주위에 토지를 확보하였다. 1757년(영조 33) 창녕조씨 문중으로부터 전답을 매득했다.

우리 선대 조상의 산소를 다른 곳으로 옮겨 장사할 요량으로 어쩔 수 없이 제위(祭位) 논밭을 판다. 선교의 우자(羽字) 58번 밭 3복 4속 10마지기와 정동의 찬자(讚字) 115번 논 2복 7속 5마지기를 전문 25냥 값으로 쳐서 받는다. 올해부터 영영 판다.[12]

방매자는 창녕조씨의 문장과 유사 유명달 등 4명이었다. 창녕조씨 문중은 선영을 이장하기 위해 마련했던 논과 밭을 이내번에게 팔았다. 논과 밭은 선교와 우동으로 현재의 선교장 일대의 토지이다. 4년 뒤에도 삼척심씨 문중으로부터 논을 샀다.

우리 문중은 어촌대감의 시호를 요청하는 일로 여러 번 상경하는 데 필요한 아주 많은 경비를 마련하여 다녀올 재력이 없다. 그래서 위전(位畓) 일가남에 있는 우자(虞字) 60번 논으로 7복 6속 10마지기인 곳을 전문 16냥으로 값을 쳐서 액수대로 받는다. 올해부터 영영 팔아 버린다.[13]

---

11 「乾隆21年丙子6月21日 李乃藩家基田買得 明文」.

12 「乾隆22年丁丑4月初4日 幼學李乃蕃田畓買得 明文」.

13 「乾隆26年辛巳3月初9日 幼學李乃蕃畓買得 明文」.

1761년(영조 37) 3월 9일 이내번은 삼척심씨 문중을 대표하는 유사 2명이 연명한 매매명문을 확보했다. 삼척심씨는 어촌 심언광(1487~1540)의 시호를 받기 위해 필요한 경비를 마련하려고 그의 묘사를 위해 마련했던 논 10마지기를 방매했다. 이내번이 확보한 논 또한 선교장 인근에 있었다.

이내번은 1721년(경종 1) 강릉으로 어머니와 함께 와서 1732년(영조 8) 30세에 외가의 도움으로 정착하였다. 그 뒤 50대에는 오늘날 선교장 일대의 토지를 집중적으로 매득하였으며, 60세가 되는 1762년(영조 38) 저택을 완성하여 후손들이 토지경영을 할 수 있는 토대를 마련하였다.

선교장 일대의 토지를 집중 사들였던 이내번은 동시에 강릉 일대의 토지를 계획적으로 확보하는 전략을 만들었다.[14] 그는 30세 이후부터 토지확보를 위한 활동을 펼쳤다. 선교장에 지금 남아 있는 전답매매명문 470점 중 이내번이 매득자로 적고 있는 자료는 24점이다. 그중 가장 오랜 것은 1742년(영조 18) 밭을 사는 명문이다.

> 필요해서 일가남에 있는 우자(虞字) 8번 밭 4복 1속으로 공수(公須)인 가을 보리밭 1섬지기인 곳을 본문기와 함께 전문 18냥으로 값을 쳐서 수대로 받는다. 내년부터 영원히 팔아 버린다.[15]

5월 말 가을보리를 심은 밭 한 섬지기 땅을 조명달에게 사면서 작성한 매매명문의 내용이다. 조명달은 강릉 일가남에 있으면서 관청 소요에 얽혀 있는 밭이라는 이유로 18냥의 상대적으로 낮은 가격으로 협상했다.[16] 이 밭은 선교장 근처에 있었다. 방매자 조명달은 나중에 이내번이 창녕조씨 문중의 위답을 살 때 문중관계자로 참여한 인물이었

---

14 가문의 이주와 정착과정에서 토지를 거주지 인근에 집적하는 사례가 많았다(김영나, 「朝鮮後期 光山金氏 禮安派의 田畓賣買 實態」, 『大丘史學』 89, 大丘史學會, 2007; 文叔子, 「17~18세기 海南尹氏의 토지 확장 방식과 사회 · 경제적 지향」, 『古文書硏究』 40, 韓國古文書學會, 2012).

15 「乾隆7年壬戌5月28日 李乃蕃田買得 明文」.

16 公須는 公須位田이다(『經國大典』, 「戶典」, 諸田).

다. 이내번은 창녕조씨가 차지하고 있던 선교장 주위의 토지를 사들이고 있었다.

남아 있는 매매명문에 따르면, 이내번은 1742년 40세부터 1774년(영조 50) 72세까지 토지를 계속 샀다. 그가 매득자로 기재한 명문 24점의 토지 방매자는 유학이나 유력 문중 관계자들이었다. 방매자들이 토지를 파는 사연은 자기가 매득한 것도 있지만 위답이나 조상전래 등과 같이 유래가 있는 것들이었다. 이내번은 지역의 사족들과 사연이 있는 토지를 거래하면서 명문을 작성하고 토지를 확보했다.

이내번은 지역사족들과 직접 매매 하면서도 차노나 수노에게 매매를 대행하게 해서 적극적인 토지거래를 시도했다. 매매를 대행한 노는 정산과 정산으로 매매명문에 나타나는데, 호구단자의 기록으로 보면 이들 둘은 같은 사람이었다.[17] 이내번은 1746년(영조 22) 31세의 노 정산을 시켜 토지를 매득하기 시작했으며, 정산이 차노로 수행한 매매명문은 모두 14점이 남아 있다. 차노가 매매한 명문에 기재한 방매자는 절반이 노 혹은 승려였으며 나머지는 평 · 천민 신분이었다. 이와 같이 이내번은 사족들을 대상으로 직접 매매를 주도하여 그들의 위토 등을 확보하면서 한편으로는 차노를 시켜 평민이나 천민으로부터 토지를 매득했다. 그는 다양한 계층으로부터 적극 토지를 협상하여 사들이는 두 가지 전략을 사용하고 있었다. 차노가 대행한 매매의 대표적 사례는 다음과 같다.

> 내가 필요해서 나의 상전님 패지에 따라 방매한다. 이같이 흉년 든 해에 절박한 까닭으로 어쩔 수 없이 전래 받은 밭으로, 일가남에 있은 28번 밭 4복 6속으로 12마지기인 것을 다른 사람에게 값을 쳐서 12냥으로 서로 약속하여 수대로 받는다. 내년부터 영영 판다.[18]

방매자는 노 편호동이며 매득자는 이내번의 차노였다. 노 편호동은 상전이 흉년으로 생계를 잇고자 패지에 따라 매매를 대행하는 사연을 명문에 적었다. 이들 둘은 각기

---

17 「乾隆36年正月日 江陵府李乃蕃 戶口單子」; 「乾隆39年正月日 江陵府李乃蕃 戶口單子」; 「乾隆43年丁酉正月日 江陵府李乃蕃 戶口單子」.

18 「乾隆21年丙子8月初4日 李奴京山田買得 明文」.

상전인 사족을 대신한 매매였다. 그리고 명문은 노 편호동의 상전이 분재 받은 토지를 방매한다고 밝히고 있어 이내번이 강릉의 토착 세력으로부터 토지를 확보하는 실제를 보여준다. 강릉의 토착세력이 아니라 원거리에 거주하는 사람으로부터 강릉의 토지를 매득한 명문이 있다.

> 나의 상전댁이 이천에 살고 있다. 이처럼 흉년 들어 힘든 시절에 긴요하게 사용할 곳이 있으므로 처가 몫으로 받은 강릉의 향호에 있는 논 (가운데 줄임) 곳들을 상전님 패지에 따라서 방매한다. 값은 전문 130냥으로 서로 약속해서 정하고 값대로 받은 뒤 이 사람의 상전께 영원히 판다. 본문기는 상전댁 다른 토지와 노비가 함께 기록한 문서에 있어 건네지 못한다.[19]

1750년(영조 26) 노 정산이 상전 이내번을 대신하여 강릉에 사는 노 이수태에게서 전답을 매득한 명문이다. 노 이태수의 상전은 경기도 이천에 살면서 강릉에 있는 6섬지기 이상의 토지 관리가 힘들어 강릉에 거주하는 사람에게 방매할 것을 결심했다. 토지는 소재지에 소유주가 거주하지 않으면 분쟁 시 대응이 불리한 측면도 있었다. 이에 따라 이태수의 상전은 방매를 결심했고 이내번의 노 정산이 매득을 실현했다.

이내번이 직접 혹은 차노로 대행한 매매명문의 매득 토지는 18세기 중엽 이매移買로 거주지 인근으로 토지를 집적하는 경향을 반영하고 있다. 이내번은 방매자의 이매 필요와 같은 목적으로 토지를 매매하고 집적했다. 그리고 그는 30년이 넘는 기간 동안 매매를 지속하였는데, 현재 남아 있는 명문으로 볼 때 거의 해마다 1회 이상의 토지 매득을 실현했다. 그가 확보한 토지는 선교장을 중심으로 강릉과 인근지역 군현에 흩어져있어 경작과 수확 그리고 저장 같은 관리에도 좋은 구조였다. 이내번의 이러한 노력 결과 현재 남아 있는 토지매매명문의 토지 규모 중 24%가 그가 확보한 토지였다.

18세기 강릉 전주이씨 선교장의 지역사회 정착을 위한 토지 확보 노력은 이내번에 이어 그의 아들 이시춘에게도 이어졌다. 이내번(1703~1781)과 이시춘(1736~1785)은 아버

19 「乾隆15年庚午4月15日 李奴丁山田畓買得 明文」.

지와 아들 관계로 둘의 토지 매득 활동 시기는 상당 부분 겹친다. 다만, 부자의 역할을 구분하여 동시에 많은 토지를 확보함으로써 이들 후손은 선교장을 터전으로 걱정 없는 경제력을 갖출 수 있었다. 그리고 이들은 거침없는 지역사회 활동을 펼칠 수 있었다.

부자의 토지매매 활동시기가 겹치는 데에는 이시춘이 이내번의 양자라는 점도 조금은 작용했다. 그렇다고 조선시대 이들 부자 관계가 긴밀하지 않았음은 아니다. 이내번은 강릉에 정착하고 활발한 경제활동을 전개하고 있었으나, 그의 후사를 이을 아들이 없었다. 이런 사정으로 그의 배다른 형 이중번의 아들, 바로 조카 이시춘을 양자로 삼았다. 양자 과정을 보여줄 수 있는 고문서로 계후입안은 없다. 다만 호구단자에는 노비현황과 함께 가족관계와 구성의 변화를 적고 있어 실마리를 찾을 수 있다. 1762년(영조 38) 정월 이내번이 강릉부에 제출한 호구단자에는 그의 '솔자率子' 이시춘을 확인할 수 있다.[20] 이시춘은 당시 27세였다.

1762년 전후의 이 시기에 이내번은 강릉에 선교장을 건립하고 그 주위에 적극적으로 토지를 사들이고 있었다. 바로 강릉에 안정적으로 정착할 수 있는 전환점을 마련한 시점이었다. 이때 그는 조카 이시춘을 양자로 들여 그가 사들인 토지 관리 및 계승을 구상하였다. 그리고 이를 위해 그와 아들의 역할을 나누어 좀 더 체계적인 토지 매득을 실현하고자 했다.

이시춘은 입양된 다음부터 자기가 주도하는 매매활동을 펼쳤고, 이것이 부자의 전략이기도 했다. 그가 전개한 토지 매득 활동은 매매명문으로 하나하나 꾸밀 수 있다. 강릉 전주이씨 선교장에서 18세기 토지를 매득한 매매명문 59점 중 이내번이 본인과 차노로 매매한 것이 38점이고, 그의 아들과 차노가 확보한 명문이 또한 21점이다. 이러한 수치는 선교장의 토지매매활동의 모든 결과를 보여주지는 못하지만, 명문 하나하나를 살펴 토지매매와 토지운영의 전체 모습을 가늠할 수는 있다. 이시춘의 토지매매명문으로 그의 매매활동 모습을 알 수 있다.

---

20 「乾隆27年正月日 江陵府李乃番 戶口單子」. 幼學 李逢春은 1765년(영조 41) 李時春으로 개명했다(「乾隆30年正月日 江陵府李乃番 戶口單子」).

내가 긴요하게 쓸 곳이 있어 전래 받은 논, 정동의 잠자(潛字) 72번 논으로 1섬지기 4복 4속인 곳과 같은 자호의 108번 논 7복 5속 20마지기인 두 곳의 논을 전문 65냥으로 값을 쳐서 수대로 받는다. 그리고 내년부터 영원히 팔아 버린다.[21]

지금 남아 있는 선교장의 토지매매명문 중 이시춘이 처음 매매명문에 이름을 기재한 사례로, 시기는 1767년(영조 43)이다. 이시춘은 공생 최광규로부터 여름에 1섬 20마지기의 논을 매득하였다. 이 명문의 작성 필체에 차이가 있는 부분이 있는데, 그것은 매득자 이름 '이시춘'이 다른 글꼴과 다르다는 점이다. 이는 이시춘의 이름을 매매한 다음에 써넣었기 때문이다.

명문 작성자는 명문에 '답주자필畓主自筆'로 적었으므로 방매자 공생 최광규였는데, 매매 현장에서는 매득자의 이름을 공란으로 남겨두었다. 매매명문에서 매득자를 공란으로 남기는 것은 19세기 이후의 관행으로 구례지역의 매매명문 사례에서 확인할 수 있다.[22] 이 매매명문은 이시춘이 차노로 매매를 대행한 결과일 것이지만, 이시춘이 토지를 관리한 실질적 주인이므로 공란에 '유학 이시춘'이라고 직접 적었을 것이다. 이 매매 시기는 이시춘이 1762년(영조 38) 입양되고 5년 뒤로 그의 나이 32세였다.

매매명문에 이시춘 이름이 있는 자료는 19점이다. 이들 자료에서 토지를 방매한 사람의 사회적 신분은 사족층으로 볼 수 있다. 이들의 직역은 공생도 있지만 대부분 유학으로 나타난다. 그리고 성씨들도 김씨, 윤씨, 심씨, 조씨, 최씨들로 강릉 지역의 유력한 양반들이었다. 이들 중에는 이내번의 매매에서도 그러했지만, 창녕조씨와 삼척심씨 문중의 유사가 토지를 방매한 사례도 있다. 매매명문에서 매매사유를 밝힌 주어를 '나여吾亦'로 적어 매매주체를 보다 정확하게 밝히려고 했던 흔적도 보인다.[23] 그리고 이들 양반이

---

21 「乾隆32年丁亥7月日 幼學李時春畓買得 明文」.

22 매매명문에서 매득자를 공란으로 남겨둔 것은 이 시기 지역사회의 법공동체가 소유를 증명하고 있었기 때문이다(정수환 · 이헌창, 「조선후기 求禮 文化柳氏家의 土地賣買明文에 관한 연구」, 『古文書硏究』 33, 韓國古文書學會, 2008, 219쪽).

23 다른 지역의 경우 '矣身亦'나 '矣身'으로 표기하는데, 18~19세기 전주이씨 토지매매명문에서는 '吾'라고 밝히는 특징이 있다.

방매하는 토지는 '지난해 매득上年買得', '선대로부터 전래自先傳來' 등으로 획득 경위를 비교적 밝혀 적어 분쟁을 대비하고 있었다.

이시춘은 확보가 쉬운 토지를 신중하게 매득하고자 했다. 이내번이 매득한 매매명문에는 관청과 얽혀 있는 공수위전이나 기로소답耆老所畓 등과 함께 묵밭이나 개간지도 있었다. 토지 소유와 관리에 계속 관심을 기울일 필요가 있었다. 그렇지만 이시춘은 아버지와 달리 매득이나 관리가 불리한 성격의 토지를 제외하였다. 매매토지는 지상물의 처리에 대해서도 명문에 기재하는 등 신중한 모습을 보였다.

> 내가 이사를 하려고 해서 가대전인 정동의 잠자(潛字) 293전으로 2복 9속 (가운데 줄임) 2섬지기인 곳과 부주초옥(浮柱草屋) 12칸, 사우 큰 것 1간, 앞뒤 좌우의 과실과 잡목, 서쪽 산의 소나무를 모두 이 사람께 전문 230냥으로 값을 쳐서 받는다. 금년부터 영영 팔아 버린다.[24]

1779년(정조 3) 10월 24일, 이시춘은 유학 최우창에게서 토지와 가옥 그리고 여러 과목 등을 매매하는 명문을 작성했다. 그는 명문에 토지와 함께 가대전에 포함한 집과 사우의 크기와 함께 지상물 중 나무도 종류별로 하나씩 적어서 소유를 정확하게 확보하려고 신경을 썼다. 매매 시점이 10월로 추수가 끝이 났으므로 이시춘은 지상의 곡식과 과목 등의 정리를 확인하여 명문을 작성하는 시점부터 확보하고 있다.[25]

이내번이 그러했듯이 이시춘도 사족 대상 매매는 직접 관여하면서도 그 외의 폭 넓은 토지 확보를 위한 활동은 차노로 대신했다. 노 규운이 이시춘의 매매를 대행했다. 이시춘은 1780년(정조 4) 이후로도 차노를 통해 매매를 계속했는데, 당시 이내번은 노년으로 활동이 쉽지 않았다. 이내번은 1775년(영조 51)까지는 본인이 직접 매매명문에 이름을

---

24 「乾隆44年己亥10月24日 幼學李時春家垈買得 明文」.

25 전주이씨 선교장 매매명문에서 경작기 토지는 '明年爲始'로, 추수 이후에는 '今年爲始'로 적어서 지상물의 매매를 결정하고 있다.

남겼고, 그가 관여한 마지막 매매는 1776년(영조 52) 차노가 대행한 것이었다. 이 시기 이후 부자는 각기 토지매매 활동을 전개하던 전략을 수정하여 이시춘 주도로 통합하였다.

매매명문을 기준으로 이시춘과 이내번의 경제활동 시기를 미루어 짐작할 수 있다. 이시춘이 주도한 매매는 1767년(영조 43)~1784년(정조 8)의 18년간이었다. 그의 나이 32세에서 49세에 해당한다. 이내번이 30세 즈음 토지매매에 직접 관여하였듯이, 이시춘도 입양 후 몇 해 뒤 30세 쯤 독자적인 매매활동을 했다. 매매명문을 기준으로 본다면, 이시춘이 사들인 토지는 16석 이상이었다. 이 규모는 아버지 이내번의 절반 정도였다. 당연하게도, 토지매매활동 기간이 이시춘은 18년임에 반해 이내번은 34년이었기 때문이었다. 그렇다면 부자가 거의 해마다 동일한 빈도와 규모의 토지를 확보하고 있었다고 생각할 수 있다. 이처럼 부자가 비슷한 나이대에 그리고 각기 토지매매활동을 전개한 것은 어쩌면 하나의 전략으로 볼 수 있다. 그리고 이들 토지는 결국 독자인 이시춘에게로 이어지면서 선교장이 규모의 토지를 갖추게 되는 결과를 만들었다.

이내번과 이시춘 부자의 토지매득 전략은 매매명문에서 일부 확인 할 수 있지만 후대에 정리한 토지 현황으로 지역적인 특징도 알 수 있다. 이익조(1773~1832)는 아버지와 할아버지가 확보한 토지를 정리하여 1790년(정조 14) 『전장도록』을 만들었다. 이 책에 적고 있는 토지의 위치를 살펴보면, 이시춘은 선교장 일대 남쪽 지역의 토지를 주로 확보하였다. 그리고 이내번은 선교장 근처의 토지를 집중 매득한 사실도 드러난다. 따라서 이내번은 선교장을 건축하고 그 주위의 토지를 지역의 사족을 대상으로는 본인이 직접 그 외의 토지는 차노로 대신하여 매득했다. 그리고 그의 아들 이시춘은 아버지가 그러했듯이 본인과 차노로 역할을 나누어 토지를 사들이면서도 공간적으로는 아버지가 확보한 토지보다 원거리에 있는 토지를 매매대상으로 삼았다.

2. 조상전래 토지

조부모 혹은 조상이 형성한 토지와 노비 등의 재산은 분재로 후손들에게 전해졌다.

이들 재산 중 토지, 바로 논밭은 신 · 구문기로 연결된 명문이 도문기 형태로 후손들에게 분재와 함께 건네졌으며, 입지 등 소유를 확보한 고문서도 대상에 포함했다. 비단 양반층이 아닌 상민층도 토지를 상속하고 매매명문을 전해준 사례가 있다.[26] 토지를 매득하고 개간하는 과정과 이들 토지를 분재하여 후손에게 전해주는 경상도 봉화의 진주강씨 가문의 사례를 확인한다.

봉화 진주강씨는 17세기 초 봉화로 입향했다.[27] 이 가계는 본디 경기도 파주와 교하에 기반을 유지하다 병자전쟁을 전후하여 봉화지역 인척과 인연으로 영남에 이거했다. 입향을 주도한 인물은 강각(1620~1657)과 강찬(1647~1729) 부자였다. 이 가문의 토지확보와 전수 내용은 매매명문에서 확인할 수 있다. 진주강씨에 현재 남아 있는 고문서 중 27점이 토지매매명문이다.[28] 매매명문 중 봉화 입향시기에 작성한 사례가 있다. 이들 자료는 진주강씨가 봉화 지역에 정착하는 과정에서 지역사회 및 거주지 인근의 토지를 확보한 결과를 담고 있다.[29] 17세기 진주강씨가 봉화에 정착하는 과정에서 확보한 토지, 정확히는 현재 있는 토지매매명문을 대상으로 이 토지가 후손들에게 전해지는 내용을 확인한다.

입향초기에 작성한 토지매매명문을 순서대로 확인할 수 있다. 1634년(인조 12) 서잠이 이생이에게서 1섬지기 논을 매득하는 매매명문이 있다.[30] 서잠은 봉화의 논을 큰 말 1필과 5~6승 목면 8필로 값을 계산한 다음 목면 25필을 값을 지불하고 매득했다. 그리고 이 시기 1637년(인조 15) 정월 홍진사댁노 잇복이 백성百姓 김일원에게 2섬지기 진황전을

---

26 文叔子, 「16~17세기 常民層 재산 소유와 상속사례 - 상민 賣主 · 財主의 賣買文記와 分財記로부터」, 『古文書研究』 39, 韓國古文書學會, 2008.

27 봉화 진주강씨의 토지매매와 입지 그리고 토지의 분재 과정에 대한 추적 내용은 정수환(「17세기 분재와 전답소유권 : 명문, 입지 그리고 분재기 - 경상도 봉화 법전 진주강씨 사례」, 『국학연구』 39, 한국국학진흥원, 2019)의 성과를 바탕으로 새로이 썼다.

28 김정미, 「진주강씨 법전문중 도은종택 및 석당공 기탁자료에 대하여」, 『진주강씨 법전문중 도은종택 및 석당공』, 한국국학진흥원, 2017, 318쪽.

29 입향 후 안동의 유력 세력인 광산김씨 金坽(1577~1641)의 셋째 아들을 사위로 맞이하여 사회적 배경을 갖추었다(김정운, 「17세기 예안 사족 金坽의 교유 양상」, 『朝鮮時代史學報』 70, 朝鮮時代史學會, 2014, 258~259쪽).

30 「崇禎7年甲戌12月24日 敍岑處 明文」(한국국학진흥원, 『진주강씨 법전문중 도은종택 및 석당공』, 2017, 27쪽).

매득하는 명문이 있다.[31] 노 잇복은 봉화의 진황전을 목면 5필로 값을 계산하고 큰 말 1필로 값을 지불했다. 이들 매매명문에서 매득한 사람 홍진사댁의 주체는 강각의 처가 남양홍씨와 관련이 있다. 1699년(숙종 25) 강각이 순흥부에서 발급받은 입지에 분재 받아 토지를 수습했다는 내용도 이를 방증한다. 이 명문은 진주강씨 가문에서 홍진사댁의 토지를 분재 받으면서 본문기로 함께 전해졌다고 하겠다.

1644년(인조 22) 작성한 두 건의 전답매매명문이 있다. 이들 명문은 진주강씨가 안동부 춘양현의 '가경전답加耕田畓'과 '진황지陳荒地'를 매득한 내용을 담고 있다. 3월과 5월에 작성한 두 매매명문의 매득자는 강생원댁노 어복과 학지였다.[32] 노 어복은 1645년(인조 23) 강각의 어머니 파평윤씨가 그에게 별급한 노비 중 하나였다.[33] 이들 매매명문은 강각이 자기 주도로 토지를 매득하고 아들에게 이들 토지를 전여하면서 명문도 함께 전한 것이었다.

1676년(숙종 2) 유학 강찬이 유학 심순에게 논을 방매한 명문이 있다. 강찬은 이매를 위해 방매하면서 매득문기와 별득문기, 즉 명문과 분재기를 구문기로 함께 전한다고 명문에 적었다.[34] 그리고 이 명문은 앞에서 살핀 1634년(인조 12) 서잠이 이이생에게 토지를 매득하는 명문과 종이 끈으로 묶여 있다. 이들 두 명문의 매매대상 토지의 위치가 '단파원' 혹은 '단팔라원'으로 같으므로 신·구문기 관계로 볼 수 있다. 특히 1676년 명문에서 매득문기를 구문기로 유학 심순에게 전한다고 적고 있으므로 이를 증명한다. 그렇다면, 강찬이 방매한 뒤 이들 두 명문이 진주강씨 가문에 전하게 된 사연은 이 토지를 다시 매득하거나 환퇴하고 자손들에게 분재하였을 가능성을 생각할 수 있다.

1688년(숙종 14) 강생원댁의 노 봉이가 사노 막쇠의 처 양녀良女 분이에게 논을 사는 명문이 있다.

---

31 「崇禎10年丁丑正月29日 洪進士宅奴仍叱福處 明文」(한국국학진흥원, 앞의 책, 2017, 28쪽).

32 「崇禎甲申3月27日 姜生員奴於卜處 明文」·「甲申5月15日 姜參奉宅奴鶴只處 明文」(한국국학진흥원, 앞의 책, 2017, 29·33쪽).

33 「乙酉12月初2日 次子惀處 別給文記」(한국국학진흥원, 앞의 책, 2017, 34쪽).

34 「康熙15年丙辰3月4日 幼學沈楯前 明文」(한국국학진흥원, 앞의 책, 2017, 55쪽).

저의 지아비 막금이 지난해 6월에 뜻하지 않게 죽었습니다. 그런데 관판이나 쌀과 면포 등 물건을 전혀 갑자기 갖추어 준비할 상황이 아니었고 마침 큰물이 불어나 가까운 데도 다니기 어려워서 원근에 주선할 길이 없어 민망합니다. 그때 저의 상전댁에서 판자 1부와 백미 20두, 암소 1마리, 대동목 4필, 보목(步木) 5필을 빌려 썼습니다. 당연히 진작 갖추어 드렸어야 했는데, 의지할 데 없는 과부가 어린 자녀를 데리고 아침저녁으로 살아가는 것 외에는 달리 준비해서 갚을 요량이 없었습니다. 그래서 조금의 전답을 척매(斥賣)하여 보상 계획을 살폈으되 이 또한 쉽지 않아 미루다가 해를 넘겼습니다. (가운데 줄임) 이 논은 저의 지아비가 살았을 때 금득한 안동의 춘양현 서면에 있는 대전원의 호자(號字) 21답으로, 갑술양안에 10부 1속, 기해양안에 9부 5속으로 4두락인 곳입니다. 이것들을 빌려 쓴 판자와 미포 등의 물종을 모두 계산하여 은자 20냥으로 값을 쳐서 바꿉니다.[35]

양녀 분이는 남편 사노 막금이 세상을 떠나면서 장례를 위해 필요한 관이나 염습에 필요한 물건들을 상전댁에서 빌렸다. 장례를 마치고 값을 갚기 위해 4두락의 논을 강생원댁, 즉 진주강씨 강찬에게 방매하면서 명문을 작성했다. 매매대상 토지의 위치를 양안의 기재 내용의 변동사항을 모두 기재하여 완전한 매매를 이루었다. 그리고 이 매매명문은 강찬이 후손들에게 땅을 물려주면서 본문기 혹은 구둔기로 주었다.

조상전래 토지의 전수관계 확인에서 입지도 토지 확보와 관련하여 함께 살필 수 있다. 입지는 전답 소유에 대한 공증을 위해 관청에 소지를 제출하여 발급받은 결과로 17세기 이후 입안을 대신하기 시작했다. 입안은 발급을 위해 매매 관계자들을 모두 동원해야 하고 지불해야 하는 질지 값의 지나친 징수로 쇠퇴하게 되었다. 이런 사정으로 토지매매에서 1730년(영조 6)을 즈음하여 입안 없이 백문기白文記로 거래가 이루어졌다.[36] 이 과정에서 입지는 17세기 동안 매매에서 구문기 확보를 통한 소유 확보가 어려운 경우 입안을 대신하여 효력을 증명했다.[37] 봉화 진주강씨에는 이 시기 토지를 확보하는 과정에서 입지

35 「康熙27年戊辰3月15日 姜生員宅奴奉伊處 明文」(한국국학진흥원, 앞의 책, 2017, 56쪽).

36 崔淵淑, 「朝鮮時代 立案에 관한 硏究」, 韓國學中央硏究院 韓國學大學院 博士學位論文, 2005, 256~259쪽.

발급 소지를 올려 입지를 확보한 문서가 있다. 그리고 입지도 매매명문과 함께 구문기의 일환으로 후손들에게 토지와 함께 전해졌다.

봉화현에 있는 진전을 확보하고 관으로부터 입지를 받았다. 소지는 차노가 대행했다. 1675년(숙종 1) 강찬은 무주진황전無主陳荒田을 개간하고 갈아먹기 위해 입지를 확보했다.[38] 그는 주인 없는 묵은 땅을 개간하고 입지를 발급받는 규정을 제시하며 적극 봉화현에 대응했다.[39] 그렇지만, 법전에 규정하는 개간 후 경작해야 한다는 내용을 지키지 못해 완성하지 못했다. 그래서 요건을 갖추어 15년 뒤 1690년(숙종 16) 다시 입지를 받았다. 입지 발급을 요청하는 소지의 사연은 다음과 같았다.

> 상전은 분묘가 봉화현 서면 금야리의 잣나무밭에 있어 묘직이로 수호하는 땅으로 하였습니다. 요즈음 조그만 땅도 너무도 귀하여 값을 주고 매득할 길이 없고 생계를 꾸릴 대책과 형세가 아주 민망하고 절박합니다. 상전의 산소 아래 (가운데 줄임) 모두가 주인 없이 묵은 땅으로 갑술양안에 기록이 있습니다. 묵은 땅은 경작한 사람을 주인으로 하는 것이 법령에 명확하게 실려 있습니다. 위의 밭 두 곳을 개간해서 갈아 먹을 수 있도록 입지를 각별히 발급하여 주십시오.[40]

강각은 노비로 대행하여 올린 소지에서 묵은 땅 인근에 묘직이를 두어 관리하는 노력을 기울인 점과 개간이 활발한 시대 상황에 부응하고 있는 사실도 적었다.[41] 1634년(인조 12) 갑술양전 결과 작성한 양안에는 개간토지에 대한 기주起主와 면적 등을 기재하고 있었다.[42] 그래서 강각은 이런 개간과 경작의 사실을 강조하면서 갑술양안에 여전히 주인

---

37 朴秉濠, 『韓國法制史攷』, 法文社, 1974, 62~70쪽. 입지 발급은 구문기를 인도하지 않았거나 명문을 도둑맞았을 경우, 문서 위조로 인한 소송 등의 사유에 있었다.

38 「康熙14年乙卯 奴奉伊處 奉化縣立旨」(한국국학진흥원, 앞의 책, 2017, 54쪽).

39 『經國大典』, 「戶典」 田宅.

40 「康熙29年11月 奴奉伊處 奉化縣立旨」(한국국학진흥원, 앞의 책, 2017, 58쪽).

41 15세기 이후 주인 없는 묵은 땅을 개간하여 토지를 확보하는 움직임이 증대하고 있었다(李樹健, 앞의 책, 1995, 243~244쪽).

없는 묵은 땅으로 남아 있다는 사실도 적었다. 이 입안도 또한 구문기로 후손들에게 전달되었다.

산지를 확보하고 입지를 발급받아 소유기반을 마련했다. 1697년(숙종 23) 강찬이 봉화현감에게 입지를 요청하며 올린 소지이다.

> 잉을고리와 마전동 두 마을 사이에 있어 10년도 더 전에 차지하였습니다. 이 산은 살고 있는 집과 안산 사이 거리가 아주 가깝습니다. 인심이 맑지 않아 산에 대한 일에 이르러서는 원근을 따지지 않고 이해와 생각할 것도 없이 마구 차치하려고 합니다. 그래서 뒷날 증빙하고자 합니다. 입지를 발급해 주십시오.[43]

봉화 동면에 소재한 산지는 강찬이 차지하고 관리하고 있었다. 산지에 대한 점유 경쟁이 치열해지고 분쟁이 많아지면서 안정적인 관리를 위해 산지 소재지인 봉화현으로부터 입지를 확보했다.

이매로 거주지 인근의 토지를 집적하는 과정에서 분쟁을 대비하여 입지를 마련했다. 1699년(숙종 25) 강찬이 순홍의 자신 논과 자기 집 근처 토지를 맞바꾸고 입지를 요청했다.

> 상전 집은 가깝고 편리한 경작을 위해 순흥부 와단면 단파라원에 있는 (가운데 줄임) 상전이 거주하는 집 앞의 논을 이웃 마을에 사는 심대구댁과 서로 바꾸었습니다. 이 위자(爲字) 논이 있는 곳 북변에 가답(加畓)한 1복 5속은 상환문서에 들어있지 않았습니다. 그 뒤 심대구댁에서 봉화에 우거하고 있는 홍생원댁에 다시 팔았는데 홍생원댁은 이것을 계기로 가답도 매매한 답에 혼입하여 아울러 수습할 계획을 지어내었습니다. 그래서 상전이 분명히 처음의 문기에 넣을 수 없다는 뜻을 말하고 상전집에서 차지해서 수습하였습니다. 뒷날 혹시라도

---

42 오인택, 「17세기 후반 ≪남해현용동궁양안≫을 통해서 본 갑술양안의 성격」, 『역사와 경계』 81, 부산경남사학회, 2011, 51~52쪽.

43 「康熙36年7月 幼學姜鄭處 奉化縣立旨」(한국국학진흥원, 앞의 책, 2017, 187쪽).

잡담이 있는 일이 있으면 뒤에 고증하기 위해 입지를 발급해 주십시오.[44]

노 의경 명의로 순흥부에 제출한 입지 청원 소지에는 '가답'에 대한 문제가 적시되었다. 즉, 강찬은 자신 집 앞의 논을 소유한 심대구댁과 순흥부에 있는 자신의 논을 상환하였다. 뒤에 심대구댁이 토지를 홍생원댁에 파는 과정에서 상환 대상이 아니었던 가답을 섞어 팔았다. 강찬은 자신이 상환 후 개간한 가답 방매는 바르지 않다고 주장했다. 가답 같은 개간지는 소유가 불안정하고 매매에서도 분쟁이 잦았다. 그래서 강찬은 상환문기에는 포함되어 있지도 않고 상환 뒤 자신이 마련한 가답을 심대구댁과 홍생원댁의 매매명문에 포함하는 것을 중지시켰다. 그리고 앞으로 있을 비슷한 분쟁에 대비해 입지를 발급 받았다.

토지를 확보하는 것과 더불어 지키고 관리하기 위해서 매매명문이 중요했다. 강찬은 가경답加耕畓과 더불어 가전加田을 지키기 위해 명문을 근거로 활용했다. 1699년(숙종 25) 강찬은 자신이 물려받은 토지를 침해받자 이를 방어하려고 그의 가전을 타량打量하고 답험踏驗해 줄 것을 요청하는 소지를 순흥부에 올렸다.

상전의 외가 홍찰방댁은 일찍이 병자년 난리로 유리하여 이 땅에 잠시 살 때, 옛날 봉화현 동면인데 지금은 순흥부 와단면의 정지원 양자(陽字) 71의 6등 밭 11복 2속과 6등 가전(加田) 5복인 곳을 백성(百姓) 김일윤에게 사서 10여 년 갈아먹었습니다. 그러다 서울로 돌아간 뒤 저의 상전집이 차지해서 수습하고 수십 년이 되었습니다. 그런데 지난해에 봉화의 문암서원이 원노(院奴)의 밭으로 잘못 알고 함부로 가로채려고 계획을 꾸몄습니다. 먼저 매득한 본문기(本文記)를 살펴보니 과연 원노의 밭이 아니었습니다. 또 원전(元田) 외에 또 가전 5복이 있는데, 저의 상전이 다른 곳에 있어 미처 모르다가 지난해에 비로소 알았습니다. 게다가 이 밭은 다른 사람의 전답과 섞여 있어 손상이 많았고, 가전은 찾아서 얻지 못했습니다. 그래서 이번에 관청에 소를 올립니다. 앞으로 연분답험(年分踏驗) 할 때 밭이 있는 곳을 실제 타량(實打量)한

44 「己卯11月 奴儀京處 順興府立旨」(한국국학진흥원, 앞의 책, 2017, 64쪽).

데 따라 침해받은 땅의 경계와 미처 찾지 못한 밭을 문권(文券)에 따라 빼내 주십시오.[45]

강찬은 외가 홍찰방댁이 매득했던 밭과 가전을 물려받아 10년이 넘도록 경작하던 중, 문암서원이 소유를 주장하자 토지를 지키기 위한 소지를 작성했다. 그는 분쟁에 얽힌 토지에 대해 평원坪員, 전품田品, 결부結負 등 관청의 기록인 양안의 정보를 정확하게 적시함으로써 소유의 우위를 암시했다. 그리고 가전에 대해서도 관청으로부터 답험을 받아 소유를 보장받으려 했다.

분쟁은 문암서원이 1694년(숙종 20)에 사액 받고 원위전을 확정 및 확보하는 과정에서 발생했다.[46] 강각은 서원에서 주장하는 토지는 홍찰방댁에서 토지를 매득할 당시 확보한 매매명문에서 원노의 밭이 아니라는 사실을 확인했다. 그가 이 소지에서 언급한 홍찰방댁으로부터 받은 명문은 바로 1637년(인조 15) 홍진사댁노 잇복이 김일원에게 진황전을 매득하는 명문이었다.[47] 그리고 여기에 덧붙여 그는 논란이 된 밭의 소재지를 양안을 근거로 밝히는 과정에서 가전이 있다는 사실과 홍찰방댁에서 받은 토지도 경계가 불분명하다는 점을 발견했다. 이러한 점을 소지를 올려 한 번에 바로 잡으려고 했다.

외가 홍찰방댁으로부터 전여 혹은 분재받은 토지를 관리하기 위해 강찬은 매매명문의 중요성을 확인하고 이를 적극 활용하였다. 1698년(숙종 24) 강찬은 외삼촌택의 매매활동 결과인 명문 내용을 바탕으로 이전에 있었던 것을 잘못된 매매라고 주장하고 이를 되물리고 입지를 받고자 소지를 올렸다.

봉화현 동면 돌고개의 오연원에 있는 일자(日字) 100번 논 8복 3속과 101번 논 17복 등은 제 상전의 전토입니다. 그런데 상전의 외삼촌 홍찰방댁 문서 중 돌고개에 사는 백성 손몽청의 아비 몽수라는 사람에게 방매하는 것은 자세히 알 수 없었습니다. 처음 방매하는 패지에 100

---

45 「己卯7月 姜生員宅奴儀京 所志」(한국국학진흥원, 앞의 책, 2017, 63쪽).

46 현풍의 도동서원은 원위전 경영으로 향사와 강학을 계속 하였다(정수환「18세기 玄風 道東書院 院位田 경영의 '中正'한 가치 추구」, 『민족문화논총』 67, 영남대학교 민족문화연구소, 2017).

47 「崇禎10年丁丑正月29日 洪進士宅奴仍叱福處 明文」(한국국학진흥원, 앞의 책, 2017, 28쪽).

번 논은 아래쪽 4마지기 3복이 기록되어 있고 101번 논은 위쪽 8마지기 16복 6속으로 실려 있었습니다. 그런데 매매명문에는 8마지기 논만 기록하고 있고 4마지기 논은 거론하지 않았습니다. 그래서 되찾기 위한 소지를 올리고자 몽수 자손에게 가서 자세히 곡절을 말했습니다. (가운데 줄임) 손자 태일 등은 처음 논을 살 때 초명문(草明文)을 상전에게 증거로 가져왔습니다. 초명문에는 4마지기, 8마지기 두 논이 모두 실려 있었지만, 정명문(正明文)은 다만 8마지기 논만 올라 있습니다. 손자 태일과 의현 등의 말이 앞뒤가 서로 다를 뿐만 아니라 무릇 매매의 진위는 하나같이 문권(文券)을 따릅니다. (가운데 줄임) 8마지기 논은 장차 값을 갖추어 환퇴(還退)하고, 방매하지 않은 아래의 4마지기 논은 관청의 입지를 받아 되찾아 갈아 먹고자 합니다.[48]

강찬은 봉화 동면에 8두락과 4두락 규모 두 곳의 논 매매를 환퇴 및 환추하려 했다. 그는 외가로부터 받은 이들 토지를 관리하고 있었는데 손몽청이 소유를 주장하자 대응하였다. 사실 확인에는 패지와 함께 초명문 그리고 정명문, 즉 명문의 초안과 완성한 것이 중요했다.[49] 이들 자료를 확인하면서 패지와 초명문을 확인하는 노력을 기울였다는 사실을 언급하고 최종 매매 결과인 정명문의 내용을 근거로 주장을 제시했다. 매매명문에 따라 8두락 논만 방매하였으므로 이 땅을 물리고, 거래 대상이 아니었던 곳은 입지를 통해 소유를 확인받을 계획을 적었다.

매매명문으로 토지를 매득하거나, 주인 없는 묵은 땅을 개간하고 소유를 확인받거나, 혹은 인척으로부터 분재 받은 땅을 확보하여 경작하는 방법으로 마련한 토지는 후손들에게 가산으로 전해졌다. 가산은 개인 재산의 의미를 넘어 넓은 의미로 가문의 재산이면서 조상이 물려준 토지로, 위토位土나 제위祭位 등이 해당한다고 볼 수 있다.[50] 매매명문이나

---

48 「戊寅2月 奴儀京處 奉化縣立旨」(한국국학진흥원, 앞의 책, 2017, 62쪽).

49 한 달 전 같은 내용의 분쟁으로 제출한 소지에는 "외삼촌 홍찰방댁이 문서가 혼잡하여 자세히 살필 수 없었었습니다. 그래서 석고개에 사는 상놈 孫夢淸에게 잘못 팔았고 아래쪽 논 4두락 3ㅏ은 애초 몽청에게 방매하는 날 買賣明文 기록에 올리지 않았습니다"라고 언급하고 있어 명문작성의 혼란뿐만 아니라 소유 토지와 관련한 문서 관리에도 교란이 있었음을 암시하고 있다(「戊寅正月 奴儀京處 奉化縣立旨」(한국국학진흥원, 앞의 책, 2017, 62쪽)).

소지로 발급받아 확보한 토지 그리고 이들 토지와 관련한 문서들은 자손들에게 소유를 증명하는 구문기로 전수되었다.

분재할 때 토지를 확보하는 과정에서 취득한 명문이나 문기들도 함께 건넸다. 1645년(인조 23) 파평윤씨가 아들 강각에게 토지와 노비를 분재하였다.[51] 분재대상 토지는 주로 매득한 것들이 많았는데, 분재기 본문에 '매득'이라 밝히면서도 방매자를 함께 적은 다음 이들 본문기도 함께 별급한다고 적었다. 매매명문은 토지와 함께 일종의 가산으로 자녀들에게 전해졌다. 그리고 분재로 토지를 자녀들에게 전하여 가산을 형성하면서 이들 토지에 조상으로부터 유래하였다는 의미를 담았다.

자손들 사이에 가산에 해당하는 위토의 분재와 관리에 대한 합의가 있었다. 1701년(숙종 27) 강각 6남매의 아들과 손자 증손자까지 모여서 다시 분재한 분재기에는 위토 등에 대한 합의 과정과 내용이 자세하다.

> 임인년 화회 때 고조부모와 증조부모의 다섯 묘에 대한 묘지기 노비 등이 자녀 없이 모두 이미 죽었다. 그리고 두 집 후손은 고개 밖 먼 데 있어 수호하는 사람이 없으니, 정세가 안타깝고 걱정스럽다. (가운데 줄임) 당초에 임인년 화회분재 뒤에 다섯 분의 기제사는 조부모 형제 두 집에서 윤회하여 실시하고 사철 묘제는 조부님 자매 네 집에서 돌아가며 하는 일을 상의하여 처리했다. 일찍이 몇 해 되지 않아 묘제 윤회를 폐지하고 종가에서 홀로 설행했지만, 뜻이 맞지 않은 일로 아주 미안했다. 그러므로 할 수 없이 다시 제사조로 땅과 노비를 정하여서 이것으로 묘제를 폐지하지 않는 바탕으로 한다. (가운데 줄임) 교하의 산 아래 있는 전답 또한 약간 빠뜨린 것이 있지만 하나같이 선세의 말씀에 따라서 자손 두 집안에서 나누어 가질 일이다.[52]

---

50 역적재산을 적몰할 때 개인의 토지, 가사, 노비 및 서책은 포함했지만, 위토나 제위는 제외했다(김성갑, 「조선후기 籍沒 '位土' 회복과정 연구」, 『古文書硏究』 28, 韓國古文書學會, 2006, 187~188쪽). 그리고 매득 활동을 통한 재산과 달리 분재의 대상으로 편입된 토지는 가산으로 검토할 여지가 있었다(『大典會通』, 「刑典」, 禁制 · 推斷).

51 「乙酉12月初2日 次子惀處成文」(한국국학진흥원, 앞의 책, 2017, 34쪽).

52 「姜恪6男妹 辛巳10月日 追和會」(한국국학진흥원, 앞의 책, 2017, 46~47쪽).

임인년, 즉 1662년(현종 3) 후손들이 모여 재산을 나누어 가졌지만, 빠뜨린 재산이 있어 증손자까지 모여 다시 분재했다. 분재 당시 경기도 파주에 있는 고조와 증조부모 묘위의 묘직 노비와 묘제에 대한 윤회를 분재의 원칙으로 정했었다. 그로부터 40년이 지난 뒤 강각의 봉화 이거로 기재사의 한계가 발생하고 묘제의 윤회가 준수되지 못함에 따라 변수를 조정하고, 그간 새로이 발견한 재산을 나누기 위해 후손들이 함께 모여 합의하는 화회분재를 했다. 그래서 양주와 교하에 있는 밭을 묘위조로 설정하고 강각이 새로 찾은 교하의 논 5마지기를 다시 형제들이 골고루 나누어 가지기로 했다. 이 분재가 있고 많은 시간이 흐르면서 봉화 진주강씨 가문에는 현재 이들 파주 묘위전과 교하의 논과 관련한 구문기로서 매매명문은 남아 있지 않다.

분재 대상 토지의 유래를 문서에 적어서 의미를 밝히기도 했다. 1706년(숙종 32) 강찬 3남매가 강각 부부의 유업을 분재한 화회문기가 있다. 분재에서 제위 · 묘위를 정하고 선영이 위치한 교하에 대한 처분 후 몫을 정했다.

> 부모님의 토지와 노비가 있지만 일의 형편에 구애되어 미루어 끌다가 오늘에 이르렀다. 지금 비로소 몫을 나누고 부모님의 제위 · 묘위를 정해낸 뒤에 많고 적음에 따라 몫을 나눈다. 그리고 경기도 교하 선영 아래의 전답은 본디 아주 사소하니 장차 외손에게 나누지 말 일이다. 이미 선대에 유교가 있어 마땅히 따라서 실시하며, 부모님의 전답이 있다면 나중에 추심해서 얻은 것은 마땅히 균분할 일이다.[53]

17세기 말을 전후한 시기 진주강씨 강각이 활동하던 시대 전답 규모는 논 103마지기와 밭 88마지기 이상이었다. 묘위와 제위는 자식들이 강각 부부를 위하여 봉화와 순흥의 전답으로 설정하였다. 다만, 교하의 선대 묘소를 수호하기 위한 논밭은 장남 강찬 몫으로 남기기로 하여 이들 토지가 적장자로 이어지는 의미를 계승했다.

토지소유의 확보와 관련하여 매매명문, 입지 그리고 분재기로 이어지는 관계가 있

53 「姜鄭男妹 丙戌10月日 同生和會」(한국국학진흥원, 앞의 책, 2017, 70~71쪽).

다. 1675년(숙종 1)과 1690년(숙종 16) 강찬이 주인 없는 묵밭을 경작하고 입지를 발급받은 토지는 이후 분재에도 언급되었다.[54] 1706년의 분재기에 내용을 확인할 수 있다.

> 봉화현 서면 십리 소야리 잣나무밭에 있으나 아직 묘를 지키는 노를 두지 않아 항시 마음이 아팠다. 그런데 산 앞과 용호(龍虎) 안에 마침 숭정 갑술년(1634) 양안에 주인 없이 묵은 밭과 청룡(青龍) 밖 산기슭의 주인 없는 묵밭 두 곳이 있다. 그런데 이것이 관청에서 금산(禁山)하고 있으므로 함부로 개간할 수가 없다. 그래서 여러 차례 정소하여 입지를 받아 이것으로 뒷날 형세를 보아서 밭을 만들려고 했다. 을해년 큰 흉년에 이르러 원근의 기민들이 잣나무 껍질을 벗겨 남지 않았다. 관청으로부터 엄금하는 일이 있어 할 수 없이 다만 사력으로 선산을 받들어 보호하기가 그 형세가 정말로 어려웠다. 그러므로 다시 입지를 요청하여 여러 집의 양민들을 모아서 밭을 개간하고 갈아 먹음으로써 편히 수호할 방도로 삼고자 했다.[55]

강찬이 부모의 위토를 위해 잣나무밭에 이어진 묵밭을 개간하고 입지를 발급받아 확보하려는 노력을 기울인 사실을 적었다. 이 부분은 1675년과 1690년의 소지와 입지를 말한다. 입지를 발급받는 노력을 기울여 확보한 전답은 분재의 대상으로 상정되어 가전전답家傳田畓의 가치를 갖게 되었다. 이는 개인이 확보한 전답과 분재로 전래 받은 토지를 구분하여 인식하고 있음을 암시한다. 그리고 후손들이 이렇게 확보한 전답의 소유와 확보 노력을 기울일 것을 분재기의 서문에 적고 재산을 나누었다.

또 다른 사례가 있다. 1712년(숙종 38) 분재기는 '조상전래' 보다 '자기매득' 토지가 분재 대상이다.[56] 강찬의 아들은 자신이 매득한 토지가 어머니 묘지 근처에 있다는 이유로

---

54 「康熙14年乙卯 奴奉伊處奉化縣 立旨」·「康熙29年11月 奴奉伊處 奉化縣立旨」(한국국학진흥원, 앞의 책, 2017, 54·58쪽).

55 「姜鄭男妹 丙戌10月日 同生和會」(한국국학진흥원, 앞의 책, 2017, 70~71쪽)

56 「康熙51年壬辰11月22日 長子泰尙妻丁氏處 別給明文」. 한편, 청대 분재기에 해당하는 鬮分에는 분재의 취지와 관련한 언급이 있다. 1894년(光緖 20) 黃鄭氏가 네 아들에게 鬮分하며 서두에 밝힌 글은 '모이면 모일수록 더욱 창대해지고, 때에 따라 나누고 나누면 또한 나눈 만큼 성대해진다'는 분재의 취지를 밝히고 있다. 분재는 재산을 나눈다는 의미보다 분재대상 전답을 바탕으로 새로운 재산을 생산하는 '分之益盛'의 의미로

'절대로 팔지 말고 큰아들과 큰손자들에게 전하라'고 분재기에 적었다. 그리고 분재기에는 자신이 매득한 이들 토지매매명문을 함께 건넨다고도 적었다. 매매명문이 모두 남아 있지는 않지만, 분재 과정에서 전답에 조상전래 토지의 가치를 담고 구문기로서 매매명문을 함께 자손들에게 건네는 모습을 미루어 알 수 있다.

전답의 매매, 개간 그리고 분재와 관련하여 명문, 입지 그리고 분재기로 이어지는 신 · 구문기의 관계 그리고 가산의 내용을 좀 더 살필 수 있다. 진주강씨에 남아 있는 17세기 명문, 입지 그리고 분재기는 매매명문과 분재기와의 연결, 명문과 입지와의 관련, 그리고 이들 명문 및 입지와 분재기의 의미를 담고 있다.

신 · 구문기 관계나 분재기 등으로 인해 가산을 형성하는 과정과 관련 문서가 남아 있다. 1634년(인조 12) 서잠이 이이생에게 논을 매득하는 명문과 1676년(숙종 2) 강찬이 심순에게 논을 방매하는 명문은 종이 끈으로 묶여 일괄문서로 전수되었으며,[57] 내용상 이들은 신 · 구문기 관계였다. 특히 1676년 명문에는 '선친별득'한 논을 매매대상으로 언급하고 있으므로 강찬이 별급 받았던 토지임을 알 수 있다. 그가 언급하고 있는 별급 토지를 수록한 분재기가 1645년(인조 23) 어머니 파평윤씨가 분재한 별급문기이다.[58] 별급문기에서 1676년의 매매명문 관련 내용 확인이 가능하다. 그리고 강각의 아들 강찬은 이러한 내용과 문서를 활용하여 1699년(숙종 25) 순흥부로부터 입지를 발급받아 토지를 지켰다. 그리고 1644년(인조 22)에 작성한 두 건의 매매명문의 내용은 또한 1645년 파평윤씨 분재기 기록에서 확인할 수 있다.[59]

1634년 명문에서 1699년 입지에 이르기까지 토지의 가계 계승과 문서의 이동 내용을 정리할 수 있다. 이들 명문, 입지 그리고 분재기와 관련한 토지는 순흥의 단팔라원 및 안동의 벌전원과 무지원에 있는 것으로 1706년(숙종 32) 분재에 포함되었다.[60] 이들 토지

해석할 수 있다(「黃鄭氏鬮分家山予四子立鬮書」(國立臺灣歷史博物館 所藏, NMTH-2003.007.0036)).

57 「崇禎7年甲戌12月24日 敍岑處 明文」·「康熙15年丙辰3月4日 幼學沈楯前 明文」(한국국학진흥원, 앞의 책, 2017, 27 · 55쪽).

58 「乙酉12月初2日 次子愉處 別給文記」(한국국학진흥원, 앞의 책, 2017, 34쪽)

59 「崇禎甲申3月27日 姜生員奴於卜處 明文」·「甲申5月15日 姜參奉宅奴鶴只處 明文」(한국국학진흥원, 앞의 책, 2017, 29 · 33쪽).

및 문서의 전수 경위 다음과 같이 정리 할 수 있다. 먼저 '1634년 명문→1645년 분재기→1676년 명문→1699년 입지→1706년 분재기'로 토지가 전수 및 분재되면서 문서도 함께 전해진 경로가 있다. 그리고 이와 동시에 '1644년 명문→1645년 분재기→1706년 분재기'로 연결이 되고 있었다. 이처럼 명문, 입지 그리고 분재기가 연결되면서 가산을 후손들에게 이어주고 그 토지에 대한 의미를 만들고 있는 사례를 확인할 수 있다.

명문과 입지 그리고 분재기의 연결성을 확인하여 매득토지에 가문의 가치를 담는 모습을 좀 더 확인할 수 있다. 진주강씨가 봉화에 입향 당시 강각과 그의 어머니 파평윤씨 부인의 경제활동으로 형성한 토지와 매매명문들은 이후 분재 과정에서 장자로 계속해서 이어졌다.[61] 그리고 명문과 신·구문기로 연결된 1645년 분재기에서 파평윤씨 부인은 본인의 매매활동에 의해 획득한 전답을 분재기에 '매득'으로 표기하였다. 이들 입향초기 순흥(봉화)과 안동(춘양)에 매득한 토지는 후손들에게 특별한 가치를 부여받으며 장자로만 물려주는 대상이 되었다.[62]

진전을 개간하고 입지를 발급받아 분재한 토지도 의미를 부여했다. 봉화의 진전을 개간한 내용은 '1675년 입지→1690년 입지→1700년 입지'의 과정을 거치며 관청의 확인을 받은 후 1706년 분재기로, 강각 부부를 위한 묘위와 제위조로 이어졌다. 매매명문이 강각과 파평윤씨 부인의 봉화 입향 초기 토지 매득의 가치를 담고 있다면, 입지는 이들 부부의 아들 강찬이 조상전래 토지에 대한 수호와 관리 활동의 결과를 담고 있다. 바로 진전 개간과 함께 토지 확보를 위해 매매명문과 분재기를 활용한 대응의 결과였다.

명문의 신·구문기의 관계와 입지의 확보는 토지 소유와 관리에서 문서의 중요성을

60 「姜鄭男妹 丙戌10月日 同生和會」(한국국학진흥원, 앞의 책, 2017, 70~71쪽).

61 18세기에도 이거 과정에서 부인의 경제활동이 중요하게 작동한 사례가 있다(정수환, 앞의 글, 2019, 396~397쪽).

62 이러한 사례는 조선시대 진주 진양하씨가문에서 시조가 확보한 토지를 '高麗畓'으로 일컬으며 종가로만 이어지는 관행을 만든 것도 있다(한국학중앙연구원 장서각, 『선비가의 遺香』, 한국학중앙연구원, 2007, 292~299쪽).

보여준다. 그렇기에 분재기에 분재와 관련한 명문과 입지의 전수 문제를 적고 있다.

> 전답 경작인 등의 진술을 적은 입지 1장, 타량 때 측량한 입지 1장, 그리고 세 집에 몫으로 준 성잠동의 더 개간한 토지는 모두 하나의 문기에 수록되어 있다. 그래서 매득할 때 본문기는 첫째 집에 보관한다.[63]

인용문은 1706년(숙종 32) 분재기에 적은 분재 토지와 문서의 전여에 관한 내용이다. 분재 당시 해당 토지와 관련한 문기도 분급한다는 사실을 적은 것이다. 그리고 대상 토지에 대한 분쟁이 있을 경우를 대비하면서 관리의 효율성을 위해 큰아들 집에 본문기를 일괄 보관하는 결정을 확인할 수 있다. 명문과 입지는 분재와 연결하면서 토지의 확보와 관리 그리고 집안에서 가치를 담보하는 수단으로서 의미가 있었다.

분재 토지와 함께 관련 명문과 입지 등도 함께 전해 지면서 종가에 이들 자료가 집적되었다. 1645년(인조 23) 파평윤씨 부인이 분재기로 자식들에게 별급한 봉화(순흥)의 전답은 1706년 자식들이 분재할 때 제위전을 제외하고 3남매가 나누어 가졌다. 파평윤씨가 경제활동으로 확보한 토지는 자녀에게 그리고 다시 손자녀에게 전수되고 있다. 그녀의 손자 강재주가 1712년(숙종 38) 아들 며느리에게 분재할 때도 그가 매득한 토지와 관련한 구문기 일체를 건넸다.[64] 이처럼 봉화의 진주강씨 문중은 분재에서 적장자 중심으로 매득 혹은 분재한 토지와 관련한 문기를 전했다.[65] 이런 대응은 분재한 다음 토지의 소유 및 관리의 편의성과 함께 이들 조상에서 이어진 토지에 의미를 부여한 결과라고 하겠다.

---

63 「姜鄭男妹 丙戌10月日 同生和會」(한국국학진흥원, 앞의 책, 2017, 70~71쪽).

64 분재기에는 "買得本文記合捌張幷爲別給"이라고 밝혀 적었다.

65 17세기 이후 자녀들에게 분할하여 상속한 사례도 있다(김순한 · 이수환, 「16~18세기 寧海 新安朱氏 朱雲 가문의 상속 및 봉사의식과 그 변화」, 『민족문화논총』 65, 영남대학교 민족문화연구소, 2017, 40쪽).

3. 토지 매득과 가산 관리

입향 후 지역에 정착하는 과정에서 토지를 사 모으거나, 조상으로부터 분재를 받은 토지에 의미를 부여하며 가산으로 관리하는 활동이 있었다. 토지에 얽힌 각종 분쟁도 있겠으나 명문을 잘 관리하고 이들 자료를 후손들에게 물려주는 것이 또한 조선시대의 가계경영에 있어 중요한 부분이었다. 이런 측면에서 매득하거나 물려받은 토지를 가산의 개념에서 관리하는 노력을 확인할 수 있다.

조선 18세기 전라도 고창과 홍덕을 배경으로 활동했던 황윤석(1729~1798)은 일생동안 기록한 일기 『이재난고』를 남겼다. 그의 일기 내용과 후손가 평해황씨 가문에 전하는 토지매매명문을 이용하여 토지 매득과 관리의 한 모습을 볼 수 있다.[66] 그가 지역과 서울을 오가며 공부와 사환에 집중할 수 있었던 것은 가전재산이 있었기 때문이었다. 현재 남아 있는 토지관련 자료는 명문, 분재기 그리고 입안 등이 있다.[67] 명문과 분재기는 본인과 선대 매매활동을 반영하고 있어 일기를 쓸 당시 그의 토지관련 처지를 가늠할 수 있다.

토지매매명문은 구문기와 본문기를 구별하여 살필 때 토지 보유 규모를 파악할 기회를 준다. 예를 들어 현재 황윤석 후손가에 남아 있는 토지매매명문 중 1688년(숙종 14) 김성기가 허호백에게 홍덕의 밭을 매득한 문서는 1695년(숙종 21) 김성기가 같은 땅을 김세민에게 방매할 때 구문기로 건넨 것이며, 황윤석가에서 이 땅을 사면서 구문기로 황윤석가에 남게 되었다.[68] 이러한 신 · 구문기 관계를 고려하면서 황윤석 당시의 토지 규모를 엿본다. 황윤석 선대는 17세기 중엽 홍덕에 입향하여 정착했다. 당시 토지를 매득한 명문은 1638년(인조 16) 사노 금동이가 나영수에게 전답을 매득하는 것으로, 금동이는 평해황씨의 사노이다.[69] 1662년(현종 3) 매매명문은 황윤석의 증조가 5마지기의 논을 매

66 황윤석의 토지매매와 관리 내용은 정수환(「頤齋 黃胤錫의 貨幣經濟生活」, 『古文書硏究』 20, 韓國古文書學會, 2002) 글의 일부를 참고로 다듬고 고쳤다.

67 韓國精神文化硏究院 藏書閣 M · F. 10446(興德 平海黃氏 黃胤錫後孫家 所藏 古文書).

68 韓國精神文化硏究院 藏書閣 M · F. 10446 明文 - 7번 · 明文 - 11번.

득한 결과이다.[70] 이들 매매명문에는 문서 뒷면에 일부를 방매한 사유를 적은 배탈이 있어 후손들이 구문기로 계속 관리했음을 알 수 있다. 이들 토지와 함께 1716년(숙종 42) 대전과 토지를 되찾은 명문은 황윤석 부친의 토지매매활동이다.[71] 이들 매매명문은 현재 남아 있는, 정확히는 현대사회로 전환하기 전까지 황윤석 후손가에서 계속 점유하면서 경작하던 그것만을 대상으로 한 결과이다. 실재는 이보다 많은 토지와 명문을 관리하였을 것이다.

황윤석은 고조부부터 아버지를 거쳐 전해 받은 토지를 바탕으로 자신도 토지를 매득했다. 그가 직접 토지를 매득하여 확보한 2점의 매매명문이 있다.[72] 그는 1756년(영조 32) 28세와 1785년(정조 9) 57세에 땅을 샀다. 이중 그가 28세에 작성한 명문은 이영원으로부터 7되지기 땅을 사는 것이다. 그리고 58세에는 이복량으로부터 10월에 콩 1말을 뿌릴 수 있는 밭을 매득하였다. 이들 매매와 관련하여 『이재난고』에는 매매할 당시 상황을 수록하고 있다. 매득한 밭이 보리밭이라는 점과, 매매당시 밭에 있던 보리는 매매대상에서 제외한 사실을 적고 있는 점을 확인할 수 있다.[73] 매매명문에서 알 수 없는 내용이 일기에 있으며, 이 점은 토지매매명문과 일기를 같이 살펴야 할 의미를 보여준다. 그리고 이들 매매명문을 바탕으로 황윤석이 활동하던 당시 토지 규모를 거칠게 그릴 수 있다. 현재 남아 있는 명문을 볼 때 18세기 황윤석은 논 30마지기와 밭 20마지기 그리고 토지 성격을 알 수 없는 땅이 조금 있었다. 이는 앞에서도 언급했듯이 최소한의 규모라고 하겠다.

조선시대 토지 매득과 관리 내용은 명문과 일기를 살펴보아도 전체 모습을 다시 만들기는 쉽지 않다. 그래서 조상으로부터 전해온 가산으로서 토지와 더불어 본인 당대에 확보한 토지를 체계적으로 관리한 기록에서 토지 관리의 자세한 모습을 확인할 수 있다.

---

69 韓國精神文化研究院 藏書閣 M · F. 10446 明文 - 1번.

70 韓國精神文化研究院 藏書閣 M · F. 10446 明文 - 2번. 이 명문은 한글로 작성하였다.

71 韓國精神文化研究院 藏書閣 M · F. 10446 明文 - 23번.

72 韓國精神文化研究院 藏書閣 M · F. 10446 明文 - 25 · 26번.

73 黃胤錫, 『頤齋亂藁』 36卷, 十日丙戌.

좋은 사례가 있다. 조선시대 경상도 진주목의 마진리에 세거하던 재령이씨는 고문서 약 11,980점을 축적했다. 자료 중 토지매매명문이 545점으로 경상도 지역의 가장 많은 사례 중 하나이다.[74] 그리고 토지매매와 함께 전답을 재산으로 관리한 문서로 『문서도록文書都錄』, 혹은 『깃기도록衿記都錄』이 또한 여러 점 있다. 매매명문, 도록 등은 토지의 획득, 관리, 분재와 관련하여 연결성을 갖고 있는 자료이므로 조선후기 한 가문의 토지의 집적과 관리를 그릴 수 있는 좋은 대상이다.

진주 마진마을 재령이씨는 이덕관(1688~1757)에 의해 집중적인 토지 집적을 실현하고 이른바 이 지역에서 '천석꾼'의 부를 이루었다.[75] 그가 확보한 토지의 규모는 1757년(영조 33) 자녀들에게 재산을 나누어 준 분재기로 가늠할 수 있다. 그리고 이 분재의 규모를 토대로 이덕관이 평소 매득한 토지 내용을 정리한 『문서도록』을 비교하여 토지 매득과 가산을 관리한 모습을 확인할 수 있다. 먼저, 1757년 분재는 이덕관의 자녀 3남 2녀와 두 첩 그리고 서모가 대상이었다. 그해 3월 9일 분재를 했는데, 그가 5월 3일 세상을 떠났으므로 분재 내용 중 전답은 그가 일생동안 경영한 토지를 담고 있다.[76] 분재할 때 이덕관이 걱정했던 집안의 사정은 분재기 서문에 다음과 같이 적고 있다.

> 나는 재앙과 불행을 아주 혹독하게 겪었다. 부모를 일찍 여의고 외로이 괴로움과 어려움에서 자랐다. 팔자가 곡절이 많아 다시금 전·후실의 상을 당하고 3남 2녀만 곁에 거느리고 부지런히 길러냈다. 이로써 어버이가 당한 화가 자식에게 미치지 않기를 기대했으나 재앙이 그치지 않았다. 애처롭게도 막내딸이 성인이 되기 전에 일찍 죽은 슬픔은 어떻게 말로 하겠는가?[77]

---

74 진주 재령이씨의 토지매득과 관리내용은 정수환(「18세기 전답 매매, 도록 그리고 분재를 통한 가산관리 - 1757년 진주 마진리 재령이씨」, 『동양고전연구』 92, 동양고전학회, 2023) 글의 일부를 고치고 다듬었다.

75 재령이씨 가문은 이덕관 때 '천석꾼'의 부를 이루었다고 한다(이민재, 「진주 마진리의 지역 개관」, 『공동학술대회 자료집 - 진주 마진마을과 재령이씨가 고문서』, 한국학중앙연구원 장서각 · 경상국립대학교 남명학연구소, 2022, 63쪽).

76 『載寧李氏派譜草單(甲午9月初1日)』, 李德寬條.

77 「乾隆22年丁丑3月9日 子女等分給成文」.

분재 서문에 고난했던 지난 사정을 적은 것은 분재 대상 자원, 특히 토지의 확보에 그가 집중할 수밖에 없었던 개인적 사정을 전하고 싶었기 때문일 것이다. 바로 자신에게 닥친 화를 자녀들에게 끼치지 않도록 경제적으로 대비한 결과였다. 역경을 이겨내고 분재 자원을 달성했다는 회고의 다름 아니었다. 분재기에는 토지의 규모를 열기하고 있어 1757년(영조 33) 당시 이덕관이 축적한 재산의 규모를 가늠할 수 있다. 토지 기재는 결부와 두락을 연결하여 내용을 자세히 기록했다. 예를 들어 장자 몫의 사례는 대곡리의 토지에 대해 결부를 밝힌 다음 이들 토지에 대한 두락을 적었다. 결부에 따른 자호별 토지 두락의 합을 분재기에 일관되게 기재하는 원칙이 있다.[78] 이런 기록 규칙에 따른 분재기의 분재 규모는 노비 78구에 전답이 36결 48부 6속이었다.

이덕관이 확보한 토지의 두락 규모는 20두를 1결로 적용하면, 밭이 777두락 이상이며, 논이 604두락 이상 그리고 대전이 7두락으로 모두 1,389두락이 넘었다. 이러한 규모는 1557년(명종 12) 안동 고성이씨 분재기가 986마지기, 1618년(광해군 10) 영해 재령이씨 분재기 1,645마지기의 토지 규모와 비교할 수 있다. 그리고 1631년(인조 9) 영해 무안박씨 분재에서 1,300마지기의 토지 분재사례도 있다.[79] 이들 분재기는 상대적으로 방대한 규모의 토지를 분재한 것으로 알려져 있다. 이로 본다면, 1757년 이덕관이 실시한 분재 토지의 규모도 지역에 전하는 이야기와 같이 '천석꾼' 규모의 재산을 축적했다는 사실을 알 수 있다.

이덕관이 평생 경영한 토지의 규모는 분재기에 남아 있다. 그는 자녀차등분재를 실현하면서 아들에 대해서는 각기 몫에 대해 균분 분재의 모양을 갖추었다. 봉사조를 제외한 자녀들의 토지 분재 규모를 보면, 아들의 몫은 균분상속의 모습을 갖추었으나 장녀의 경우 분재 규모가 장자대비 29.5%에 불과한 사실에서 알 수 있다. 그리고 아들 중에서도

---

78 분재기는 전답 소재지와 면적, 작인의 이름까지 상세하게 기록한다. 그래서 초문기를 작성하고 완성본인 원문서를 작성하는 신중한 과정을 거쳤다(文叔子, 「조선시대 分財文記의 작성과정과 그 특징 - 草文書原文書複文書의 제작과 수취를 중심으로」, 『嶺南學』 18, 경북대학교 영남문화연구원, 2010, 223~224쪽).

79 文叔子, 앞의 책, 2004, 222 · 230쪽; 정수환, 「16세기 영해 무안박씨의 매매와 분재를 통한 가계경영 전략」, 『인문학연구』 27, 제주대학교 인문과학연구소, 2019, 163~164쪽.

장자에게 경계와 관리가 분명한 토지를 우선 분급했다. 이런 분재 결정은 봉사조의 설정에서 두드러진다.

> 제사의 일은 오로지 큰아들 집에서 감당하게 하는 것이 나의 뜻이니 잘 받들어 제사지낼 것이다. 그리고 세상을 떠난 형의 제사를 위한 토지와 노비는 돌아가신 아버지께서 남긴 뜻을 받들어서 또한 장자에게 모두 전해주고 서모의 제사는 둘째 아들에게 별도로 나누어 준다. 막내딸의 원혼은 너무도 불쌍하니 달리 제사를 위해 정해서 막내아들에게 주어 제사를 받드는 바탕으로 한다.[80]

봉사조, 즉 이 분재기에서 이덕관은 본인의 제사를 위한 토지에 의지를 담아 큰아들에게 주었다. 게다가 먼저 세상을 떠난 형의 제사를 위한 토지도 아버지의 '유의遺意'를 지켜서 장자에게 주었다. 봉사를 이유로 장자 우대라는 전제에 자녀 차별의 분재를 실현하였으며, 이는 18세기 중엽 분재와 관련한 사회 분위기를 반영하고 있다.

분재기에서 전답의 경우, 이덕관이 칠십 평생 축적한 토지를 반영하고 있지는 않는다. 그의 형이 있었으며, 생시에 별도로 별급을 실행했을 수 있기 때문이다. 이런 사정으로 『문서도록』은 이덕관을 비롯한 가족의 토지경영 결과물을 추정할 수 있는 실마리를 제공한다. 『문서도록』에는 토지의 매득 사실과 위치와 규모 등의 현황들을 낱낱이 기록하고 있기 때문이다. 이런 사정으로 1757년 3월 9일 분재를 위한 집안의 토지장부 혹은 대장에 해당하는 자료가 『문서도록』이다.

『문서도록』과 분재기 혹은 분재와의 연결성이 높았다. 분재기에 기록한 토지의 위치와 결부 그리고 두락 기록이 『문서도록』과 상당 부분 일치한다. 『문서도록』의 토지현황 기록은 754건이다. 이에 비해 분재기 수록 토지관련 내용은 452건으로 내용의 차이가 있다. 『문서도록』의 내용은 분재기의 토지보다 많은 정보를 담고 있다. 분재기 기록은 『전답도록』의 기록과 대부분 일치하고 1.76%만이 불확실한 차이를 보인다. 분재기 수록

---

80 「乾隆22年丁丑3月9日 子女等分給成文」.

내용에 대한 『문서도록』의 기록은 98.2%의 높은 관련성을 확인할 수 있다. 이런 배경에서 『문서도록』이 1757년(영조 33) 이덕관이 분재 이전까지 전답을 관리하기 위해 혹은 직전에 분재를 위해 작성한 장부 혹은 대장이었다는 사실을 알 수 있다.

분재기와 『문서도록』의 연결성은 기재 내용에서 더 분명하다. 『문서도록』은 동리, 평원坪員, 자호, 지번 그리고 결부를 기본으로 두락 등을 포함하여 수록하고 있다. 전답의 현황을 마을과 평원, 자호를 기준으로 754건의 내용을 하나씩 나열해 적었다. 그리고 이들 토지에 '사매私買', '소첩자小妾自' 등과 같이 전답을 확보하게 된 내력을 밝혔다. 게다가 '중자금仲子衿', '별치別置', '장자금長子衿'과 같은 분재와 관련한 기록도 있다. 이처럼 『문서도록』의 수록 내용과 기록 항목을 고려했을 때, 『문서도록』은 분재 혹은 분재기와 깊은 관련성이 있었다.

『문서도록』의 토지 현황이 분재기보다 많은 것은 분재 대상에 포함하지 않고 이덕관이 가산으로 관리한 토지 내용을 담고 있기 때문이었다. 예를 들면 분재기에는 세상을 떠난 형을 위한 봉사조를 적지 않았다. 그래서 분재기에 수록한 대상 토지가 분재 당시의 전체 가산 현황을 전면 반영하고 있다고 보기 어려운 측면이 여기에 있다. 반면, 『문서도록』은 죽은 형을 위한 토지 내용을 적고 있어 이덕관 당대 토지 규모를 반영한 결과이다.

『문서도록』은 자신과 함께 가족이 획득한 토지현황도 적고 있다. 기재 내용은 크게 2부분으로 나눌 수 있다. 먼저 별도의 부제 없이 전답을 열기 한 다음 '자기매득질自己買得秩'로 구분하여 적었다. 그리고 '철금이자기매득질哲金伊自己買得秩', '중자자기매득질仲子自己買得秩', '말자자기매득질末子自己買得秩'로 구분하여 정리한 부분이 있다. 여기서 철금이는 분재기의 가족이나 노비 기록에서 확인할 수 없지만, 이덕관이 진주목에서 발급받은 준호구의 노비기록에 '쇠금이金金伊', 즉 '철금이'를 확인할 수 있다.[81] 그렇지만 철금이가 이덕관의 매매를 대행한 노비는 아니었다.

철금이는 누구이기에 이덕관의 자기매득질과 구분한 '매득질'에 기재하였는지 확인할 필요가 있다. '매득질'의 성격을 확인하기 위해서 그렇다. 현재 재령이씨가에 전하고

81 한국학중앙연구원 장서각 등록번호 M · F. F20201-02-W00081.

있는 매매명문 중 이덕관 생시에 해당하는 1688년(숙종 14)~1757년(영조 33)에 작성한 357점이 있는데, 이 시기 매매를 대행한 노비는 24명 이상이었다.[82] 여기에 '철금이'는 없다. 철금이가 노주奴主를 위한 매매활동을 대행하지 않았다면, '기상記上'을 생각할 수 있다.[83] 노비는 조선후기까지 매득이나 금득에 의해 전답을 소유하고 있었으나, 16세기 이후 전답 소유를 둘러싼 상전과의 갈등이 발생하면서 신분적 예속 상황에 따라 생전에 상전에게 기상하는 일이 빈번했다.[84] 재령이씨 자료 중 노비의 '기상' 내용을 담고 있는 『사송유취』가 전하는 점도 '기상'에 대한 내용을 숙지하고 있었을 가능성을 보여준다.[85] '철금이자기매득질'은 이덕관이 가노로부터 기상 받은 전답을 재령이씨가에서 완전히 점유하기에 앞서 구분하여 관리할 목적으로 작성했다고 볼 수 있다. 그러나, 한편으로 '철금이자기매득질'로 구분한 구성에서 '중자'와 '말자'의 매매활동 결과를 함께 기재하고 있는 사실을 주목할 필요가 있다. 이덕관의 장자 이한철은 호구기록에 따르면 1732년(영조 8) 이한상李漢相에서 1759년(영조 35) 이한철李漢哲로 각각 개명하였다. 족보 기록에서 확인할 수 없지만, '철哲'로 지칭하는 것으로 보아 『문서도록』에 이덕관은 아들을 지칭하는 '철금이'로 기재했을 가능성이 높다. 이 부분은 뒤이어 중자와 말자의 자기매득 내용이 이어진다는 점에서도 알 수 있다.

이덕관은 분재에 앞서 혹은 그 이전에 작성한 『문서도록』의 기록에서 자신과 자식들의 경제활동을 함께 파악하고 있다. 그리고 이러한 부자간의 경제활동으로 형성한 토지를 '가산'의 개념으로 관리했음을 보여준다. 가산은 조상으로부터 전래 받은 재산인 조업祖業과 구분하여 부부, 친자, 형제, 근친이 가장의 노비와 전답 처분에 어느 정도 관여할

---

82 이들은 '구문, 귀발, 귀세, 돌상, 득이, 백세, 병상, 봉선, 봉세, 순옥, 승발, 시만, 원금, 위홍, 유원, 율발, 이원, 일춘, 천석, 천세, 천순, 최봉, 춘복, 춘손' 등이다.

83 『經國大典』, 「刑典」, 公賤.

84 全炯澤, 「朝鮮後期 奴婢의 土地所有 - 記上田畓을 중심으로」, 『韓國史硏究』 71, 韓國史硏究會, 1990, 81~82쪽; 李正守, 「16세기 奴婢의 記上田畓과 性格」, 『역사와 경계』 59, 부산경남사학회, 2006, 136~137쪽.

85 "私賤卽幷具財産許本主區處"(『詞訟類聚』, 公賤). 『사송유취』는 1585년(선조 18) 간행한 이후 지방 수령이 소송지침서로 활용했다(김명화, 「조선시대 수령의 소송지침서 ≪詞訟類聚≫의 편찬과 활용」, 『書誌學硏究』 66, 韓國書誌學會, 2016, 362~363쪽).

수 있는 재산을 말한다.[86] 당연히, 이 경우에도 가장의 재산권적 성질이 강하게 있었다. 이런 측면에서도 이덕관의 『문서도록』 기재 자세는 본인과 자식들의 경제활동에 대해 '가산'의 개념으로 이해하고 있었다고 볼 수 있다. 이런 의식이 있었기에 『문서도록』의 표지에 '타인불견他人不見', 바로 '다른 사람에게 보여주지 말라'는 기록을 남겨 가산인 토지 내용의 열람 범위를 가족, 특히 본인과 아들로 한정하려 했다.

전답에 대한 『문서도록』 기술 자세를 참고할 때, 전답은 가산의 개념으로 가족 공동의 가계경영을 실현하고 있었다고 본다. 매매활동에 있어 가족의 협의나 협동 없이 개인의 결정에 의한 매매활동도 있었을 것이다. 그렇지만, 가족과 함께 결정해야 할 내용도 있었다. 이러한 토지를 향한 경제활동 내용을 『문서도록』에 담으면서 전래와 함께 가족이 매득한 토지도 가산으로 포괄하여 경영하였음을 알 수 있고, 그 중심에 가장으로서 이덕관이 있었다.

『문서도록』이 가장 이덕관을 중심으로 가족의 토지 매득과 경영의 결과물이라는 점을 좀 더 정확히 할 필요가 있다. 그래야 이덕관과 그의 가족이 가산을 관리한 실재를 확인할 수 있기 때문이다. 『문서도록』에는 전답의 소재지와 규모에 대한 기본 기록과 더불어 대상 토지를 매득한 시기와 방매자에 대한 내용도 포함하고 있다. 이들 내용을 재령이씨 전답매매명문 545점과 비교한다. 다만, 이들 매매명문 중에는 거래 과정에서 구문기로 전수받았거나, 신문기와 함께 도문기로 관리되면서 재령이씨와 관련이 없는 매매 사례도 포함한다.

현전하는 매매명문은 소유를 확보 및 증명하는 수단이라는 측면에서 기본적으로 재령이씨 가계의 여러 인물의 매매활동의 결과이다. 그렇지만, 토지제도의 변혁과 소유증명의 변화를 고려한다면 19세기 말 시점 재령이씨가에서 확보한 토지에 해당하는 매

---

86 朴秉濠, 『韓國法制史攷 - 近世의 法과 社會』, 法文社, 1974, 147~154쪽. 1669년(현종 10)의 별급문기에는 재주가 '各出家産 使之奉行祭祀'라고 당부하고 있어 봉사를 위해 분급하는 재산을 家産으로 적고 있다(韓國精神文化研究院, 『扶安金氏愚磻古文書』, 1983, 205 · 569쪽). 1841년(헌종 7) 토지매매에서 매매사유와 매매물을 '如干家産 沒數火燒是遣 無路生活 自己買得'으로 적고 있는데, 가산의 개념이 폭넓게 적용되었던 것으로 보인다(韓國精神文化研究院, 『光山金氏烏川古文書』, 1982, 225쪽).

매명문으로 한정된다. 따라서 현전하는 전답매매명문이 18세기 중엽 분재와 『문서도록』 작성 시점의 이덕관과 그 일가의 토지 매득의 결과를 모두 반영한다고 보기에는 제한적이다.

재령이씨 가문에 전하는 매매명문은 한계점도 있지만 『문서도록』의 성격을 이해할 수 있는 좋은 단서도 제공한다. 『문서도록』의 매매기록과 현전하는 전답매매명문이 일치하는 3가지 사례가 있다.

① 1732년 임자, 12월 24일 이덕관께하는 문서이다. 이 문서를 하는 일은 연이은 흉년으로 살아갈 도리가 어렵고 형세가 어쩔 수 없기 때문이다. 조상으로부터 전래해서 갈아먹던 마법원의 무자(畝字) 62번 논 7부 1속으로, 실재 1배미 2마지기인 곳을 값으로 나락 6섬으로 받고 이 사람에게 영원히 팔아 버린다. 본문기는 다른 논밭과 함께 붙어있어서 건네주지 못한다. 뒷날 자손 중 만일 잡담하거든 이 문서를 가지고 바로잡을 일이다. 논 주인은 강희경, 증인 참고는 동생 아우 우창, 문서 작성은 동성 3촌 원석이다.

② 1752년 임신, 3월 28일 이생원 호노 봉세에게 하는 문서이다. 이 명문을 하는 일은 나의 처변으로 금득한 대곡리 관동원의 무자(務字) 38의 4부 6속, 39의 2부, 41의 7부 6속, 42의 6속, 139의 2부 8속으로 실재로 논 6마지기 5도락지 곳을 먼 데 있어 경작하기 어려워 어쩔 수 없이 전문 100냥 값을 쳐서 받고 이 사람에게 본문기 4장과 함께 영원히 팔아 버린다. 뒷날 자손 중 만일 잡담하거든 이 문서를 가지고 관에 아뢰어 바로잡을 일이다. 논 주인은 정치태, 증인은 처3촌 김대성, 문서는 유학 강원석이 쓴다.

③ 1744년 임술, 12월 일 유학 이덕관께 하는 문서이다. 이 문서는 긴요하게 쓸 곳이 있어서 한다. 전래해 오던 마법원의 무자(畝字) 99번 밭 2부 8속, 100번 밭 1부, 101번 밭 6부 9속, 102번 밭 7부 3속, 103번 밭 7속, 104번 밭 1부 5속, 105번 밭 4부 5속, 106번 밭 5부 3속과 아자(我字) 130번 밭 7속, 131번 밭 7속 등 겉보리 1섬 10마지기 곳을 정조 19석 10말을 수대로 값을 받는다. 그리고 이 사람께 방매하니 뒷날에 만약 잡담하거든 이것으로 바로잡을 일이다. 재주 유학 강진갑이 문서를 쓴다.

이들 사례는 『문서도록』 및 분재기와 연결을 보여주는 전답매매명문으로 토지매매활동과 관련한 주변 정황, 즉 매매사유, 매매자 관계 그리고 매매가 등을 확인할 수 있다.

①은 『문서도록』과 분재기의 기록이 정확히 일치하는 사례에 대한 전답매매명문이다. 『문서도록』에는 강희경이 임자년(1732년)에 매득했다고 밝히고 있으나 매득 주체는 알 수 없다. 하지만 매매명문에는 매매대상 토지의 세부 내용이 모두 일치하는 것은 당연하고, 그해 12월 이덕관이 직접 매득한 사실을 기록하고 있다. 그리고 매득 배경은 겨울에 곡식값이 상승하는 시기인 데다 연이은 흉년으로 강희경이 조상 전래의 토지를 부득이 매매할 정도로 방매자가 불리한 상황이 작용한 결과였다.

②는 『문서도록』과 분재기의 기록이 부분 일치하는 매매명문 사례이다. 『문서도록』에는 정치태로부터 임신년(1752년)에 매득했다고 밝히고 있으나 매득 주체는 알 수 없다. 하지만, 매매명문은 분재기의 자호와 결부 내용이 정확히 일치하고 『문서도록』과도 자호의 차이만 있을 뿐 대부분 일치하는 내용이 남아 있다. 그리고 명문에는 같은 해 3월 이덕관이 호노 봉세로 하여금 매매를 대행한 사실을 확인할 수 있다. 그리고 매매사유도 긴요한 소용처라고 적고 있지만 매매시점에서 보듯이 춘궁기와의 관련성 그리고 대상물의 특징이 처변전래의 토지라는 사실을 알 수 있다.

③은 『문서도록』과 분재기의 기록이 부분 일치하는 사례에 대한 전답매매명문이다. 『문서도록』에는 강진갑으로부터 갑자년(1744년)에 매득했다고 밝히고 있으나 매득주체와 토지의 자호에 대한 부분이 불분명하다. 하지만, 매매명문명문이 담고 있는 토지 결부 부분은 분재기와 같다. 그리고 매매명문은 분재기나 『문서도록』에서 확인할 수 없었던 같은 해 12월 유학 이덕관이 직접 매매를 시행한 사실을 알 수 있다. 명문의 매매사유는 12월 겨울의 곤궁한 사정을 '요용소치'로 서술하고 있어 매매배경을 보여준다.

『문서도록』의 매매기록은 매매명문으로 확인할 수 있으며, 이 경우 매매와 관련한 배경정보, 즉 매매주체와 매매사유를 보다 정확하게 파악할 수 있다. 이를 통해 이덕관이 분재하기 전 혹은 그 이전부터 『문서도록』으로 토지를 관리했다는 사실을 보여준다. 바로 이덕관이 가산으로 관리하는 토지의 규모를 완전히 파악하고 있었음을 알 수 있다. 그만큼 매매명문의 관리에도 신중하였다는 의미이다. 게다가 매매명문의 기록을 『문서도록』에 잘 정리하여 분명한 파악과 관리를 도모하고 있었다. 바로 『문서도록』 기록은 매매명문 내용을 토대로 가산으로 보유하고 있는 토지를 자호별로 재구성하여 정리한 결과이다.

이덕관이 18세기 중엽 진주 재령이씨의 가산으로 파악하고 있는 토지의 규모를 『문서도록』으로 미루어 계산할 수 있다. 토지는 대곡리를 중심으로 가좌촌, 상사 그리고 동물곡 등 거주지 인근에 집중하여 분포하고 있었다. 그리고 1757년(영조 33) 분재를 전후한 시점 전답 규모는 25석 1,639마지기 이상이었다. 밭은 모두 24섬 754마지기 이상, 논은 1섬 875마지기 이상으로 밭이 논에 비해 약 28% 이상 더 많았다.

매매명문의 현황을 바탕으로 『문서도록』에 정리한 토지 규모와 1757년 분재 당시 분재기의 토지 규모에는 차이가 있었다. 이들 두 자료의 비교를 통해 분재에 포함한 토지의 내용을 확인하고 그 결과는 가산의 관리와 분재와의 연결성을 파악할 수 있다. 1석을 20두로 적용할 경우, 『문서도록』에 수록한 전체 토지는 2,139마지기 이상이지만 분재기는 1,389마지기 이상이었다. 『문서도록』은 분재기 대비 약 35% 많은 토지를 수록하고 있으며, 초과한 규모는 750두락이 넘는다. 분재기에 수록한 분재대상 전답 보다 『문서도록』의 기록이 그만큼 더 많다고 볼 수 있다. 그리고 『문서도록』의 기록이 더 정확하다고 가정한다면, 17세기 중엽 재령이씨 가산 중 전체 전답은 2,139두락 이상으로 추정할 수 있다. 따라서 분재기의 분재대상 토지는 이덕관이 분재하던 1757년 3월 당시 전체 가산의 약 65%만 분재 대상으로 삼고 있었다.

이덕관이 분재대상으로 포함하지 않았던 토지 750두락의 성격은 정확히 알기 어렵다. 『문서도록』에서 '자기매득질'로 구분하거나 분재기에 언급한 내용 외의 사위祀位에 해당하는 것일 수 있다. '조업'으로 형성한 토지라는 것을 염두에 두고 분재 대상에서 제외한 내용일 수 있다. 그렇지만 분재에 제외한 토지가 '자기매득'이 164마지기 이상, 사위의 경우 부모 70마지기 이상 그리고 조부모 사위가 36두락 정도이다. 이 외에도 내용을 밝히지 않은 사위 76마지기와 망형을 위한 사위 118마지기도 있었다. 이들을 모두 계산해도 466두락 정도에 불과하여 분재기의 분재대상 토지 대비 『문서도록』에 추가 수록한 750두락의 전답에 비해 284두락이 못 미친다. 『문서도록』 내용 중 분재대상에 포함하지 않은 284두락은 이덕관과 그 가족의 매매활동 결과가 아니라 조상으로부터 전래하거나 다른 사유가 있는 토지일 가능성이 높다. 바로 『문서도록』은 매매명문을 기준으로 토지의 현황을 정리하였으며, 이덕관은 그와 가족의 매매활동 결과가 아닌 토지를 조업의 성격으로 보고 분재 대상에서 제외했다고 생각해 볼 수 있다.

『문서도록』은 1757년(영조 33) 이덕관이 분재 직전에 토지 보유 현황을 정리한 내용을 수록하고 있어 분재와 토지관리의 성격을 보여준다. 이덕관이 정리한 『문서도록』은 분재기의 내용을 98.2% 이상 포괄하고 있어 토지의 관리 및 분재를 목적으로 이 자료를 작성한 결과라고 하겠다. 그렇지만 『문서도록』에는 분재기에서 내용을 밝히지 않았던 '형주사위' 등의 토지 118마지기 이상을 담고 있어 이덕관 당대의 토지 경영의 실제를 담고 있다. 18세기 진주 재령이씨는 조업으로 물려받은 토지와 함께 가족이 함께 매득활동으로 획득한 토지를 모두 『문서도록』에 수록하여 관리했다. 그리고 이들 토지 관리의 기반은 토지매매명문이었다. 이렇게 관리한 가산은 분재에서 조상으로부터 물려받은 토지를 제외하고 그가 매득한 토지를 중심으로 자녀들에 대한 분재를 실현하고 있었다.

4. 전쟁과 가산 수습

조선시대 사람들은 거주지를 변경하면서 지역사회에 정착하고 대대로 거주하기 위해 경제적 기반, 특히 부동산인 토지를 확보하였다. 이런 경향을 쉽게 확인할 수 있는 것은 토지매매명문과 같은 고문서이다. 다만, 토지를 계획적으로 확보하고 경영한 실제는 지역사회에 정착하여 오래 세거하면서 자료를 축적한 엘리트 가문으로, 이른바 양반 혹은 사족이라 불리는 지역의 대표적 가문에서 찾을 수 있었다. 이들의 사례로 조선시대 토지매매와 집적, 그리고 경영을 통한 가산의 형성을 조금이나마 가늠할 수 있다. 그리고 토지를 관리하고 운영하는 과정에서 위기에 대응하는 이야기도 매매명문으로 확인 할 수 있다. 대표적인 위기가 전쟁과 기근을 꼽을 수 있고 이들 둘은 동시에 발생하기도 한다.

조선시대 위기는 대기근도 있겠지만, 임진전쟁과 병자전쟁이라는 두 번의 전쟁이라 할 수 있다. 전쟁과 혼란의 모습을 가늠하기 위해 임진전쟁의 실상을 조금 살펴본다.[87] 전쟁의 발단을 왕조실록에는 다음과 같이 적고 있다.

> 13일 임인. 왜구가 이르렀다. 이에 앞서 일본 적의 우두머리[賊酋] 히데요시[平秀吉]가 막부 쇼군[關白]이 되어 여러 나라를 집어삼키고 잔인하고 사나움이 날마다 심했다.[88]

1592년(선조 25) 음력 4월 13일 비로소 전쟁을 시작했다는 『선조실록』의 내용이다. 실록은 전쟁이 도요토미 히데요시豊臣秀吉가 막부를 통일하고 적의 우두머리에 올라 침략에 이르렀다고 적고 있다. 조선은 전쟁을 '왜란倭亂'으로 규정하고 '임진왜란'과 '정유재란'으로, 혹은 이 둘을 합쳐 '임진왜란'으로 적었다. 이런 입장은 북인이 편찬했던 『선조실록』을 1643년(인조 21)~1657년(효종 8) 서인과 남인 주도로 재편하여 『선조수정실록』을 간행하는 과정에서 드러났다.[89] 전쟁이 끝나고 조선, 일본, 명의 국제전쟁에 대해 조선은 일본이 일으킨 '난'으로 규정했다. '왜란'으로 인식하는 경향은 1636년(인조 14) 조선과 청의 전쟁을 여진족의 난리로써 '호란'으로 규정한 것과 같다. 17세기 이후 이 두 전쟁을 가리켜 '양난兩亂'으로 불렀다.

임진전쟁 이듬해 1593년(선조 26) 봄, 『선조실록』 기사 중 기근 조짐을 우려하는 내용이 있다.

> 전란으로 혈육이 재해를 입어 겨우 살아남은 백성들이 앞으로 스스로 살아갈 수가 없습니

---

87 임진전쟁 이야기는 정수환(「임진전쟁과 일상, 기록 그리고 텍스트 검토」, 『韓國史學史學報』 44, 韓國史學史學會, 2021) 글을 다듬어서 완성했다.

88 『宣祖實錄』 卷26, 宣祖 25年 4月 壬寅(이로부터 실록 번역은 국사편찬위원회 조선왕조실록(http://sillok.history.go.kr/main/main.do) 번역을 필자가 보완 하였음).

89 1617년(광해군 9) 간행 『東國新續三綱行實圖』에서 '壬辰倭亂'을 적고 있어 전쟁 직후 성격을 '임진왜란'으로 규정한 점을 확인할 수 있다(정호훈, 「전쟁의 기억과 정치론 ≪동국신속삼강행실도≫」, 『한국사상사학보』 58, 한국사상사학회, 2018).

다. 헤어져 떠돌아다니며 굶주리고 곤궁한 상황이 팔도가 하나같이 그렇습니다. (가운데 줄임) 만약 지금 조치하지 못한다면 농사에 힘쓸 때를 놓칠 뿐만 아니라 간신히 살아남은 목숨도 모두가 구렁텅이에 빠지고 말 것입니다.[90]

내용은 농사 작황에 대한 염려와 함께 명군 참전에 따른 대응으로 상황이 악화할 것을 걱정하는 것이다.[91] 전쟁으로 나타난 가족 해체와 유리걸식의 증대와 같은 참담한 현실을 적고 있다. 그리고 전쟁 후 이어진 기근을 극한 상황으로 묘사했다.

기근이 극심하여 인육을 먹기에 이르렀으나 마음에 괴상하게 여기지도 않았습니다. 길바닥에 굶어 죽은 시체를 칼로 도려내어 한 곳도 완전한 살이 없을 뿐 아니라, 혹은 산 사람을 도살하여 장과 위 그리고 뇌수까지도 모두 먹었습니다.[92]

사람을 잡아먹는 끔찍한 일도 이상하지 않을 정도의 현실이었다. 도덕과 윤리가 사라진 전쟁의 일상을 기록하고 있다.

국가에서 전쟁이 끝나고 실록으로 기록한 전쟁의 참상과 더불어 개인이 전쟁을 경험하며 적은 일기를 함께 살펴 전쟁의 실상에 다가갈 수 있다. 전쟁을 경험하고 일기로 기록한 인물이 있다. 오희문(1539~1613)은 1591년(선조 24) 11월 27일에서 1601년(선조 34) 2월 27일까지 9년 3개월 동안 일기 『쇄미록』을 적었다.[93] 기록은 전쟁 피난 일기로서 그가 전쟁 중 경험한 여러 일상에 관한 내용이다. 그의 기록 중 정유재란 이전 전쟁이 잠시 멈추고 강화회담을 진행하던 1596년(선조 29)의 일기를 읽어본다.

전쟁은 많은 소문을 만들어 냈고, 오희문은 이들을 일기에 담아 혼란한 전쟁의 모습을

---

90 『宣祖實錄』 34卷, 宣祖 26年 1月 庚辰.
91 『宣祖實錄』 34卷, 宣祖 26年 1月 壬午 · 甲申.
92 『宣祖實錄』 47卷, 宣祖 27年 1月 丙申.
93 徐炳沛, 「'瑣尾錄' 解題」, 『書誌學報』 8, 韓國書誌學會, 1992; 申奭鎬, 「≪瑣尾錄≫解題」, 『한국사료해설집』, 1964.

기록했다. 이몽학의 난에 대한 현실을 일기에 적었다. 오희문은 이몽학을 역적으로 단정하고 전쟁 중에 무리를 모아 홍산관아를 점령했다는 내용을 자세히 적었다. 그리고 그의 주변 인물 이광춘, 조응개 등이 가담한 사실을 알고 우려하는 마음을 드러냈다. 가담자 중 단순히 이몽학 무리의 위압을 견디지 못해 가담한 인물도 있었다고 밝혔다.

> 이광춘의 종 대난을 적의 수중에서 돌아오자 잡아갔다. 대난은 본래 어리석고 못나서 동서도 구분하지 못하는데, 이광춘이 겁을 주고 꾀이는 바람에 따라갔다가 마침내 죽을 땅에 들어간 것이다. 불쌍하다.[94]

이광춘의 종이 이몽학 무리로 지목되어 잡히는 내용이다. 어리석은 종 대난은 상전의 압박에 어쩔 수 없이 동참하여 곤란한 상황에 부닥쳤다. 오희문은 조정에서 전쟁 상황을 고려하여 단순 가담자들에 대한 선처할 것을 당부하는 지시가 있었음에도 현장에서 제대로 지켜지지 않는 사실도 확인했다.[95] 전쟁과 반란 그리고 반란을 처리하는 과정에서도 불안한 일상이 계속되면서 혼란은 더 심해졌다.

전쟁 중 반란과 더불어 일본과 명나라 군대의 침학이 겹쳐 혼란한 일상이었다. 사람들은 늘 피난 준비를 하고 있었으며, 각종 소문에 매우 민감하게 반응하고 있었다.

> 변방 상황이 근래에 더욱 좋지 않아 결말이 어찌 될지 알 수 없다. 그래서 밤낮으로 가슴을 졸이는 현실을 어찌할 수 없으니 놀랍고 안타까운 마음을 견딜 수가 없다. 만일 그렇다면 우리 집은 종도 없고 말도 없으며 또 갈 곳도 없으니, 반드시 구렁텅이에 빠져 죽을 것이다.[96]

오희문은 늘 피난을 염려하고 현재의 삶을 걱정해야 하는 일상에 대해 놀라움과 탄식

---

94 吳希文, 『瑣尾錄』, 「丙申日錄」, 7月 13日.
95 吳希文, 『瑣尾錄』, 「丙申日錄」, 7月 15 · 22日.
96 吳希文, 『瑣尾錄』, 「丙申日錄」, 正月 22日.

을 기록했다. 변방의 전장 상황에 대한 소문에 귀를 기울이면서 피난을 걱정하면서도 오갈 곳 없는 자신과 가족의 처지에 대한 걱정이 가득하다. 그의 주변에는 관군의 동원과 명나라와 왜군의 작은 움직임에도 크게 동요하여 피난 준비를 서두르거나 이미 피난처를 마련해 두고 떠날 날만을 기다리는 사람도 있었다.[97] 오희문은 지식인으로서 불안한 전쟁의 상황에 비교적 정확한 정보 확보로 대응하고 있었다. 그러면서 주위에서 일어나는 전쟁에 대한 반응과 피난 준비 상황을 일상으로 인정하면서 일기에 기록했다. 이러한 그의 기록은 임진전쟁의 혼란과 참혹한 일상을 보여준다.

두 번의 전쟁 와중에 가산이 흩어지면서 전쟁이 끝난 다음 이들을 다시 모으는 노력이 있었다. 가산 중에는 토지가 큰 비중을 차지했고, 그렇기에 전후 수습에서 토지매매명문의 확인이 중요했다. 매매명문은 전쟁 당시의 급박하고 어지러운 상황을 현장에서 기록으로 남긴 결과이다. 그래서 명문으로 전쟁과 일상을 확인할 수 있다. 이런 측면에서 충청도 진천 평산신씨 고문서를 사례로 접근한다. 현재 남아 있는 평산신씨 고문서 509점으로, 이중 전쟁을 전후한 시기 토지의 관리를 추적할 수 있는 명문과 분재기가 74점이다.[98] 자료 중 두 전쟁의 실상을 바르고도 분명하게 보여주는 기록은 다음과 같다.

· 난리[임진전쟁]가 있고 노비들 이름을 모르고 그들의 자식들이 얼마나 되는지 알 수가 없다.[99]
· 그 뒤에 다시 병자년의 난[병자호란]을 만나 집안 재산 문권을 노략질 당해 모두 다 잃어버릴 지경이었습니다.[100]

위 자료는 두 번의 전쟁이 있은 바로 뒤 가산이 흩어진 경위와 사정을 적은 명문과

---

97 吳希文, 『瑣尾錄』, 「丙申日錄」, 4月 2 · 9 · 10日, 11月 17日.
98 진천군 · 충북대학교 중원문화연구소, 『진천 논실의 평산신씨 고문서』, 2015, 5~8쪽; 진천군 · 충북대학교 중원문화연구소, 『진천 논실의 평산신씨 고문서』 2, 2015, 5쪽.
99 「萬曆29年辛丑6月10日 幼學申塾前 明文」. 이하 고문서는 진천군 · 충북대학교 중원문화연구소(『진천 논실의 평산신씨 고문서』, 2015) 자료이다.
100 「忠淸道鎭川居 忠義衛申繼 上言」.

상언이다. 전쟁으로 노비는 도망하고 가산을 증빙하는 문서를 도난당해 가산이 흩어진 실상을 기록하여 관청에 호소하는 모습이다.

진천 평산신씨 가문은 16~17세기 사환으로 위상이 높고 가산도 많이 형성하고 있었다. 평산신씨는 경기도의 경제적 기반으로 유력한 가문으로 성장하였으며,[101] 임진전쟁 직전 1568년(선조 1) 충청도 진천에 터전을 마련한 이후에도 정치적으로 영향력이 높았다.[102] 전쟁 이전 평산신씨 가문의 가산 유래와 규모는 가전 고문서 중 매매명문과 분재기를 통해 미루어 짐작할 수 있다.

아직 남아있는 평산신씨 고문서 중 가장 오랜 자료는 1569년(선조 2) 매매명문이다.[103] 명문은 사노 자원이 사노 만송에게 곡식 20섬을 받고 논을 사는 내용이다. 사노 자원은 안동권씨를 대행하여 토지를 확보했다. 이 명문은 구문기로 안동권씨에서 평산신씨로 분재하는 과정에서 전해졌을 가능성이 높다. 그리고 평산신씨 분재기 중에는 임진전쟁 이전 노비를 분재한 내용을 담고 있는 자료가 있어 전쟁 전후 이 가문의 경제적 처지를 엿볼 수 있다. 예를 들어, 1580년(선조 13) 신화국의 처 파평윤씨가 친정으로부터 분재받은 화회문기가 있다.[104] 이 분재기에서 파평윤씨는 노비 35구를 받았으며, 이들 노비는 서울, 경기, 전라, 충청, 황해, 함경도 등 전국에 산재하고 있었다. 진천에도 그녀가 받은 노비가 3구가 있었다. 평산신씨는 서울을 중심으로 전국에 산재한 노비를 이용하여 토지를 관리했을 것으로 볼 수 있다. 정확한 규모는 알 수 없으나 정치적 위상과 분재의 규모로 볼 때 16세기 평산신씨는 안정적인 생활 기반을 갖추고 있었다.

---

101 김의환, 「17~19세기 진천 평산 신씨의 노비 소유와 노비의 존재양상」, 『한국학논총』 44, 국민대학교 한국학연구소, 2015, 220쪽.

102 장필기, 「鎭川 논실의 平山申氏 將臣閥族家系와 申鴻周」, 『역사와 담론』 57, 호서사학회, 2010, 10쪽; 정수환, 「16~17세기 평산신씨의 재산상속」, 『평산 신씨 고문서와 진천의 사회상』, 진천향토사연구회, 2017, 110쪽. 이 글에서 분석하는 자료는 평산신씨 신잡(1541~1609) 종가의 고문서이다. 이 가계는 신잡의 7남매 중 그와 신립(1543~1592)이 호성공신으로 녹훈되는 등 평산신씨는 17세기 조선의 핵심 가문 중 하나였다.

103 「隆慶3年己巳9月30日 私奴自元前 明文」. 남아 있는 14건의 매매명문은 신 · 구문기로 연결된다(정수환, 앞의 글, 2017, 116~117쪽).

104 「萬曆8年庚辰7月27日 和會文記」.

임진전쟁을 계기로 평산신씨 신잡(1541~1609) 7남매는 위기를 맞이했다. 신잡은 전란으로 인해 그의 세 동생을 모두 전장에서 잃었다. 신립은 1592년(선조 25) 4월 탄금대에서, 신할은 5월 임진강에서 전사하였다.[105] 동생 신급은 모친을 모시고 피난 중 생을 마감했으며, 그의 모친 파평윤씨 부인도 전란 중에 세상을 떠났다.[106] 신잡은 장자로서 전쟁 중에 어머니 장례를 치르는 등 가정을 이끌어야 했고 전쟁이 끝나자 흩어진 재산을 모으고 관리해야 했다.

임진전쟁 당시에도 토지와 노비에 대한 매매가 있었다. 전쟁 때 작성한 매매명문 6점이 있다. 1593년(선조 26)~1597년(선조 30) 사이 작성한 이들 명문을 모두 평산신씨 종가에서 이루어진 매매의 결과물은 아니지만, 전쟁 중 매매 활동과 전쟁의 실태를 살필 수 있는 계제가 된다.[107] 명문에 기재된 매매사유는 대부분 '가난하기 때문貧寒所致', '가난하여 토지세가 밀려서貧寒所致 田稅積納'와 같은 내용이다. 그렇지만 전쟁으로 인한 혼란상을 구체적으로 적기도 했다.

· (1594년 2월 23일) 임진년 분탕질이 있어 집의 토지가 모두 무너져 전혀 의지할 것이 없다. 걸식해서 살고 있어 곧 굶어 죽을 것 같아서 (가운데 줄임) 전란을 겪으면서 나의 몫이었던 집안의 전지를 완전히 잃어버렸다. 그리고 도서(圖書)마저도 잃어버려 새로 만들어 갖출 수 없어 이 문기에 수장(手掌)을 하고 나중에 살피고자 한다.[108]

· (1595년 9월 일) 난리가 있고 생계가 아주 군색하고 홀로 계신 어머니와 동생을 봉양할 길이 없으므로…[109]

매매사연은 걸식과 같은 극단적인 기근에서 가족부양이 절박했기 때문이었다. 1594년

---

105 『宣祖實錄』 권26, 宣祖 25年 4月 丁巳 · 5月 壬午.

106 『宣祖實錄』 卷29, 宣祖 25年 8月 壬辰.

107 경상도에서 전쟁 중 토지와 노비를 매득하여 가산을 확보한 사례가 있다(정구복, 「務安朴氏 武毅公家의 社會經濟的 基盤과 所藏古文書의 性格」, 『古文書集成』 82, 韓國學中央研究院, 2005, 50 · 67쪽).

108 「萬曆22年甲午2月23日 奴起連亦中 明文」.

109 「萬曆23年乙未9月日 異姓五寸叔察訪韓彦忱田 明文」.

(선조 27) 매매명문은 평시에 사대부 부녀자가 문서행위에 직접 참여하지 않는 관행에도 불구하고 충의위 민운길의 처 권씨가 절박한 상황에 방매자로 참여한 사실을 보여주고 있다. 명문에는 사대부 부녀자로서 자신의 도서를 분실하였음에도 전란으로 새로 마련하지 못하게 되자 평 · 천민의 자기신용 행위인 수장으로 대신했다. 그리고 매득자는 사노였다. 권씨는 전쟁으로 다급하고도 절박한 상황에서 매매에 직접 참여하는 것은 물론 수장을 하고, 또 사노를 상대로 방매하게 되면서 자존감의 상실을 경험하고 있었다.

1595년(선조 28) 매매명문은 이용광이 전쟁 중 아버지가 세상을 떠나자, 편모와 동생들의 생존을 위해 여자종을 팔면서 작성한 것이다. 전쟁으로 노비의 관리가 쉽지 않은 상황에서 그의 5촌 숙부 한언침이 여자종을 매득해 준 것이었다. 그리고 평산신씨도 전쟁으로 곤란을 겪은 내용을 문서로 남겼다. 급박한 상황에서 문기를 땅에 묻어두고 피난하면서 문서가 훼손되거나 잃어버리기도 했던 것이다. 전쟁이 끝나고 재산을 확인받기 위해 작성한 문서에 "본문기의 여러 곳 글자가 뭉개진 사연을 모두 질문하여 조사하셨는데, 난리에 묻어두었다가 나중에 꺼내었으므로 곳곳이 썩고 해어졌습니다"라고 밝히기도 했다.[110] 평산신씨도 진술한 부분에서 알 수 있듯이 전쟁으로 재산 관리가 힘들었다.

전쟁으로 재산이 흩어진 상황은 전쟁이 끝나고 재산을 나누는 분재기에 소상히 사연을 적고 있다. 1608년(선조 41) 신잡의 7남매 사이에 있었던 화회분재기 서문에서 그간의 사정을 알 수 있다.

> 전쟁으로 어지러워진 뒤 집안의 재산은 무너져 없어지고, 조상으로부터 전해져 온 문서기록들이 모두 전쟁으로 피해를 입거나 잃어버렸다. 예전에 부리던 노비들도 모두 사망하였고, 다른 지역 전답과 노비들은 자세히 알 수가 없다. 게다가 경자년[1600년]에 돌아가신 어머니의 상을 마친 뒤에 살아남은 동생들은 벼슬살이하거나 개인적인 사연으로 서울과 지방에 흩어져있어 함께 모일 수 없었다.[111]

---

110 「萬曆34年4月日 鎭川官 立案」.
111 「萬曆36年庚申8月19日 同生和會分衿文記」.

분재 서문에서 임진전쟁 중 세상을 떠난 신잡의 모친 파평윤씨 부인의 친상이 있었던 사정과 전쟁 뒤 혼란해진 집안 상황을 수습하려는 노력을 적었다. 신잡 7남매는 부모가 남긴 유업을 분재하기 위한 회합도 전란의 파장으로 쉽지 않았다고 당시의 상황을 밝히고 있다. 전란 중 동생들이 세상을 떠났는가 하면, 사환이나 이거로 인한 거주지 변동으로 흩어져 살고 있었기 때문이었다.

전쟁으로 가산의 유실과 관리의 문제도 언급되었다. 전쟁으로 가산이 흩어진 것은 당연하고 뒤에 추심 할 수 있는 문서마저도 찾을 수 없었다. 그래서 서울이나 경기, 특히 진천과 광주 일대에 있는 토지와 노비 외에는 소유를 확보하기 어려웠다. 게다가 현황이 파악된 노비도 전란으로 사망함에 따라 심대한 경제적 타격을 입고 있었다.

임진전쟁이 끝나고 신잡은 가산 정비를 위해 노력했다. 전쟁 이전의 가산과 관련한 문기를 확보하려 했다. 그는 1600년(선조 33) 즈음 외가 파평윤씨가에서 문서를 옮겨 적어 와서 1580년(선조 13) 어머니가 친정에서 확보한 노비를 확인했다.[112] 그는 모변 전래 노비의 현황을 파악하고 이들 노비에 대한 추심을 통해 전쟁 이전의 가산을 수습하려고 했다. 전쟁 뒤 가산을 수습한 신잡의 노력 결과는 1608년(선조 41) 그의 남매들과 분재한 내용에서 알 수 있다[113] 분재기 서문에 "다른 지역 전답과 노비들은 자세히 알 수 없다"고 적어 전쟁의 영향을 밝혔다. 분재 대상 노비는 모두 50구로 역시 전국에 흩어져있었고, 미처 확인하지 못한 노비는 나중에 추심할 것을 결의하였다. 전답도 진천과 경기도 지역에 흩어 있으며, 규모는 415마지기와 13결 이상이었다. 이들 노비와 토지에 대해 거주지와 위치를 분재기에 적어서 나중에 추심하여 되찾는 것을 기대하고 있었다. 이런 규모를 전쟁 이전과 비교하기에는 어려움이 있지만 전국을 단위로 노비를 경영했던 전쟁 이전의 상황을 일정 부분 회복하고 있음을 미루어 알 수 있다.

1608년 분재의 목적이 흐트러진 가산을 정비 및 복원에 있었다는 사실은 서문에 남매들이 합의한 내용에서 좀 더 분명하다.

---

112 「萬曆8年庚辰7月27日 和會文記」.

113 「萬曆36年庚申8月19日 同生和會分衿文記」.

전쟁으로 어지러워진 뒤, 논과 밭이 있는 곳이 모두 빠지거나 누락 된 데가 많다. 그리고 노비는 더 심해서 흩어지거나 죽은 것이 반이 넘어 추심을 못한다. 그러니 얻는 대로 나이 순서에 따라 사환한다. 조카 등이 만일 추심 한다면 법에 따라 자기가 원하는 만큼 상을 준다. 그 뒤 나머지를 차차 몫을 나눈다. 전답은 추심 한 것은 갈아먹어도 괜찮다.

분재에 앞서 전쟁으로 토지와 노비가 흐트러진 질서에 대해 확인했다. 신잡 남매는 부모로부터 이전에 별급 받은 토지와 노비는 전쟁으로 권리 획득에 한계가 있으므로 소급하지 않기로 합의했다. 전쟁으로 도망한 노비를 추심하고 그 노비는 동생남매의 나이 순서대로 균분하도록 했다.[114] 토지는 추심동기를 더 부여하기 위해 추심자 우선의 원칙을 달리 합의했다. 이런 분재 원칙에 대한 합의에는 전쟁으로 잃어버린 가산 재정비의 책임을 남매간에 분산함으로써 신속하게 예전 기반을 재구성하기 위한 목적이 작용하고 있었다.

전쟁 이후 신잡과 그의 아들 손자는 토지와 노비를 사들였다. 신잡은 1606년(선조 39) 진천에 거주하고 있던 채징에게서 노비 2구를 매득하고 입안도 발급받았다.[115] 아들 신경희는 전쟁 뒤 밭과 노비를 샀고, 손자 신숙도 1601년(선조 34) 유학 정상헌의 처로부터 진천의 비를 사면서 구문기를 확보했다. 전쟁 직후 진천 평산신씨는 잃어버린 가산을 되찾는 노력과 함께 세거지 진천 지역을 중심으로 경제적 기반을 확보하고 안정을 되찾고자 했다. 매매명문에는 당시 매매의 배경이 담겨 있다.

난리 뒤에 멀리 다른 지방에 있는 노비의 신공을 받을 형세가 어려우므로 다른 곳으로 이매(移買)하기 위해 (가운데 줄임) 본문기와 함께 영원히 팔아 버린다. 난리 뒤에 이 노비들 이름을 모르고 그들의 자식들이 얼마나 되는지 알 수가 없다. 그러므로 앞뒤로 누락 된 자식들

---

114 분재하지 않은 노비는 嫡子女들이 균분 했으며, 남는 노비는 承重子에게 준 뒤 그 나머지를 '長幼次序'로 나눈다(『經國大典』, 「刑典」, 公賤).

115 「萬曆34年4月日 鎭川官 立案」.

도 영원히 판다.[116]

신숙이 1601년(선조 34) 노비를 매득하는 매매명문의 내용이다. 방매자는 전쟁으로 자신이 살지 않는 진천의 노비를 관리하기 어렵다고 호소하고 방매를 결정했다. 매매명문에는 전란으로 인한 노비 관리의 한계가 대두되었으며, 그 결과 토지의 '이매'를 모색하여 관리의 효율성이 도모하는 모습이 남았다.

전쟁이 어느 정도 수습되려 할 즈음 인조반정과 그에 이은 청나라와의 긴장 관계가 형성되면서 다시 불안한 사회가 되었다. 평산신씨는 병자전쟁으로 다시 한번 가산 관리에 집중해야 했다. 병자전쟁의 무대가 된 경기도 일대의 경제적 기반이 있고 또 경기도와 멀지 않은 진천에 세거하고 있었기에 또 한 번의 토지와 노비 관리 위기를 겪었다. 병자전쟁 파장과 전후 복구 노력은 17세기 말에 관청에 올린 두 건의 소지와 상언에 적고 있다. 병자전쟁으로 평산신씨는 직접적인 영향을 입었다. 전쟁 뒤 1665년(현종 6) 평산신씨 가문에서 현종에게 올린 상언에 실상이 서술되어 있다.

> 다시 병자년(1636년) 난을 만나 집안 재산관련 문권을 노략질 당해 모두 다 잃어버릴 지경이었습니다. 난이 평정된 뒤에 연이여 증조모께서 세상을 떠나시고 저의 조부모와 부모 또한 이미 세상을 떠나시고 (가운데 줄임) 예전의 토지와 가사도 이미 흩어져 없어졌습니다.[117]

병자전쟁을 전후한 시기에 집안에 연이어 초상이 있었다는 사실을 언급하며 어지러웠던 상황을 밝혔다. 그리고 전쟁으로 가산의 근거가 되는 여러 문서가 노략질을 당해 가산을 관리 할 수 없었던 사정도 알렸다. 전쟁으로 토지를 비롯한 많은 가산 그리고 이를 증명하는 문서가 유실되었던 정황을 알 수 있다.

병자전쟁이 촉발한 노비 관리의 교란을 정리했다. 평산신씨는 혼인 관계에 따라 문화

116 「萬曆29年辛丑6月10日 幼學申塾前 明文」.
117 「忠淸道鎭川居忠義衛申繼 上言」.

유씨로부터 1582년(선조 15) 평안도의 노비 20여 구를 확보하고 신공을 받으며 관리하고 있었다. 그러나 전쟁으로 관리의 공백이 생기고 소유에 대한 분쟁이 발생하면서, 이를 확보하기 위한 민원활동을 펼쳤다.

> 정유년 난리 중에 도차노(都差奴)가 죽고 신공을 거두어 상납하는 사람이 없었습니다. 그리고 종가 유첨정이 세상을 떠난 뒤 그곳의 노비는 오랫동안 내버려둔 물건이었습니다. 병자년 난리 뒤 유첨정의 아들과 손자는 그 노비를 추심하여 얻는데 소홀하였습니다.[118]

평산신씨는 분재 노비의 관리가 느슨해진 계기는 전쟁이라고 밝혔다. 임진전쟁으로 평안도 일대가 전쟁의 직접적인 피해로 관리를 담당하던 도차노가 죽으면서 관리의 어려움이 있었다고 호소했다. 그 후에도 병자전쟁으로 이 지역의 노비관리가 어려웠다고 사정을 설명했다. 가산의 큰 축을 차지하는 노비 관리가 전쟁으로 위기를 맞았듯이 토지도 마찬가지였다. 그래서 전쟁이 있은 다음 노비를 되찾기 위해 노력하였듯이 토지도 같은 대응을 하였다고 하겠다.

평산신씨 가문의 사례에서 전쟁 중 토지를 중심으로 한 가산관리의 모습을 알 수 있다. 임진전쟁 시기에도 매매는 물론 분재를 실시하여 경제활동의 일상성을 유지하고 있었다. 이 당시 매매명문에서 기근, 걸식과 같은 사유에서 보듯이 사족의 자존감을 유지할 수 없는 현실이 있었다. 그리고 전쟁으로 가산을 운영할 수 있는 고문서의 유실로 인한 혼란에 직면하면서 경제적 안위에도 실제적인 위협이었다. 진천의 평산신씨는 전쟁 이후 가산을 재건하는 노력을 하였으나 곧 이은 병자전쟁으로 마무리할 수 없었다. 연이은 전쟁으로 가산과 관련한 고문서가 정비되지 못한 현실에도 불구하고 지속적으로 소지를 올려 토지, 노비의 회복을 시도했다.

---

118 「故參判儒城君柳熙緖女壻申奉事塾代孫漢章奴禮云 所志草」.

제4장

개인의 매매경험과 경제생활

1. 매매 수단, 화폐와 전문
2. 매매, 화폐 그리고 경제생활
3. 토지매매와 소유 확보
4. 여성의 토지매매
5. 노비의 토지 소유와 매매

제4장

개인의 매매경험과 경제생활

1. 매매 수단, 화폐와 전문

매매와 교환의 주인공은 인간이다. 토지매매 행위의 주인도 사람이다. 전근대 조선의 교환수단은 곡물, 옷감 그리고 동전이 대표적이다. 곡물은 20세기까지도 시장의 교환수단으로 성행했으나 토지와 같은 고액 거래에 있어서는 더 이상 화폐의 기능을 유지하지 못했다. 곡물과 옷감은 종류와 품질이 다양하였다. 토지매매 같은 일상생활에서 이들을 이용하는 모습을 기술하기에 앞서 조선전기와 후기의 주요 교환수단과 화폐 내용을 알아본다. 그래서 화폐 정책과 그에 따른 매매명문 사례를 순서대로 확인한 다음 통용화폐가 변화하는 17세기 이후 토지매매명문의 결재수단 변화를 추적한다.

조선전기 화폐 정책의 내용과 매매명문의 사례이다. 조선전기의 화폐는 1460년(세조 6)~1485년(성종 16)의 수정 보완을 거쳐 간행한 『경국대전』에서 밝힌 국폐 내용에서 알 수 있다. 법전에 실려 있는 내용은 다음과 같다.

> 국가의 화폐는 포화와 저화를 유통해서 사용한다. 정포 1필은 상포 2필에 비기고 상포 1필은 저화 20장에 견주며, 저화 1장은 미 1되에 따른다. 대게 속전을 거둘 때는 모두 저화를 쓰며, 값을 치를 때는 반을 쓴다.[1]

조선은 국폐, 바로 국가에서 인정하는 통용화폐를 포화와 저화로 정했다. 국폐는 '정포 1필=상포 2필=저화 40장=미米 40되'의 교환식으로 통용을 인정했는데, 시장에 통용하는 미로서 국폐의 유통과 신인도를 마련하려는 의도이기도 했다. 미는 콩太, 보리牟麥 등과 더불어 전근대 사회에 대표적인 교환수단이었다. 미는 도정 한 백미白米와 구분하며 도정을 하지 않은 상태로, 토지매매명문의 조租와 같이 이해할 수 있다. 여기에 더하여 은과 전문도 국폐에 견주어 사용을 허용했다.[2] 이런 조치는 『대명률』을 원용하면서 법전에 은전이나 전문과 관련한 내용을 반영하고, 여기에 더하여 고려조 이래 사용했던 은병 같은 은전 혹은 원·명나라에서 유입하여 유통하던 전문의 잔재도 고려한 결과였다.[3] 법전 『경국대전』에서 매매 수단으로 포화, 저화, 미, 은전 그리고 전문과 같은 화폐를 확인할 수 있다.

포화로는 삼베, 모시 그리고 무명이 있다. 고려말 여러 종류의 포가 유통되었으나 1363년(공민왕 12) 문익점(1326~1398)과 정천익이 목화를 도입하고 재배에 성공하면서 조선 초기부터 면포는 포화의 대명사로, 일본으로 수출되기에 이르렀다. 세종 때 『경국대전』을 논의할 당시에는 삼베를 국폐로 논의하였지만, 성종조 간행 시점에는 포는 면포를 지칭하게 되었다.[4] 바로 삼베에서 면포로 시장 유통화폐가 급변하면서 『경국대전』에 면포로 포화를 수록하였으며, 5승포 폭 7촌(약 35㎝)에 길이 35척(약 16m)의 면포가 정포가 되었다.[5] 법전의 규정에 따라 면포를 유통하면서 정포에 대한 신인도 확보를 위한 시도가

---

1 『經國大典』, 「戶典」, 國幣. 번역은 『譯註 經國大典 飜譯篇』(韓㳓劤·李成茂·閔賢九·李泰鎭·權五榮, 韓國精神文化硏究院, 1995, 161쪽)을 참고로 고치고 다듬었다.

2 『經國大典』, 「刑典」, 銀錢代用. 은은 七品銀을 기준으로 통용하고, 전문은 10문으로 저화 1장의 가치를 적용하게 했다.

3 태조는 고려말 형법 집행의 혼란을 보완하기 위해 유학이념과 합치하는 『대명률』의 조목을 적용하도록 했으며, 1395년(태조 4) 조선 관리의 이해를 돕기 위해 이두를 활용하여 번역한 『大明律直解』를 간행했다(박강우, 「朝鮮朝 大明律直解의 刑法總則的 條項의 分析」, 『한국형사정책연구』 14-3, 한국형사법무정책연구원, 2003, 212~213쪽). 그리고 至元通行寶鈔나 大明通行寶鈔와 관련 있는 내용을 『대명률직해』의 鈔法에서 확인할 수 있는데, 이는 조선의 저화 발행과 연계하여 고려할 개연성이 있다(전성호, 「14세기 ≪大明律直解≫ 鈔法과 錢法 조항 재해석 -'錢文' 성립을 중심으로」, 『泰東古典硏究』 35, 한림대학교 태동고전연구소, 2015, 137~139쪽).

4 宋在璇, 「16世紀 綿布의 貨幣機能」, 『邊太燮博士華甲紀念 史學論叢』, 三英社, 1985, 391~392쪽.

있었다. 1460년(세조 6) 정포 35척 1필에 대해 '조선통폐지인'을 답인 한 사실이 있다.

포화에 대한 신인도 확보를 위한 노력이 있었고 지방에서 시도했다. 조선 정부는 중앙의 사섬서와 지방 각 고을에서 '조선통폐지인'을 제작하고 1461년(세조 7)부터 정포의 양 끝에 답인하도록 했다.[6] 이러한 조치에 따라 인장을 제작한 사실이 있었다. 1757년(영조 33) 전라도 흥덕에 살던 황윤석은 흥덕현감으로부터 문서함에서 발견한 인장의 인문 판독을 요청받고 '조선통폐지인'이라는 사실을 확인했다. 그리고 내력을 연구하여 「흥덕현고인설」을 남겼다. 황윤석의 이해는 다음과 같았다.

> 조정에서 '조선통폐지인'을 만들어 '조선통보'를 대신하게 했는데 각 고을의 곡물과 포를 화폐로 사용하는 문서에는 이것으로 증명하는 표시로 삼은 것이 이 인장의 쓰임새였을 것이다. 그러다 '상평통보'를 사용하면서 사용하지 않아 보관해 두고…[7]

황윤석은 조선 초기의 '조선통보'의 '전문錢文'이 통용화폐의 기능을 보장한다고 판단하고 이를 적용하여 포화에도 '인문印文'을 적용한 것이라는 판단을 내렸다. 그는 또한 '조선통폐지인'이 찍힌 1598~1599년(선조 32)의 입안과 첩정을 확인하였다. 이들 관문서는 전란이라는 혼란 중에 관인을 분실하였을 때 '조선통폐지인'을 관인으로 사용한 결과일 수 있다.[8] 또한 1635년(인조 13)~1776년(영조 52) 작성한 『금산직지사중기』에도 '조선통폐지인'을 사용하고 있어 사찰에서 인장으로 대용한 사실이 있다.[9] 이러한 내용은 조선

---

5 이정수, 「朝鮮 前期 綿織業의 발전과 社會經濟相의 변화」, 『문익점과 목면업의 역사적 조명』, 아세아문화사, 2003, 96~98쪽.

6 『世祖實錄』 卷21, 世潮 6年 8月 乙卯; 『世祖實錄』 卷23, 世潮 7年 2月 戊寅.

7 黃胤錫, 『頤齋亂藁』 1책, 韓國精神文化研究院, 1994, 191쪽(興德縣古印說).

8 정수환, 「頤齋 黃胤錫의 錢文에 대한 관심, 고증 그리고 실험분석」, 『전북사학』 51, 전북사학회, 2017, 88~89쪽. 1779년(정조 3) 충청도 목천현감 황윤석은 '朝鮮通幣之印' 날인 문서를 문서함에서 확인했다(黃胤錫, 『頤齋亂藁』 1책, 韓國精神文化研究院, 1994, 191쪽). 홍덕, 목천의 '朝鮮通幣之印' 사례는 지방 군현에서 인장을 제작하여 사용한 사실에 해당한다.

9 전영근, 「사찰 고문서의 종류와 直指寺 · 龍門寺 고문서의 사료적 가치」, 『古文書集成』 100 - 金泉 直指寺 · 禮泉 龍門寺篇, 한국학중앙연구원, 2011, 32~33쪽.

초기 '조선통폐지인'을 경외에 주조하여 포화에 답인을 함으로써 국폐 공인을 시도한 흔적을 엿볼 기회를 준다.

저화도 『경국대전』에 밝힌 국폐 중 하나이다. 저화는 세종 때부터 유통을 고려하면서 법전에 반영하고 사섬서가 주도하여 발행하였다. 그렇지만 시중의 유통은 확실하지 않다.[10] 그러다가 법전 시행 10년 남짓 만에 관청에서 속전으로 저화를 거부하고 면포만 접수한다거나 지방에서는 사용하지 않는 현상이 나타났다.[11] 급기야 1512년(중종 7) 저화의 유통을 폐지하였다는 호조판서의 언급이 있었다.[12] 이처럼 저화는 유통이 시도되었으나 실효는 없었으며, 16세기 초에 국폐 기능을 상실했다는 점을 확인할 수 있다.

조선전기 매매에 미, 면포, 저화를 사용한 흔적은 토지와 노비 매매명문에서 확인할 수 있다.

- 1539년 기해, 3월 11일 유학 이희안께 명문을 하는것은 이 몸이 가난하기 때문이다. 죽은 아내가 물려받아 아들 우필의 이름으로 올린 북동들의 11부 2속인 논을 목 90필로 값을 쳐서 밭벼 4승과 5승목 10필로 바꾸어 계산하여 받는다.[13]
- 1543년 계묘, 4월 28일 세상을 떠난 월성군의 부인 최씨께 명문을 한다. 명문을 하는 것은 이 몸이 가난하기 때문이며, 부모로부터 물려받은 여자 종 돌비의 첫 번째 자식으로 병자생, 28세인 여자 종 종지를 저화 4천장으로 쳐서 상목 3동의 값으로 계산해서 받는다.[14]

1539년(중종 34)의 토지매매명문은 경상도 안동의 이희안(1511~1563)이 전사정前司正 우말동으로부터 논을 사면서 받은 것이다. 이 사례는 매매에서 가격은 목, 즉 면포로

---

10 『世宗實錄』 卷110, 世宗 27年 10月 壬子; 『成宗實錄』 卷226, 成宗 20年 3月 乙亥.
11 『成宗實錄』 卷271, 成宗 23年 11月 甲戌.
12 『中宗實錄』 卷15, 中宗 7年 正月 丙寅.
13 韓國精神文化研究院, 『古文書集成』 41 - 安東 周村 眞城李氏篇(I), 1999, 518쪽(土地賣買明文2).
14 韓國精神文化研究院, 『古文書集成』 32 - 慶州 慶州孫氏篇, 1997, 271~272쪽(立案(粘連) 6).

산정하되 값은 미와 목으로 치르고 있어, 법전 규정이 실제 매매와 들어맞는 사실에 해당한다. 국폐로 면포를 인정하고 있으므로 매매명문의 결재수단으로 이를 지킨 것이다. 그리고 두 번째 노비매매명문은 비슷한 시기 1543년(중종 38) 작성한 것이다. 경상도 경주의 손중돈(1463~1529)의 처 화순최씨는 향리의 처 철비에게서 28세의 비 1구를 사면서 저화로 매매가를 적었다. 매매가는 법전에 저화를 사용하도록 했던 내용과 더불어 16~50세 노비 매매가를 저화 4천장으로 정하고 있었기에 이를 따른 결과였다.[15] 저화는 일상에 통용하는 화폐가 아니었음에도 명문에 이와 같이 기록한 까닭은 법전의 규정을 준수하여 동산으로 도망우려가 있는 노비에 대해 관청으로부터 입안을 발급받을 필요성을 대비한 결과였다. 이 노비 매매명문은 경주부에서 발급한 매매 사급입안에 점련을 한 것이다.

조선 초기 국폐로서 전문, 즉 동전을 고려하고 있었다. 조선 건국 후 국가의 정통성과 통화 관리를 위해 국폐를 국가에서 관리하는 노력은 '조선통폐지인'을 답인 한 면포 혹은 저화 발행으로 돌아갔지만, 이 과정에서 전문 유통 시도가 있었다. 1415년(태종 15)부터 동전과 저화를 함께 유통하는 방향을 찾아보기도 하였는데, 이것은 저화의 유통을 보조하는 방안 중의 하나였다.[16] 세종 때는 동전의 유통을 좀 더 깊게 살펴보았는데, 호조에서 마련한 방안은 다음과 같았다.

> 당나라의 개원통보를 살펴서 10전으로 1냥의 무게로 하고 전문은 '조선통보(朝鮮通寶)'로 합니다. 사섬서가 관리하여 동 한 근을 가져온 사람에게 전 160문을 주도록 합니다. 사사로이 주조하면 대명률에 따라 처분합니다.[17]

전문의 주조와 관리를 당나라와 명나라의 제도를 가져왔다. 전문은 '조선통보'로 정하

---

15 『經國大典』, 「刑典」, 私賤. 15세 이하이거나 51살 이상은 저화 3천장이다.

16 『太宗實錄』 卷29, 太宗 15年 6月 丙子. 田壽炳, 「朝鮮太宗代의 貨幣政策」, 『韓國史硏究』 40, 韓國史硏究會, 1983, 37~38쪽.

17 『世宗實錄』 卷21, 世宗 5年 9月 甲午.

여 개국의 의미와 국가의 권위를 드러내면서 가치는 주전원료의 무게를 적용한 칭량화폐로 시장의 신임을 기대했다. 전문 발행은 호조와 사섬서가 책임지면서 '주전사목'을 마련하기에 이르렀다.[18] 전문과 저화를 함께 유통하기 위한 노력은 동전의 위조와 함께 가뭄으로 인한 기근으로 실현하지 못하였다.[19] 주조와 유통 시도를 중단하면서 동전은 국폐에서 제외되었다.

조선전기에 이어 후기의 화폐 정책 내용과 매매명문의 사례를 살펴본다. 조선 초기의 국폐제도 중 전문은 제도와 시장 및 일상생활과의 거리로 인해 현실성이 높지 않아 혼란이 있었다. 그리고 국가 정책과 시장환경이 바뀌면서 변화를 맞이했다. 전문은 두 번의 전쟁 이후 지속한 조정의 주조와 유통 노력의 결실로 1678년(숙종 4) '상평통보' 동전으로 시장에 유통되었다.[20] 동전 유통을 시도하는 정책은 시장과 개인의 경제생활과 영향을 주고받고 있었다.

조선 정부는 임진전쟁으로 명을 통해 은이 들어오면서 은전에 대한 경험으로 전문의 유통 필요성을 고려하게 되었다. 명은 16세기부터 스페인 은화의 영향으로 은을 통용하고 있었다.[21] 전쟁 당시 명은 국내 내란에 200만 냥의 은을 지출한 데 비해 조선에서 800만 냥 이상의 은을 사용하면서 조선의 통화정책에 큰 영향을 끼쳤다.[22] 명은 주둔지를 중심으로 은을 유통하고 조선에서 은광을 개발하는 노력을 기울이면서 한편으로는 은전 혹은 전문의 유통을 제안하기도 했다.[23] 그러나 전쟁 중에 정책적 집중이 안 되고 주전원료와 장인의 수급이 어려운 현실적 이유로 실행에 옮길 수 없었다. 게다가 당시 동전 이용에 있어 중국과는 풍습이 다른 이유가 작동하여 실현되지 않았다.

---

18 『世宗實錄』 卷23, 世宗 6年 2月 壬戌. 鑄錢事目은 주전 원료 확보와 주전 기술자의 관리 그리고 주전 감독 내용을 담고 있다.

19 權仁赫, 「世宗代의 銅錢流通策」, 『제주대학교 논문집』 19, 제주대학교, 1984, 189~190쪽.

20 정수환, 『조선후기 화폐유통과 경제생활』, 景仁文化社, 2013, 94~111쪽.

21 하오예핑 지음, 정화승 옮김, 『중국의 상업 혁명』, 소나무, 2001, 51~52쪽.

22 崔韶子, 「明末 中國的 世界秩序의 變化 - 壬辰 · 丁酉倭禍 中心으로」, 『明末 · 淸初社會의 照明』, 한울아카데미, 1990, 221~222쪽.

23 정수환, 앞의 책, 2013, 22~24쪽.

17세기 전반 조선 정부는 전문 유통을 위한 노력을 계속했다. 임진전쟁 수습과 북방 외적의 침입을 대비하고 기근을 해결할 수 있다는 표면적 이유를 내세웠다. 전문 유통에 대한 선조와 인조 때 호조가 제시한 의견은 행전에 대한 시각을 잘 담고 있다.

· 먹고 입지 않는 것으로 화폐를 널리 쓰면 화폐가 국가와 개인에게 모두 쌓일 것입니다. 그리고 쌀과 면포는 사람들이 먹고 입는 데에만 쓸 것입니다. 그러니 주전을 하는 것이 나라를 부유하게 하는 가장 좋은 일입니다.[24]

· 어리석은 백성들이 전문이 어떤 물건인지 어떻게 쓰는지를 몰라 입지도 먹지도 못하는 것으로 여기고 꺼립니다. 또 처음에는 저장한 것이 없어서 가사와 토지, 노비 그리고 우마를 사는데 쓰기 부족합니다. 꼭 먼저 술과 음식을 사고파는 법을 만들어서…[25]

첫 번째 인용문은 1603년(선조 36)에 전문으로 동전 유통을 논의한 내용이다. 호조는 전쟁 이후 국가 재원이 부족하여 군비 지출과 대외 비용을 마련하지 못하는 상황에서 동전을 주조하여 '무'에서 '유'를 만들려 했다. 먹고 입는 쌀과 면포를 화폐로 사용하는 현실을 고려했을 때, 전문으로 이를 대체한다면 사람들의 삶도 좋아질 수 있다는 명분도 있었다. 선조 때 '주전사목'을 마련하고 동전 확보를 시도하였으나 원료의 부족 등으로 충분한 규모를 갖추지 못하면서 행전에 이르지 못했다.

두 번째 인용문은 1626년(인조 4) '행전사목'을 마련하기에 앞서 시장의 환경을 분석한 것이다. 쌀과 면포가 지니는 먹고 입는 가치로 화폐 기능이 작동하던 현실에서 동전 유통이 쉽지 않은 점을 밝히고 있다. 토지매매 등 고액 매매에도 이들을 사용하는 풍습이 굳은 까닭에 동전 유통을 위해서는 동전 사용 습관을 높일 필요성을 강조하고 있다. '행전사목'에는 점포를 설치하거나 관리 녹봉의 일부를 지급하는 등의 방안을 담아 국가의 태환 의지도 보였다. 그러나 정묘년 전쟁으로 실현하지는 못했다.[26] 인조의 행전 노력

---

24 『宣祖實錄』 162卷, 宣祖 36年 5月 戊寅.
25 『仁祖實錄』 13卷, 仁祖 4年 閏6月 戊午.

은 1633년(인조 11)에도 이어져 이전 행전사목을 계승하면서 전문과 미포에 대한 환전가 책정, 전문으로 세금을 거두는 내용을 포함하는 사목 마련으로 이어졌다.

인조 때 행전 노력과 적용은 과거를 통한 문답 그리고 일기 기록에서 드러난다. 1633년 인조가 시도했던 행전책이 있었다. 이와 관련하여 오달제(1609~1637)의 과거 시권과 조극선(1595~1658)의 일기에 당시 행전에 대한 인식을 확인할 수 있다.

· 법은 좋은데 사람들이 따르려 하지 않습니다. (가운데 줄임) 보고 듣고는 낯설어 놀라면서 의심하면서 지금의 풍속과 맞지 않다고 서로 헐뜯고 있습니다. (가운데 줄임) 동전을 시장에 가져가면 사람들이 고개를 젓고 화폐로 쓰려면 모두 비웃습니다.[27]

· 석전(錫錢)과 동전(銅錢)각 10문씩을 가지고 있어 (가운데 줄임) 나는 내키지 않았지만 생각하니 정신없는 도성 안과 달리 점포에는 사람이 없어 조용하고 전문을 사용하는 조정의 정책이기에 시험 삼아 어떤지 살피려고 들어가 보았다.[28]

인조조 행전책은 1623~1627년(인조 5) 1차에 이어 1633~1636년(인조 14)의 2차가 시도가 있었다. 그러나 전쟁으로 인해 완성하지는 못했다.[29] 첫째 인용문은 1633년 8월 오달제가 식년 문과 초시에 작성한 책문으로 같은 해 11월 행전 돌입에 앞서 제출한 것이다. 인조는 책문에서 주전 관청을 정하고 점포를 설치하여 동전 유통을 시도하는데도 풍속이 낯설다는 지적이 있는 내용에 대한 해석을 요구했다. 오달제는 동전 유통의 필요성은 지식인으로서 인정을 하지만 일반 사람들의 일상에서 봤을 때는 낯설어하는 실상을 밝혔다. 그는 국가와 왕실의 이익을 앞세우지 말고 동전의 태환 기능 강화로 시장의 신용을 확보하여야 한다고 주장했다. 그리고 이를 뒷받침할 관리를 임명하여야 한다는 다소 원칙적인 해법을 제시했다.[30] 여기서 오달제는 행전의 어려움은 '풍속'에 맞지 않는 이질

---

26 정수환, 「仁祖朝 鑄錢基盤의 形成과 行錢試圖」, 『淸溪史學』 20, 청계사학회, 2006, 138~139쪽.

27 吳達濟, 『忠烈公遺稿』, 「對策, 錢」.

28 趙克善, 『冶谷日錄』 第6, 甲戌 12月 初1日.

29 정수환, 앞의 책, 2013, 93쪽.

감이라고 지적했다.

조극선은 일기에 행전책을 경험한 내용을 적었는데, 내용에서 오달제가 언급했던 '풍속'의 한 모습을 엿볼 수 있다. 둘째 인용문은 1634년(인조 12) 12월 녹봉으로 받은 전문을 이용해 술과 음식을 파는 점포에서 매매 경험이다. 일기에는 백미, 미 그리고 석전과 동전으로 받은 녹봉을 기록했다.[31] 조극선은 녹봉을 이용하여 그해 겨울 서울에서 행전법에 따라 설치한 점포에 들러 술을 사서 마셨는데, 이는 평소 소주를 사서 집에서 마신 내용과는 달랐다.[32] 그렇기에 일기에 사람이 붐비는 데서 술을 사고 마시는 행위에 대한 망설임과 두려움을 적었다. 무엇보다 성리학자로서 욕심을 절제해야 하는 마음에서도 거부감이 들었다는 이야기였다.[33] 이는 행전 여론을 주도하던 사대부가 '풍속'과 맞지 않다고 주장하는 이유 중 하나였다.

17세기 전반 인조의 거듭한 동전 유통 노력은 전란이라는 바깥의 요인으로 중단되었다. 그렇지만 행전을 위한 주전과 시장 시험의 경험은 17세기 중엽 효종으로 이어졌다. 효종은 김육(1580~1658)과 함께 10년을 기약한 동전 유통책을 실시하면서 서로西路 및 기전 지역에서 효과를 확인했다. 그렇지만 주전량 부족으로 전국 행전에 이르지는 못했다고 파악했다.[34] 인조와 효종에 이은 주전과 행전을 향한 정책과 실험 그리고 축적한 주전 규모가 모두 모여서 숙종 때 '상평통보'로 전국 규모의 동전 유통에 이를 수 있었다. 전문으로서 동전은 국가의 주조와 유통 노력 그리고 시장의 수용에 따라 1746년(영조 22) 『속대전』에 국폐로 실렸다.[35] 일상생활이 완전한 동전 우위로 전환한 결과이기도 했다.

---

30 정수환, 「인조조 과거를 통한 行錢 문답과 行錢策 - 인조 11년(1633) 策文과 對策 분석」, 『동양고전연구』 64, 동양고전학회, 2016, 189쪽.

31 녹봉은 백미 5석과 대두 1석을 대신한 미 1석 그리고 錫錢과 銅錢 모두 30문이었으며, 作錢價는 석전 1문에 미 1승이고 동전은 2문이 미 1승이었다(趙克善, 『冶谷日錄』 第6, 甲戌 2月 15日).

32 정수환, 「17세기 전반 趙克善의 賣買기록과 用錢경험 - 조극선의 ≪인재일록≫과 ≪야곡일록≫ 분석」, 『朝鮮時代史學報』 80, 朝鮮時代史學會, 2017, 165~166쪽.

33 조극선은 다음날 일기에 "우리나라 풍속[俗]에 술은 꼭 사 와서 마시는데, 요즘은 꼭 돈을 모아서 술잔치를 여니 너무 나쁘다."라고 적었다(趙克善, 『冶谷日錄』 第6, 甲戌 12月 2日).

34 정수환, 「孝宗朝 行錢事目과 行錢策, 성과와 한계」, 『동양고전연구』 73, 동양고전학회, 2018, 180쪽.

35 『續大典』, 「戶典」, 國幣.

17세기 말 행전 이후 동전을 이용한 토지매매의 사례를 명문에서 확인할 수 있다. 토지와 같은 고액 거래에서 조租와 면포를 이용한 매매도 빈번하지만, 은자와 전문을 이용한 토지매매명문이 나타나기 시작했다.

· 1676년 병자, 2월 9일 전 현령 임식께 하는 명문이다. 이 명문은 쓸데가 있어서 하는 것이다. 남편이 매득하여 내가 받아서 아주 오랫동안 갈아 먹던 (가운데 줄임) 정은자(正銀子) 10냥 값을 쳐서 받고 본문기와 함께 영원히 팔아 버린다.[36]

· 1686년 병인, 7월 23일 유학 심성께 하는 명문이다. 이 명문은 지난 4월 슬프게도 아들의 초상을 당했을 뿐 아니라 매장을 생각하면 관판(棺板)과 필요한 물종을 마련할 길이 없기 때문이다. 조상에서 물려받아 오랜 밭 8복 4속에서 북쪽의 5복을 관 1부와 전문 5냥 5전으로 값을 쳐서 바꾸어 받는다.[37]

이들 문서는 충청도 아산의 장흥임씨가에 남아 있는 토지매매명문이다. 이 가문은 18세기 후반 아산에 정착하였고 그에 앞서 17세기에는 경기 양주와 광주에서 세거하고 있었다.[38] 따라서 이들 매매는 경기가 지역 배경이다. 1676년(숙종 2) 현감을 지낸 임식은 정씨부인으로부터 밭을 정은자 10냥으로 샀다.[39] 정씨부인은 그녀의 남편이 매득해서 그녀에게 물려준 광주에 있는 밭을 판 것이었다. 이 매매는 행전 이전에 이루어졌다. 그리고 행전 직후라고 볼 수 있는 1686년(숙종 12)의 매매명문은 유학 심성이 유학 정상경으로부터 밭을 사면서 작성한 것이다. 정상경은 아들의 장례를 위한 관판과 다른 비용 마련을 위해 조상으로부터 분재 받은 밭을 전문, 바로 동전 5냥 5전의 값으로 방매했다. 17세기 행전을 앞뒤로 하는 시기의 이들 토지매매명문은 은자의 화폐기능과 동전 유통

---

36 韓國學中央硏究院, 『古文書集成』 89 - 牙山 船橋 長興任氏篇, 2008, 175쪽.

37 韓國學中央硏究院, 앞의 책, 2008, 179쪽.

38 허원영, 「아산 선교(船橋) 장흥임씨가의 가계와 고문서」, 『古文書集成』 89 - 牙山 船橋 長興任氏篇, 韓國學中央硏究院. 2008, 39쪽.

39 『續大典』에는 국폐로 동전과 함께 常木, 丁銀도 기록하면서 新舊銀을 모두 사용할 수 있게 하였다(『續大典』, 「戶典」, 國幣).

정책의 작동을 보여주는 결과이다.

통용화폐가 변화하는 17세기 이후 토지매매명문의 결재수단 변화를 추적한다. 17세기를 전후한 시기, 개인 일상생활에는 여러 물건을 결재수단으로 사용하였는데 비교적 고액 거래인 토지매매도 크게 다르지 않았다. 다만, 1680년대 토지매매에 경기, 전라, 경상 지역에서 은자를 이용한 사례가 여러 차례 있으며, 1690년을 즈음하여서는 전국적으로 동전을 이용하는 흐름이 있다. 행전 초기에 상평통보는 시탄, 채소 등 소액거래에 사용되었지만, 17세기 말 일부 사례 외에는 점차 토지와 노비 같은 고가품 거래에도 동전을 사용했다.[40] 고액거래 결재수단이던 은자는 동전 유통으로 결재 화폐의 지위를 동전에 물려 주었다. 1678년(숙종 4)의 동전 유통이 있고 1746년(영조 22) 『속대전』에 동전을 국폐로 포함하기까지 70년 정도 시간이 흘렀다. 이 즈음한 시기에 해당하는 17~18세기에 토지매매에는 어떤 결재수단을 이용했는지 좀 더 살펴본다.

매매명문에 나타난 여러 결재수단을 정리하고, 이어서 토지매매에 이용한 화폐의 흐름을 하나씩 찾는다. 매매명문 중 가사, 노비 그리고 토지를 계량적으로 확인하여 면포와 곡물을 이용한 매매를 연구한 성과를 도움받을 수 있다.[41] 매매명문에 기록하고 있는 매매수단으로서 면포가 가장 많은 사례를 차지한다. 면포는 목면, 정목, 상목으로 표기한 사례 또한 아주 많다. '목면'은 문서에 '목'이나 '목필'로도 나타나며, 정목은 '정목면'이나 '목면 정목' 등, 그리고 상목은 '시용 상목', '상목'과 같다. 이들 사례는 품질을 알리고 있겠으나, 대체로 5승목 35척을 가리킨다고 볼 수 있겠다. 또 명문에 '5승목'으로 '정5승목면'이나 '목면 5승목'으로도 기재한 사례는 정목 등과 같이 분류할 수 있다.

목면, 즉 면포의 승수를 밝힌 매매명문이 있다. 4승목에서 8승 목면에 이르기까지 여러 가지이다. 이들 중 5승에 이르지 못하는 4승목 혹은 4~5승목으로 기재한 목면을 추포로 고려할 수 있다. 조선 초기 면포를 전면 유통한 15세기부터 16세기까지 추포는 5승 35척 기준에 미치지 못하는, 즉 승수 혹은 길이를 줄인 것으로 '악포'로도 불렸다.

---

40 李憲昶, 「1678~1865년간 貨幣量과 貨幣價値의 推移」, 『經濟史學』 27, 經濟史學會, 1999, 27~28쪽.
41 정수환, 앞의 책, 2013, 202~209쪽.

승수는 2~4승까지 여러 오르내림이 있었다.[42] 16세기 추포가 일상생활의 결재수단으로 작동한 것은 흉년으로 인한 곡물 수급 불안으로 소액거래의 제약을 맞이했기 때문이었다.[43] 이런 영향으로 16세기 토지매매명문에는 면포를 위주로 하면서 미, 태, 조, 피모, 조 같은 곡물과 함께 소와 말 등 다양한 지불수단을 적고 있다.[44] 효종조 행전을 준비하면서 조정은 시장에서 1~2승 면포까지 등장하자 이들을 조악한 면포인 추포로 지목하고 국폐 유통을 교란 한다는 이유로 1650년(효종 1) '추포금단' 조치를 내렸다.[45] 오희문(1539~1613)은 임진전쟁 기간 전라, 충청, 강원을 옮겨 다니면서 가까운 장시에서 일상생활용품을 구매하면서 추포를 이용하였다.[46] 그렇지만 이는 전쟁 때문에 일시 나타난 현상으로 미가 나중에 역할을 대신했다. 그래서 옷감 기능이 없는 조악한 추포는 16~17세기 물품화폐로 소액거래에 주로 이용되었고 그마저도 1650년 즈음에는 화폐로서의 한계가 분명해졌다.[47] 4승목 내외의 목면은 이처럼 일시적으로 화폐기능을 수행하다 사라졌다.

매매명문에 기재한 면포의 품질로는 5승목 이상도 있다. 5~6승목, 6승목, 6~7승목, 7승목 그리고 7~8승목이 해당한다. 이러한 목면의 승수에 따른 품질 표기는 일상생활에서도 익숙한 것이었다. 일상을 그대로 반영한 언간에 기록으로 남은 목면을 분석한 결과를 참고할 수 있다. 면포는 '무면', '목면', '목' 등 여러 기록으로 등장하는데, '무명'은 단일어 혹은 합성어로 나타나지만 '목'은 단어 형성에만 참여하면서 품질이나 산지 그리고 가공 방법을 설명한다.[48] 매매명문에서도 6~7승 세목이나 세목과 같은 표현이 나타나

---

42 朴平植, 「朝鮮前期의 麤布流通과 貨幣經濟」, 『歷史學報』 234, 歷史學會, 2017, 115~116쪽.

43 兪眖在, 「16세기 麤布 유통과 그 성격」, 『韓國史論』 52, 서울大學校 國史學科, 2006, 97~98쪽.

44 김소은, 「16세기 매매관행과 문서양식」, 『16세기 한국 고문서 연구』, 아카넷, 2004, 305쪽.

45 정수환, 앞의 글, 2018, 159~160쪽.

46 李正守, 「16세기 중반~18세기 초의 貨幣流通 실태 - 生活日記類와 田畓賣買明文을 중심으로」, 『朝鮮時代史學報』 32, 朝鮮時代史學會, 2004, 108~109쪽.

47 李憲昶, 앞의 글, 1999, 23~24쪽

48 조정아, 「언간 자료의 직물명(織物名)에 대한 연구」, 『영주어문』 33, 영주어문학회, 2016, 53~54쪽. 품질에 따른 명칭은 '셰목(細木), 상셰목(上細木), 중셰목(中細木), ᄒᆞ셰목(下細木), 듕목(中木), 털목, 육승목, 삼승이 무명' 등의 사례가 있다.

고 있어 승수가 높은 면포에 대한 구별을 보여준다. 1547년(명종 2) 경주에 사는 손광서(?~1556)가 토지를 사면서 작성한 매매명문에는 세목을 결재수단으로 적고 있다.

> 1547년 정미 8월 29일 충의위 손광서께 하는 명문입니다. 이 명문은 이 몸이 가난하기도 하고 어머니가 같은 아우로 봉족(奉足)인 승려 천옥이 (가운데 줄임) 홀로 정병(正兵)의 정군이 준비해야 할 군기와 군마를 준비할 길이 없어서(가운데 줄임) 논 7두 5승락지를 이 집에 면포 3동 25필의 값으로 9승 세목 3필과 상목 1동 25필로 쳐서 받고 영영 다 팝니다.[49]

정병 이반은 자신과 봉족인 동생의 군역을 감당할 수 없는 상황에도 역 수행에 필요한 군기와 군마 준비를 위해 논을 팔았다. 이 토지매매에서 손광서와 이반은 면포로 값을 계산하고 9승 세목과 상목을 결재수단으로 이용하고 있다. 토지매매에서 면포는 정목과 상목을 중심으로 하면서도 여러 품질을 적용하여 결재수단으로 적용되었다.

토지매매명문에는 면포와 함께 여러 곡물도 가격과 결재수단으로 밝히고 있다. 곡물에는 조租, 미, 보리, 콩 등이 대표적인데, 조의 경우 정조, 황조로 적고 있다. 조와 달리 미는 백미와 함께 기재하고 있어 가공의 차이를 담았다. 모牟는 보리로 겉보리, 밭보리 등 이었다. 콩도 황두와 말먹이 콩이 있었다. 전근대 사회에서 잦은 흉년으로 식량 부족이 만연하였기에 조와 쌀보다는 면포가 토지매매에 화폐로 이용되었다. 한편, 곡물은 종류와 가공에 따른 구분과 함께 납세의 기능에 따른 명칭도 나타난다.

> 1636년 병자, 3월 25일 윤지평댁 노 대길이에게 하는 명문이다. 이 명문을 하는 것은 가난해서 부모에게서 몫으로 받아서 갈아먹다가 (가운데 줄임) 값을 진중조(陣中租) 17석으로 쳐서 바꾸어 받고…[50]

---

49 韓國精神文化硏究院, 『古文書集成』 32 - 慶州 慶州孫氏篇, 1997, 454쪽.

50 韓國精神文化硏究院, 『古文書集成』 3 - 海南尹氏篇 正書本, 1986, 228쪽.

지평 윤두서는 유학 최후장에게 진중조 17섬을 주고 논 6마지기를 사는 명문을 작성했다. 1636년(인조 14) 3월 전라도 해남에서 있었던 토지매매였다. 이 시기 진중조는 조선과 청의 긴장이 고조하면서 병자전쟁 전에 전국에서 군량과 재원을 마련하기 위한 명목으로 거둔 것이었다.[51] 곡물은 종류와 가공에 따라 구분하여 사용하면서도 국가의 통제를 반영한 명칭도 나타났다. 대표적으로 가치를 보장하는 진중조도 거래 수단으로서 자리를 잡고 있었다.

토지매매에서 화폐기능을 수행한 면포, 곡물, 동전 등을 대상으로 결재수단의 시기별 변화를 살펴본다. 17~18세기 논밭과 집터 등을 매매 한 토지매매명문 1,714건을 대상으로 추적한 성과를 참고한다.[52] 면포를 이용한 매매 사례가 있는 매매명문의 경우 목면과 정목으로 표기한 경우가 전체의 67%를 차지하고 있다. 그렇지만 승품을 표기한 사례를 따로 본다면, 17세기 전반은 5승 이상, 17세기 중엽은 5승 미만의 면포를 그리고 17세기 후반에 다시 5승을 초과한 면포를 결재수단으로 기재하고 있다. 이런 경향은 17세기 중엽 효종조 추포금단 조치가 있었던 사실과 관련하여 전문 유통을 전후한 시장의 현상을 반영하고 있다.

곡물을 이용한 매매는 다른 점이 있다. 17세기 중엽까지 유의미한 사례를 확인하기 어렵지만, 1670년대와 1700년대까지 급증하는 모습을 보인다. 이 부분과 관련하여 1670~1671년(현종 12)의 경신대기근과 1695~1699년(숙종 25)의 을병대기근을 생각해 볼 필요가 있다. 생존을 위해 식량이 필요한 상황에서 입는 면포보다 먹는 곡물을 이용한 매매의 필요성과 수요가 아주 높아졌기 때문이었다.

토지매매에서 동전을 이용한 경향은 행전의 영향이 직접적으로 작용한 사실을 보여준다. 1678년(숙종 4) 상평통보의 주조와 유통이 있었던 직후브터 전문 이용 사례가 나타났으며, 그로부터 10년 사이에 전체 재매 사례 중 6.6%를 차지할 정도로 높아졌다. 그러다

51 1621년(광해군 13)~1632년(인조 10) 사이 사대부도 '西戎軍'편재에 민감하게 반응하며 혼란스러워 했다(趙克善, 『忍齋日錄』 第4, 辛酉 秋8月 7日; 『冶谷日錄』 第5, 壬申 9月 14日).

52 정수환, 「17세기 화폐유통과 전답매매양상의 변화 - 賣買明文에 대한 분석을 중심으로」, 『藏書閣』 23, 한국학중앙연구원, 2010, 156~162쪽.

가 17세기 말에는 48.5%로 전체 토지매매의 절반을 동전으로 결재하였으며, 18세기 전반에는 83.1%를 차지하면서 동전이 주도적인 결재수단으로 자리매김하였다.

면포, 곡물 그리고 전문을 대상으로 17~18세기 동안 매매에 있어 결재수단의 변화 모습을 가늠할 수 있다. 17세기 중엽까지는 면포가 전체 토지매매에서 70% 이상에서 90%까지 점하고 있었으나, 17세기 후반 대기근 국면에서는 현실적인 필요에서 곡물로 결재하는 사례가 급증하였다. 그리고 18세기부터는 전문을 이용한 매매가 점증하여 18세기 초반에 이미 전체 매매의 83%를 차지했다.[53] 생필품과 비교하여 비교적 고액 거래인 토지매매의 경우로 한정했을 때, 입는 면포와 먹는 곡물을 화폐로 사용하는 환경에서도 17세기까지는 대체로 생존에 필요한 곡물이 중요한 결재수단이었다. 18세기부터 행전이 정착하면서 동전이 토지매매에 이용하는 중요 화폐의 지위를 차지했다.

동전을 이용한 매매의 경우 명문에 결재수단을 '전문'으로 대부분 적고 있다. 전문을 다른 표현으로 적은 사례를 통해 토지매매에 사용하는 동전의 성격과 내용을 살필 수 있다.

· 1709년 기축, 5월 5일 김대백께 하는 명문이다. 이 명문은 내가 가난하여 아버지가 사서 갈아먹다가 몫으로 받아 갈아 먹는 (가운데 줄임) 값을 시용전문(時用錢文) 40냥을 수대로 바꾸어 받는다.[54]

· 1717년 정유, 9월 25일 이생원댁 노 동건께 하는 명문이다. 이 명문은 상전이 사서 갈아먹다가 풍덕의 동면에 있는 (가운데 줄임) 값은 경전문(京錢文) 30냥으로 상의하여 정하고 바꾸어 받는다.[55]

---

53 전답 매매명문에 기록한 화폐사용 시기에 대해서는 1591~1679년에는 면포, 1680~1694년 미보다 면포, 1695~1706년은 미가 주도하는 3시기로 구분하기도 했다(이정수 · 김희호, 『조선의 화폐와 화폐량』, 경북대학교 출판부, 2006, 125~126쪽).

54 서울대학교 규장각한국학연구원 규장각 원문검색서비스 https://kyudb.snu.ac.kr/book/text.do(2024년 9월 16일 현재).

55 국사편찬위원회 전자도서관 https://library.history.go.kr/DG_viewer/viewer/document/docviewer.do?filekey=94660(2024년 9월 16일 현재).

1709년(숙종 35) 김대백이 상중에 있는 김두영으로부터 2마지기 논을 사면서 작성한 매매명문에는 토지의 매매가를 '시용전문'으로 적고 있다. '시용전문'은 현재 통용하고 있는 상평통보를 가리키고 있다. 숙종 이전 인조와 효종조에 조선통보와 십전통보 등을 주조하여 유통하고 있었으며, 상평통보 행전을 단행할 때도 이들 구전의 사용을 전제하고 있었다. 그래서 김두영은 결재수단을 현재 유통하고 있는 상평통보로 밝혀 가치를 보존하려고 했다. 또한, 1717년(숙종 43) 이생원이 유생원으로부터 경기도 풍덕군의 밭을 사는 매매명문에서도 '경전문'을 결재수단으로 적고 있다. 이 또한 상평통보 유통 당시 호조를 중심으로 중앙 각사와 지방의 감영에서 동시에 주전을 실시하여 동전을 공급했다. 그렇기에 주전 관서에 따른 전품, 즉 동전 품질의 차이가 생기고 있었다. 따라서 유생원은 자기의 밭을 팔면서 중앙관사에서 주전하였거나 서울에서 통용하고 있는 품질이 우수한 동전인 '경전문'을 결재수단으로 요구하였다.

토지를 거래한 토지매매명문은 여러 유통화폐의 내용을 담고 있다. 조선은 면포와 저화 그리고 전문 등으로 국폐를 제도화하면서 곡물과 은자 등도 함께 쓰게 했다. 국가의 제도는 매매명문에 반영되기도 하였는데, 이것은 토지를 둘러싼 분쟁이 발생하였을 때 국가로부터 입안 등을 통해 보증을 받기 위한 대비의 일환이었다. 한편으로는 저화 사례에서 보듯이 현실에서는 곡물, 면포를 비롯한 각종 물종이 매매에서 결재수단으로 동원되고 있어 제도와 현실의 차이를 드러내기도 한다. 그리고 17세기 말부터 동전의 유통되면서 토지매매에도 다른 화폐보다 동전, 즉 전문이 결정적인 결재수단으로 이용되었다.

2. 매매, 화폐 그리고 경제생활

조선 사회는 초기에 국가가 저화와 포화를 국폐로 정했음에도 현장에서는 곡물과 면포 등을 화폐로 이용하였고, 두 번의 전쟁 이후 전문 유통 노력에도 불구하고 여전히 관행의 변화가 없다가 18세기부터 동전을 주요 결재수단으로 이용했다. 이런 제도와 현실의 괴리는 매매명문에도 잘 반영하고 있다. 개인의 토지매매에 있어 유통화폐 이용의 실제와 더불어 상대적으로 소액거래에 해당하는 여러 일상 경제생활을 추적하여 묘사한다. 이를 위해 생활일기를 활용하여 17세기부터 조선 말까지의 화폐를 이용한 매매의 흐름을 살펴본다. 17세기 여러 화폐를 이용하다가 18세기부터 동전 중심의 생활로 전환하였기 때문이다. 17세기 전반 조극선(1595~1658)과 말의 박만정(1648~1717), 18세기 전반 권상일(1679~1759)과 후반의 황윤석(1729~1791) 그리고 19세기 중엽 이윤선(1826~?)의 일기를 하나씩 읽어본다.

17세기 전반의 경제생활은 조극선이 남긴 일기로 엿볼 수 있다.[56] 그는 일기를 쓰고 직접 『인재일록』(1609~1623)과 『야곡일록』(1624~1635)으로 이름을 지었다. 작성 기간은 15세에서 41세에 이르는 26년이다. 활동 공간은 고향 충청도 덕산, 예산을 중심으로 과거와 벼슬살이 등을 위해 다녔던 서울이었다.[57] 조극선이 기록한 일기에서 선물 수수와 매매 내용, 지방과 서울의 생활 차이 그리고 개인과 시장을 통한 매매의 내용을 추적한다.

조극선은 일기에 선물을 주고받는 자세에 대해 밝혔다. 일기의 범례에 적은 내용은 17세기 선물경제 체제에서 그의 경제생활에서 자세를 담고 있다.

> 사양해서 받거나 다른 사람에게 줄 때, 윗사람이면 '사(賜) · 급(給)'이라 하고 대등한 관계면 '궤(饋) · 유(遺) · 이(貽) · 치(致)'로 적는다. 아랫사람은 '헌(獻) · 진(進) · 납(納)'으로 밝힌다. (가운데 줄임) 남이 나에게 베푼 덕(德)이 있으면 잊으면 안 된다. 크고 작은 것을 가리지 말고 음식 같은 하찮은 것도 꼭 자세히 기록한다.[58]

---

56 조극선의 경제생활 부분은 정수환(앞의 글, 2017)을 살펴서 새롭게 썼다.

57 한양조씨는 조극선의 조부 조곤(1510~1575)부터 덕산현 대야곡에 세거했다(김학수, 「17세기 호서의 지성, 야곡 조극선」, 『韓國學資料叢書』 49 - 冶谷日錄 影印本1, 한국학중앙연구원 藏書閣, 한국학중앙연구원, 2012, 8쪽). 조극선은 빠뜨린 내용도 '追錄'으로 보완하여 일기 쓰기에 마음을 다했다(성봉현, 「조극선 일기의 자료적 성격과 의미」, 『韓國學資料叢書』 48 - 忍齋日錄 影印本, 한국학중앙연구원 藏書閣, 2012, 20~21쪽).

58 趙克善, 『冶谷日錄』 第1, 冶谷日錄凡例.

1624년(인조 2) 조극선이 30세에 학행으로 천거 받아 동몽교관으로 출사하는 그해를 기념하여 일기 앞에 쓴 글이다. 선물을 주고받은 내용을 일기에 구분하여 적는 기준을 스스로 정한 내용이다. '덕'이 상징하는 선물, 이 선물을 수수하는 사이의 관계를 분명히 하여 이른바 선물경제 사회에서의 생각과 생활 자세를 담고 있다.

17세기 전반은 선물관행이 남아 있었다. 16세기 관료의 사례이기는 하지만, 이문건(1494~1567), 유희춘(1513~1577), 오희문(1539~1613)의 일기에는 친인척은 물론 관료로부터 일상용품에서 사치품까지 다양하게 선물을 받았고 규모도 생활에 어려움이 없을 정도였던 내용이 있다.[59] 약재와 관련하여 볼 때, 16세기 후반까지는 관아에서 확보한 약재를 관직 · 혈연 · 친분 등을 통한 선물경제 체제를 유지하다가 18세기 후반 영업 의원이 등장하고 약재시장이 발달하며 시장경제 중심으로 전환하였다.[60] 조극선 일기의 2천여 건의 선물 내용을 분석한 결과 선물경제의 잔재와 시장으로의 전환이라는 과도기적 모습을 확인할 수 있다. 조극선은 인근에 거주하는 인척에게서 잦은 선물을 받았지만, 원거리 거주자에게는 대가성이 불분명한 간헐적 선물을 받았다.[61] 그리고 지인이나 하민, 관에서 받는 선물에 대해 그는 권력관계에서 발생한 것으로 인식하고 있었다.[62] 17세기 초반 선물경제 상황의 여진이 있는 사회에서 조극선은 받은 선물을 되갚기 위해서라도 일기를 꼼꼼히 적어야 했다.

조극선은 선물을 주고받는 일상과 함께 시장에서 사기도 했다. 그는 덕산 일대 장시를 방문해서 직접 필요한 것들을 매득했다. 1615년(광해군 7) 6월 23일 장시에서 면포 1필을 봄보리 15말로 바꾸었으며, 1624년 4월 1일에 매조미쌀 5되로 장시에서 생선을 샀다.

---

59 李成妊, 「16세기 양반사회의 "膳物經濟"」, 『韓國史硏究』 130, 韓國史硏究會, 2005, 76~77쪽.

60 신동원, 「조선후기 의약생활의 변화 : 선물경제에서 시장경제로 - ≪미암일기≫, ≪쇄미록≫, ≪이재난고≫, ≪흠영≫의 분석」, 『역사비평』 75, 역사비평사, 2006, 390쪽.

61 허원영, 「17세기 초 호서지역 양반사족 친족집단 내 膳物의 내용과 성격 - 趙克善의 ≪忍齋日錄≫을 중심으로」, 『서강인문논총』 51, 서강대학교 인문과학연구소, 2018, 370쪽.

62 허원영, 「趙克善의 ≪忍齋日錄≫을 통해 본 膳物의 내용과 성격 - 비혈연집단 및 官으로부터의 膳物을 중심으로」, 『역사문화연구』 66, 한국외국어대학교 역사문화연구소, 2018, 111~112쪽. 이런 배경에서 조극선 일기에 나타나는 선물 수수의 사례가 평 · 천민들에게 '선물경제'로 설명하기에 한계가 있다.

하지만, 사람을 통해 매매를 이루기도 했다.

· 매조미쌀 한 말을 장시에 보내면서 제장감관(諸場監官) 김경남에게 부탁해 청어 30마리와 낙지 10마리를 샀다.[63]

· 매조미쌀 한 말을 장시의 양수에게 줘서 면포 15척으로 바꾸고 남은 4되로 청어 20마리를 샀다.[64]

겨울, 장시의 관료나 상인에게 매조미쌀을 이용해 청어를 사거나, 곡물을 이용해 면포를 마련했다. 생선 외에도 1624년(인조 2) 11월 26일 면포 1필로 관료에게 부탁해서 이엄을 마련한 일도 있었다. 그리고 장시에서의 거래 외에도 행상과 접촉도 있었다. 1614년(광해군 6) 9월 7일 감장수를 만나 초립과 감 10첩을 바꾸기도 했다. 조극선은 시장이나 행상에게서 직접 음식물이나 생필품을 마련하기도 하고 곡물과 면포로 교환할 수 있었다.

시장이나 행상과의 매매나 교환과 달리 개인들 사이에 벌어진 일도 있었다. 곡물로 필요한 것을 주위에서 샀다. 1615년(광해군 7) 6월 27일 친구들과 보리 2되로 오리를 사서 먹고, 1622년(광해군 14) 7월 5일 또한 친구들과 수박을 샀다. 1619년(광해군 11) 11월 12일에는 『대학언해』를 백미 7되를 주고 승려에게 산 일도 있었다. 조극선과 주위 사람들은 매매에 곡물보다 면포를 주로 이용했다. 아버지는 1614년(광해군 6) 망아지를 살 때 주위 사람에게 면포 4필을 빌려 5필로 제주 망아지를 얻었다.[65] 이 과정에서 제주에 있는 인척의 도움을 받았다. 1618년(광해군 10) 3월 9일, 목면 5필로 소를 사고 도축하여 연회를 하기도 했다. 토지매매에도 결재수단은 면포 기준이었다.

---

63 趙克善, 『忍齋日錄』 第3, 己未 11月 28日.
64 趙克善, 『忍齋日錄』 第3, 己未 12月 23日.
65 趙克善, 『忍齋日錄』 第1, 甲寅 11月 12日.

원규선사가 면포 15필로 위선의 대지동 논을 사려고 와서 매득을 위한 명문(明文)을 구했다.[66]

원규선사는 1616년(광해군 8) 조극선의 부친이 주도하여 건립한 서당에서 일하는 여러 승려 가운데 한 명이었다. 그는 봄날 조극선의 집을 방문하여 그의 서아우 조위선에게 면포 15필로 논 가격을 흥정하여 매매명문 작성을 요청했다. 그는 1616년 조극선의 부친과 형제들이 서당을 건립할 때부터 함께한 승려였기에 조극선 집안의 토지현황과 경제적 사정을 잘 알고 있었다. 이런 내용에서 토지매매를 서로 이야기하기에 이르렀다.

조극선은 시장과 주위 사람들을 통해 필요한 물품들을 곡물과 면포를 이용하여 매매하고 있었다. 매매를 위해 매매수단, 특히 면포를 확보하고자 집에서 제작한 명주를 이용했다. 면포와 명주는 품질과 제작에서 차이가 있었다. 명주는 견직물이지만 면직물인 목면이나 면포로 불리기도 했는데, 이는 견방사로 짠 명주의 품질이 무명이나 목면과 유사했기 때문이었다.[67]

이달 초, 아내와 아이가 왔을 때 또 명주 27척을 화곡의 누이 집에 팔면서 먼저 정목 1필의 값을 받아 왔다. 그런데 장차 긴급히 쓸 곳이 있어 나는 마음이 불편하다.[68]

집에서 마련한 명주를 누이 집에 팔아 면포를 마련했다. 그의 마음이 불편한 것은 이를 바탕으로 곡물을 마련해야 했기 때문이었다. 명주를 이용해 면포와 함께 곡물을 바로 마련하기도 했다. 1619년 11월 17일 조극선은 명주 11척을 주위 사람에게 팔고 면포 4필과 함께 매조미쌀 한 말을 얻었다. 1623년(인조 1) 3월 4일 명주를 팔아 면포

66 趙克善, 『冶谷日錄』 第6, 甲戌 3月 29日.

67 조정아, 앞의 글, 2016, 70~71쪽. 紬는 면쥬 · 면듀 · 명지 · 명디 등으로 표기하고 있어 '명주'로 해석하여 다른 견직물과 구분해야 한다는 의견이 있다(김윤희, 「조선시대 견직물(絹織物) 용어 번역의 함의 연구」, 『청계사학』 28, 청계사학회, 2024, 300~301쪽).

68 趙克善, 『忍齋日錄』 第4, 庚申 5月 24日.

2필을 받거나, 다음 달 명주 26척을 쌀 25말과 바꾸기도 했다.[69]

면포와 곡물 등을 이용한 여러 매매활동은 지역적 차이가 크지 않았으며, 1623~1636년(인조 14) 일시적 동전 유통을 전후한 시기에도 그러했다. 1626년(인조 4) 서울에서 사환을 할 때 부족한 녹봉을 채우기 위해 자신이 받은 인정목人情木을 시장에 팔았다.[70] 1634년(인조 12) 서울에서 면포 1필로 과거 응시를 위한 강지講紙를 샀다.[71] 1635년(인조 13) 덕산에서 지인들과 미 7두를 갹출하여 송아지를 잡아 잔치를 하기도 했다.

조극선은 통상적인 선물과 함께 매매를 통해 필요한 물품을 마련했지만. 중요한 현실은 잦은 기근에 대응하기 위해 곡물을 확보하는 일이었다.

> · 면포 1필을 다른 곳에 팔면 단지 매조미쌀 3말 정도를 받을 수 있을 뿐인데, 올해 시세가 그렇다.[72]
>
> · 올해 기근은 전에 없던 것이다. 쌀 1석이 면포 6필의 값이다. 모두 가난을 걱정하고 굶어 죽는 사람이 많아 참상을 이루 말할 수 없다. 그렇지만 우리 집은 한자의 베도 팔지 않고도 연명할 수 있어서 다행이다.[73]

곡식을 마련하기 위해 면포를 준비하고 시장가에 관심을 기울이고 있었다. 조극선은 1615년(광해군 7) 7월 20일에는 가죽신을 친구 집에 팔아 가을보리 20말을 구한 일도 있었다. 1620년(광해군 12), 그가 26세이던 이때 큰 기근이 들었다. 그는 2월 15일 비단 주머니를 좌수집에 팔아 벼 3말을 얻는다거나, 5일 뒤에는 처가를 대신하여『통감절요』

---

69 趙克善,『忍齋日錄』第3, 己未 12月 5日. 면포를 '富者'에게 팔아 쌀을 얻기도 했다(趙克善,『忍齋日錄』第4, 庚申 5月 9日).

70 趙克善,『冶谷日錄』第2, 丙寅 5月 14日.

71 그는 지방관으로부터 주로 종이를 선물받아 이용했으나, 명지는 紙市에서 면포로 샀다(손계영,「조극선의 일기에 나타난 사대부가의 일상과 종이」,『17세기 충청도 선비의 생활기록 - 조극선의 인재일록과 야곡일록』, 한국학중앙연구원출판부, 2018, 432~433쪽).

72 趙克善,『忍齋日錄』第2, 丙辰 夏4月 7日.

73 趙克善,『忍齋日錄』第4, 庚申 夏4月 29日.

6책을 시장에 팔아 벼 11말을 마련하려고 노력을 하기도 했다.[74] 조극선은 가재도구와 책을 팔아 곡물을 구해야 하는 현실과 주변의 상황을 관찰하고 면포를 기준으로 쌀의 시가를 확인하여 기근을 벗어나려 했다.

17세기 말 경제생활의 모습은 박만정이 남긴 암행일기에서 찾을 수 있다. 17세기 전반의 선물과 시장 그리고 매매를 통한 경제생활은 1678년(숙종 4) 상평통보 유통으로 매매의 비중이 높아지고 결재수단도 동전이 대두하기 시작했다. 이런 경향은 매매명문의 결재수단 변화와 연결되고 있었다. 박만정은 1696년(숙종 22) 황해도 지역의 가뭄과 흉년의 실상 파악을 목적으로 암행어사 활동을 했다. 그는 3월 6일~5월 12일까지 암행 여정을 『해서암행일기』로 정리했다.[75] 이때는 경신대기근(1670~1671)에 이은 을병대기근(1695~1699)으로 사회적 위기의식이 팽배할 때였다.[76] 그의 나이 49세 때 기록이다.

박만정은 어사로 낙점되자 호조로부터 행차 길에 시장이나 민간에서 사용할 수 있는 여비를 받았다.

> 호조에서 정목 4필, 백미와 콩 각 5말, 민어 3마리, 조기 세 묶음을 노비로 받았다. (가운데 줄임) 호조판서 이세화가 또 전문 5냥을 주었다.[77]

호조는 면포와 곡물, 생선 그리고 전문을 지급했다. 정목은 정목면으로 조선 초기부터 화폐로 이용하고 있었으며, 전문은 바로 상평통보로 18년 전부터 전국에 통용하기 시작한 화폐였다. 면포와 곡물은 전례에 따른 것이었지만, 호조판서 이세화(1630~1701)가 전문 5냥을 지급한 것은 주전과 행전을 주관하는 관료로서 전국 행전의 성과를 상징하는

---

74 趙克善, 『忍齋日錄』 第4, 庚申 2月 20日.

75 이동환, 「海西暗行日記」, 『國學資料』 6, 文化財管理局, 1972, 6~9쪽. 박만정이 기록한 황해도지역의 경제환경에 대한 논고는 정수환(「17세기 말 황해도 지방의 동전유통 - 御史 朴萬鼎의 <海西暗行日記> 분석」, 『民族文化論叢』 58, 영남대학교 민족문화연구소, 2014)의 글을 새롭게 구성하였다.

76 극심한 기근으로 1695년(숙종 21) 조선 초기부터 시행하던 '遺棄兒收養法'을 다시 정비하기에 이를 정도였다(崔淵淑, 『朝鮮時代 立案에 관한 硏究』, 韓國學中央硏究院 韓國學大學院 博士學位論文, 2005, 168쪽).

77 朴萬鼎, 『海西暗行日記』, 3月 初7日 癸亥.

행위였다. 백미와 콩 그리고 생선은 여정에 지원한 식량이었다.

곡물은 민가 숙박에 사용했다. 사실 박만정과 그를 수행하는 일행은 많은 숙박을 '촌사村舍', 즉 민가에 의존했다. 그때 비용을 곡물로 냈다.

· 날이 저물었는데 길손을 어찌 차마 쫓을 수 있겠소. 행차를 따르는 하인들은 말의 짐을 부리게 하고 양식을 어서 내놓으시오.[78]

· 예전의 순박한 시절에는 여행하는 길손이 양곡을 지참하지 않았다고 합니다. 반드시 오늘의 인심을 탓할 수는 없으나 그래도 양곡을 지참하고 다니는 길손마저 홀대하는 것은 너무 인정이 각박하지 않소.[79]

첫 번째 인용문과 같이 민가에서 숙박할 수 있을 때는 양식을 주인에게 제공했다. 이때의 양식은 일행을 위한 것이었고, 말먹이 비용은 또한 별도로 냈다. 박만정 일행은 민가 유숙을 거부당하는 일이 많았는데, 그때마다 그는 흉년이기는 하지만 양식을 준비하고 다니는 여행자를 보듬지 않은 현실을 한탄했다. 두 번째 인용문은 여행자들이 민가를 이용하던 관행이 예전부터 있었다는 사실과 더불어 기근 때문은 아니지만 여행자가 양식을 준비하고 다니고 있었던 현실을 보여주고 있다.

암행에 곡물이 필요할 경우 박만정은 지역의 지인과 인척에게 도움을 받았다.

내가 웃으며 "양식이 떨어져서 얻고자 왔으니 될 수 있으면 어서 도와 달라"고 했다. 그는 "쌀이나 콩, 반찬거리와 여정 중에 긴요한 물건을 종이에 적어주면 마련해 줄게"라고 말했다.[80]

박반정은 암행길에 양식이 필요하여 사돈인 장단부사 남성필에게 도움을 받은 일이

78 朴萬鼎, 『海西暗行日記』, 3月 11日 丁卯.
79 朴萬鼎, 『海西暗行日記』, 4月 28日 癸丑.
80 朴萬鼎, 『海西暗行日記』, 3月 21日 丁丑.

있었다. 그리고 인용문은 오랜 친구 유구징(1649~1713)이 현감으로 있는 안악현에 들렀을 때 둘이 나눈 대화이다. 박만정은 필요한 양식을 경로에 인연이 있는 사람들로부터 도움받고, 이를 활용하여 민가에서 비용을 내면서 여행을 계속했다. 이런 모습이 17세기 말의 실상이었다.

지인과 민가를 이용한 암행과 함께 주막을 이용하기도 했다. 박만정은 66일 일정 중 5일을 주막에서 먹거나 잤다.

> 고양군 지나 벽제주막에서 아침을 먹었다. (가운데 줄임) 정오 즈음, 파주 읍내주막에 도착하여 점심을 먹고…[81]

박만정 일행은 고양, 파주, 송도, 금천, 곡산 등 암행길에 있는 경기도와 황해도의 번화한 지역에서 주막을 이용했다.[82] 그는 고양에서 아침을 먹고 파주에서 점심을 먹었는데, 주막은 '읍내주막'과 같이 비교적 번화한 지역에 있었다. 숙박시설은 16세기 이후 장시 발달로 주막이 나타나면서 조선 초기 이래 관영 여관이었던 '원'은 17~18세기부터 주막이 역할을 대신하면서 주도했다.[83] 박만정이 여행길에 민가와 주막을 이용한 모습은 이런 시대적 배경을 그대로 담고 있다.

호조로부터 받은 전문을 이용하여 시장에서 매매했다. 박만정은 암행길에 동전을 유통하는 모습을 확인하고 또 직접 사용했다. 여기에는 효종 때 이른바 서로행전을 실시하면서 일찍이 이 지역이 동전 유통을 위한 기반을 갖추고 있었기 때문이기도 했다.[84]

---

81 朴萬鼎, 『海西暗行日記』, 3月 初8日 甲子.

82 19세기 말을 전후한 시기를 주막의 분포를 연구한 결과에 의하면, 주막은 한양을 중심으로 외곽의 치소에 주로 발달하고 있었다(허원영, 「酒幕의 성격과 경기지역의 주막 분포 양상」, 『필사본 조선지지자료 경기도편 연구』, 景仁文化社, 2010, 110~112쪽). 주막은 상인이나 여행자들에게 음식과 숙박을 제공했다(주영하, 「'주막'의 근대적 지속과 분화 : 한국음식점의 근대성에 대한 一考」, 『실천민속학연구』 11, 실천민속학회, 2008, 11쪽).

83 金大吉, 『朝鮮後期 場市硏究』, 國學資料院, 1997, 197쪽; 최영준, 『국토와 민족생활사 - 한국역사지리학논고』, 한길사, 1997, 312~315쪽.

84 정수환, 앞의 책, 2013, 99~101쪽. 효종 초년, 조선 정부는 西路行錢을 성공적으로 평가하고 전국으로

박만정은 필요한 양식을 시장에서 동전으로 샀다.

- 점심때, 강령 동쪽의 북평촌에서 말먹이를 먹이고 종을 읍내의 장시에 보내 쌀을 사서 오게 했다.[85]
- 여정을 출발해서 서홍 읍내에 이르러 조반을 먹으니, 양식이 떨어졌다. 그래서 전문으로 쌀과 콩을 얻어 신계로 떠났다.[86]
- 길을 가는 중에 산승을 만났다. 그가 마침 장시에 길이어서 목필을 보여주니 그 자리에서 전문 2냥 5전으로 바꾸어 줬다.[87]

박만정은 민가에서 숙박에 필요한 곡물을 준비하기 위해 가노 계봉을 강령의 읍내장에 보내서 쌀을 샀다. 다음 달에도 양식이 부족하자 동전으로 시장에서 곡물을 마련했다. 이때 사용한 전문은 호조로부터 받은 5냥이었다. 그리고 곡물 등의 매매에 전문을 주로 이용하게 되면서 출발 때 호조에서 받은 정목을 동전으로 바꾸려고 했다. 세 번째 인용문은 여행길에 사람들에게 면포로 곡물을 사려는 시도가 실패하자 시장에 가는 승려에게서 동전을 얻는 내용이다. 동전이 유통하면서 그리고 기근인 상황에서 곡물이 숙박 등에 중요한 변수로 대두하였지만, 시장에서의 매매와 사람들과의 거래에 전문이 면포를 압도하고 있었다.

18세기 전반 경제생활의 모습은 권상일이 남긴 『청대일기』로 확인할 수 있다.[88] 조극선은 17세기 전반에 선물, 시장매매, 개인거래로 생필품을 마련하였으며, 지방과 서울에서 경제활동의 차이를 크게 경험하지 않았다. 박만정은 17세기 말 기근 상황에서 황해도 지역 염찰을 하면서 민가와 주막에서 숙박을 경험하고 면포보다는 동전을 이용한 시장

행전 범위 확대를 기대했다.

85 朴萬鼎, 『海西暗行日記』, 3月 15日 辛未.

86 朴萬鼎, 『海西暗行日記』, 4月 初2日 丁亥.

87 朴萬鼎, 『海西暗行日記』, 3月 16日 壬申.

88 권상일의 경제생활 재구성은 정수환(「18세기 권상일의 시장접촉과 화폐경제생활 - 權相一의 ≪淸臺日記≫를 중심으로」, 『史學硏究』 104, 韓國史學會, 2011)의 논고를 수정 및 보완하여 완성했다.

매매를 경험했다. 그리고 개인을 둘러싼 경제환경의 변화가 본격화한 것은 18세기부터이며, 권상일의 일기에서 그 모습은 두드러진다. 『청대일기』는 권상일이 24세(1702)~84세(1759)까지 58년 동안 고향 상주 · 문경과 서울 관직 살이 등의 생활을 기록한 일기이다.[89]

권상일은 선물을 주고받았다. 문방구와 음식물 등을 선물 받았다. 과거 합격 전에는 인척과 지인으로부터 과거 응시를 위해 시권 종이와 붓을 받았다.[90] 그렇지만 과거 합격 후 고관을 역임하면서 그리고 치사한 뒤에도 관료들이 보내준 선물이 또한 많았다.

· 전라 도백이 부채 8자루, 통제사 이언상은 부채 15자루와 편지지, 어물 4종류 그리고 칼 1자루를 보내왔다. 전라 병사 이경철과 전라 좌수사 이달은 각각 부채 13자루, 편지지와 어물을 보내왔다. 경상 좌수사 신만도 부채 13자루와 편지지, 어물을 주었다.[91]

· 상주목사가 문안 편지와 함께 쌀 5말, 콩 3말 그리고 술과 술안주, 닭을 보내왔다. 사양할 수 없고 마음이 너무 미안해서 바로 답서를 올렸다.[92]

첫 번째 내용은 권상일이 공홍도도사에 낙점되자 각지의 지방관들이 부채와 편지지 같은 문방구를 중심으로 어물과 칼까지 선물한 것이다.[93] 그는 실직으로 도사로 부임하지 않았는데, 이 선물들은 부임과 관련 없는 관례적인 선물 관행의 결과였다. 특히 부채는 관료들 사이에 중요한 선물 내용이기도 했다.[94] 현직에 있을 때 중앙과 지방의 관료들이

---

89 권상일의 행적은 그의 문집 연보에서 알 수 있다(權相一, 『淸臺先生年譜』, 遺事). 그의 일상과 관직생활 그리고 일기 내용은 신명호 · 이순구(「解題」, 『淸臺日記』 上, 國史編纂委員會, 2003)와 최은주(「18세기 어느 울산부사를 통해 본 지방과 글쓰기의 실제 - 淸臺 權相一의 울산부사 시절을 중심으로」, 『嶺南學』 16, 경북대학교 영남문화연구원, 2009)의 연구성과에 자세하다.

90 權相一, 『淸臺日記』, 丙戌 12月 13日; 戊子 2月 11日.

91 權相一, 『淸臺日記』, 丙寅 7月 6日.

92 權相一, 『淸臺日記』, 庚午 7月 25日.

93 관료들이 보낸 편지에는 부채, 생선, 꿩, 곶감 등을 선물한 내용이 있다(권오영, 「雙梅堂藏本 자료를 통해 본 조선시대 학문과 예술」, 『驪州李氏 退老 雙梅堂 藏本』, 韓國學中央硏究院, 2006, 12~13쪽).

94 부채 선물 관행은 19세기까지 관례화 했다(김혁, 「조선시대 지방관의 선물정치와 부채(扇)」, 『嶺南學』 15, 경북대학교 영남문화연구원, 2009, 105~107쪽).

나 지인들에게서 부채, 달력, 책과 함께 어물, 술, 반찬 등을 받았다.

두 번째 인용문은 권상일은 벼슬에서 물러난 뒤에도 선물이 끊이지 않았던 내용을 보여준다. 상주목사로부터 때때로 안부 편지와 함께 곡물과 식품을 선물로 받았다. 비단 상주목사 외에도 대구의 감영과 용궁, 영해 등 지역 군수들의 선물도 있었다. 벼슬을 마치고 고향에 머물 때도 관리들로부터 편지지, 붓, 먹 등의 문방구와 함께 생선, 곡물, 육류, 과일, 꿀, 차, 술 등 여러 음식물을 선물 받았다.[95]

권상일은 선물을 하기도 했다. 서울에서 고향으로 떠나는 지인에게 어물과 쌀을 주거나 전별을 위해 전문을 주기도 했다. 기록의 특징이겠지만, 선물을 준 것에 비해 받은 내용이 더 많고 또 자세하다.

선물의 내용은 문방구와 음식물 그리고 동전에 이르기까지 여러 가지이다. 하지만, 그의 선물 수수는 16세기 선물 관행과 조금 다른 점이 있었다.[96] 그는 1710년(숙종 36) 32세에 문과급제로 출사하여 중앙과 지방의 여러 관직을 역임하고 1748년(영조 24) 70세로 치사하였기에 전·후임 관료로부터 받는 어쩌면 관행의 뜻을 담은 선물이었다. 선물 관행은 조선후기 동전의 유통과 시장의 발달이라는 환경에서도 이전보다 축소된 측면은 있지만 관료들과 가족 사이의 의례적 선물은 오히려 시장경제를 계기로 확산하는 역설적 현상이 나타났다.[97] 이처럼, 권상일은 예전 보다 축소한 관례적인 선물의 주고받음이 있었고, 내용에서 동전을 주는 등 이전과는 달라진 생활을 했다.

권상일은 선물과 함께 매매를 통해 필요한 물품을 마련했다. 고액 거래에 해당하는 토지와 노비의 매매가 있었다.

· 관인 비용을 마련하기 위해 밭 두 곳을 팔았으나 그 값이 적으니 어찌하리오. 파는 사람이

---

95 자세한 선물 내용은 대구·광어·전복·미역·홍합·해삼과 같은 해산물, 쌀·콩·감자 같은 곡물, 꿩·닭·육포·고기 등 육류를 비롯하여 곶감, 꿀, 우유(駝酪), 작설차 등이다.

96 李成姙, 「16세기 양반사회의 "膳物經濟"」, 『韓國史研究』 130, 韓國史研究會, 2005, 75~77쪽.

97 오창현, 「조선 중기 선물 관행에 대한 경제인류학적 시론 - 의례적 선물과 사회의 재생산」, 『지방사와 지방문화』 25-2, 역사문화학회, 2022, 143~144쪽.

매우 가난하여 안타까워 값을 많이 받지 못했으니 한스럽다.[98]

· 유곡의 권순형이 나를 만나러 왔다. 우리 마을 사람에게 여자 종 방매한 것이 있어 명문에 쓰인 값을 받기 위해서였다.[99]

첫째 인용문은 권상일이 승문원 관료로 출사를 준비하기 위해 자신의 밭 두 곳을 파는 내용이다. 이 매매에서 그는 불리한 가격 결정을 내리게 되는데, 벼슬길을 위해 긴급하게 매매를 성사해야 하는 사정이 알려졌기 때문이었다. 토지의 규모와 매득자는 알 수 없으나 이듬해 토지를 방매한 21냥으로 말을 매득하고 있어 매매가를 짐작할 수 있다. 그래도 부족한 출사 비용을 채우기 위해 주위 인사에게 관대와 전문을 도움받았다.

둘째 인용문은 권상일 주변에서 있었던 노비매매에 대한 언급이다. 그는 봉화 유곡에 사는 권순형과 교유가 있었는데, 일찍이 1747년(영조 23)에도 그가 노비를 팔려고 한다는 내용을 일기에 적은 사실이 있었다.[100] 그로부터 10년이 지나 권순형이 노비 매매명문을 완성한 다음 매매가를 받기 위해 문경을 방문하면서 권상일을 찾은 사실을 적었다. 매매명문 작성 후 매매가를 별도로 받는 모습이다.

토지와 노비의 매매와 매매명문 작성의 과정을 『청대일기』로 짐작할 수 있다. 매매를 중개하는 그리고 정보를 집적하는 시장 없이 사람들 사이의 관계성에서 이루어진 거래였다. 일례로, 권상일은 예천에 사는 이시중이 예안으로 가기 위해 집을 사고 그 근처에 2섬지기를 마련했다는 소식을 문경의 지인에게서 들었다.[101] 매매와 관련한 정보가 인적 관계망에서 공유하고 있는 현실을 알 수 있다. 이런 사정을 보여주는 실례가 있다. 1707년(숙종 33) 상주에서 노비매매 후 발급해 준 사급입안이 있다. 입안에 함께 점련한 자료 중 간찰은 매매를 위해 정보를 나누고 흥정하는 내용이다.[102] 17세기 중엽은 매매물의

---

98 權相一, 『淸臺日記』, 庚寅 11月 3日.

99 權相一, 『淸臺日記』, 丙子 12月 23日.

100 權相一, 『淸臺日記』, 丁卯 1月 18日.

101 權相一, 『淸臺日記』, 己未 12月 20日.

102 안승준, 「朝鮮時代 奴婢 市場과 去來 - 1707년 매매 홍정 書簡과 尙州牧奴婢賣買立案을 중심으로」, 『藏書閣』 31, 한국학중앙연구원, 2014, 125~127쪽.

정보 교유를 통해 거래함으로써 매매시장의 익명성이 보장되지 않는 인격적거래 관행이 있었다.[103] 권상일은 토지와 같은 고액 거래나 약, 말, 책 등을 이 같은 환경에서 매매하고 있었다.

일상용품의 매매와 시장의 접촉이 있었다. 권상일은 부친 봉양을 위해 종을 시켜 고기나 게장, 조기를 샀다. 일기에 그가 직접 매매한 기록은 선물에 비해 소략하다. 다만, 그는 끊임없이 상인과 시장의 동향 그리고 물가에 대한 관심을 일기에 적었는데, 그만큼 시장의 발달과 매매가 활발했다는 사실을 담고 있다. 상업의 발달과 함께 권상일이 거주하던 상주 근암리는 강원도와 서울에 이르는 육운과 수운의 교통 요지로 번화했다. 인근에 산양장이 아주 발달하면서 권상일은 상인과 시장의 동향을 쉽게 확인할 수 있었다.

권상일은 상인들의 동향에 많은 관심을 기울였다. 그는 산양장을 비롯해 인근에 장이 서는 날을 확인하고 때로는 하루에 3번 장시를 다녀올 정도였다.[104] 장마와 추위로 인해 장이 서지 못하거나 장시의 규모가 줄어드는 상황도 일기에 적었다. 예를 들어 1707년(숙종 33) 12월 10일, 권상일은 산양장이 서는 날을 확인하고 장시 개설과 상인의 운집 내용을 확인하기도 했다. 상인과 장시의 동향으로 시장의 특징을 파악했다.

> 보리의 흉작이 곳곳에 아주 심하다. 장시에 쌀이 3말, 밀 5말, 보리가 6말에 차지 않는다는 소식을 들었다. 이것은 하도(下道)의 곡식을 무역하는 배[貿穀船]가 바야흐로 낙동에 오자 이 같이 가격이 더욱 오르는 것이다.[105]

1751년(영조 27) 여름, 작황을 관찰한 다음 상인으로부터 보리 흉작 현황과 시가를 확인했다. 그리고 곡물가가 상승한 요인으로 봄보리 흉작과 함께 김해나 창원 같은 하도

---

103 단골거래와 호혜성을 바탕으로 하는 인격적 거래와 달리 매매 규모와 범위가 넓어지면 비인격적 성격이 나타난다(박기주, 「貢人에 대한 경제제도적 이해」, 『조선후기 재정과 시장 경제체제론의 접근』, 서울대학교 출판문화연구원, 2010, 255쪽).

104 權相一, 『淸臺日記』, 丁亥 12月 10日; 壬申 4月 25日; 乙亥 5月 29日.

105 權相一, 『淸臺日記』, 辛未 閏5月 21日.

의 상인이 수운을 이용해 상주까지 와서 배로 곡물을 무역해 가는 데 있다고 분석했다. 권상일의 분석은 18세기 이후 조선의 시장환경이 수운으로 연결된 경상도와 전라도의 쌀값이 공동성을 보이는 사실과 연결하여 이해할 수 있다.[106] 보리 흉년에 외부의 상인이 상주와 문경일대의 곡물을 매집하면서 곡물가가 상승하였다는 판단이었다.

상인들이 시장에 거래하는 물품은 중요한 관찰 대상이었다. 어물로는 청어의 시장 등장을 기록했다. 10월~12월 사이 청어 가격의 등락을 관찰하고, 1757년(영조 33) 11월 14일에는 마을에서 영덕의 청어를 무역해서 서울로 떠나는 일행 소식을 기록하기도 했다. 그렇지만 무엇보다 그가 주목한 것은 곡물가였다. 1703년(숙종 29)~1758년(영조 34) 일기에 나락, 쌀, 콩의 가격 기록이 비교적 남아 있다. 미가를 기준으로 18세기 전반 동향을 엿볼 수 있다. 미가는 1냥을 기준으로 6~9월 4말, 10~2월은 5말 4되, 3~5월은 4말 3되를 보이고 있다.[107] 봄과 여름은 쌀을 대신할 곡물과 식품이 있었다. 그렇지만, 춘궁기에 해당하는 시기에 곡물이 귀함에도 1냥으로 구매할 수 있는 양이 6~9월에 비해 늘어난 특이점이 있다. 아마도 수운의 요지에 있어 상인들의 활동이 활발했던 요인이 있었을 것으로 볼 수 있다. 권상일은 시장 물품의 동향을 예의주시하면서 가격은 동전을 기준으로 기재하고 있었다.

18세기 전반을 일기로 남긴 권상일은 관례적인 선물을 하면서도 시장과 상인으로부터 매매를 실현하고 있었다. 이는 곡물 등 생필품 등을 시장에서 마련할 수 있는 환경을 보여준다. 권상일과 가까웠던 이익(1681~1763)은 당시 사치 분위기가 만연하고 있어 선비들의 풍습이 예전만 못하다고 지적하고 있다.[108] 이러한 요인으로 동전의 전국 유통, 그리고 이와 연결한 상업과 시장의 발달이 있었다.[109] 18세기 중엽 권상일의 일기는 이런

---

106 이영훈 · 박이택, 「농촌 미곡시장과 전국적 시장통합, 1713~1937」, 『수량경제사로 다시 본 조선후기』, 서울대학교출판부, 2004, 272~273쪽.

107 비슷한 시기 고성지역의 경우 겨울과 춘궁기의 가격 상승 폭이 30~60% 높았다(李憲昶, 「肅宗 - 正祖朝(1678-1800년간) 米價의 變動」, 『經濟史學』 21, 經濟史學會, 1996, 130~132쪽).

108 安秉杰, 「星湖 李瀷의 퇴계와 영남에 대한 관심 - 權相一과의 편지를 중심으로」, 『韓國實學研究』 18, 韓國實學學會, 2009, 428~432쪽.

109 정수환, 「18세기 星湖學派의 貨幣流通에 대한 인식 검토」, 『星湖學報』 6, 星湖學會, 2009, 224~226쪽.

실상을 그대로 담고 있다.

18세기 후반 경제환경과 개인 경제생활은 황윤석이 쓴 『이재난고』로 발견할 수 있다.[110] 황윤석은 1738년(영조 14)~1791년(정조 15)에 이르기까지 빠짐없이 일기를 기록하고 『이재난고』를 남겼다.[111] 그는 고향 흥덕과 서울, 영월, 목천 등 여러 지역을 활동무대로 생활했다. 그의 경제생활 모습은 41세의 나이로 종부시 직장으로 서울과 고향을 오고 갔던 1769년(영조 45)의 일기로 확인 할 수 있다.

황윤석이 활동하던 시기는 동전의 유통과 시장의 발달로 이전과는 다른 경제생활 환경이었음에도 여전히 선물을 통한 수수는 관행적으로 남아 있었다. 선물을 준 사례로, 고향에서 현감에게 편지를 받고 고기 2근을 선물하거나 서울에서 책을 잘 빌려준 관인에게 그가 종부시에서 받은 미역귀를 주었다.[112] 한편, 지인으로부터 전복이나 곶감을 선물로 받기도 했다.[113] 황윤석은 경향을 왕래하며 생활하면서 선물에 대한 기록은 전문을 이용한 매매에 비해 소략하게 남겼다.[114] 그만큼 그의 경제생활에서 선물의 가치는 이전과 달랐다.

18세기 중엽은 동전의 유통과 상업이 발달한 경제환경이었다. 그래서 황윤석도 동전, 즉 돈을 경제생활의 중심으로 할 수밖에 없었다. 황윤석의 경제생활에 있어 결재수단은 전문, 즉 동전이 중심이었다. 거의 모든 매매에 동전을 이용하고 있었다. 예를 들면, 1766년(영조 42) 장릉 참봉을 역임하면서 서울과 장릉 그리고 고향을 왕래할 때 녹봉을 동전으로 바꾸어 관리하였으며, 영월에서 수직을 할 때에도 향탄예납香炭例納이라 하여 하전들로부터 전문을 별도로 받았다.[115] 그리고 그의 일기에는 돈을 빌리고 송금하는

---

110 황윤석의 일기와 그의 경제생활 재구성은 정수환(「18世紀 頤齋 黃胤錫의 貨幣經濟生活 - ≪頤齋亂藁≫ 1769年 日記를 中心으로」, 『古文書硏究』 20, 韓國古文書學會, 2002) 글을 다듬어 완성했다.

111 자료 발굴과 소개는 李康五(「頤齋亂藁解題」, 『全北文化論叢』 5, 1992) 글에 자세하다.

112 黃胤錫, 『頤齋亂藁』 12卷, 己丑 6月 11日 辛酉 · 12日 壬戌.

113 黃胤錫, 『頤齋亂藁』 13卷, 己丑 11月 初2日 庚辰 · 22日 庚子.

114 이 시기 호혜적 선물교환이 약화하고 선물 수수가 시장교환에 의존하면서 선물을 돈으로 대신 지급하기도 했다(이헌창, 「18세기 황윤석가의 경제생활」, 『이재난고로 보는 조선 지식인의 생활사』, 한국학중앙연구원, 2007, 438쪽).

115 정수환, 「朝鮮後期 陵參奉의 經濟生活의 實際 - 18세기 黃胤錫의 ≪頤齋亂藁≫를 중심으로」, 『民族文化論

내용이 자세하다. 이전에 없던 경제생활의 일상이었다.

돈을 빌리고 갚는 일이 많았다. 먼저, 황윤석이 돈을 빌려주고 받은 내용이다. 그가 서울에서 벼슬할 때 사정이다.

> 송중건이 아직 본전을 갚지 않고 있다가 지금 반촌에서 서로 만났다. 내가 객지에서 군색한 것을 알고 "나 또한 다른 자본이 없기는 마찬가지지만 조금이지만 먼저 2냥을 갚을까?"라고 말했다. 나는 "본전의 반을 먼저 갚는게 어때?"라고 했다. 친구는 "어려우니 어쩌겠나, 어제 1냥을 마련해서 내가 1냥의 여분이 있으니 다시 부족한 것을 채워 보겠네"라고 했다.[116]

친구 송중건은 1762년(영조 38)에 고향에서 황윤석으로부터 6냥을 빌린 일이 있었는데, 마침 그가 상경하면서 20여 냥을 가져왔다. 1769년 4월 12일 둘은 만나 서로의 사정을 살피고, 황윤석은 서울에서 생활해야 하는 송중건의 사정을 헤아려 2냥을 먼저 받았다. 인용문은 그로부터 한 달 뒤 객지에서 생활이 힘들기는 마찬가지였던 황윤석이 친구에서 이자에 대한 언급 없이 나머지 본전 4냥을 독촉하는 내용이다.

황윤석은 돈을 빌리기도 했다. 그는 상경길에 친구 김사겸으로부터 5전을 빌렸다가 상환을 독촉받기도 했다. 황윤석은 전문으로 경제생활을 영위하면서, 대차관계에 따라 채전債錢을 하거나 신뢰를 바탕으로 비교적 소액의 돈을 빌리는 대전貸錢을 실현했다.[117] 돈을 빌릴 때 지인들의 도움을 받기도 했지만, 공적인 경로를 이용하기도 했다. 상경을 위한 노자를 마련하기 위해 관청으로부터 돈을 빌려 '대관전貸官錢' 20냥을 마련했으며, 서울에서는 공조의 아전에게 '공용전公用錢' 2냥을 빌려 깔개를 샀다.[118] 이것은 황윤석이 현직 관료였기에 가능했다.

叢』 38, 영남대학교 민족문화연구소, 2008, 122~123쪽.

116 黃胤錫, 『頤齋亂藁』 12卷, 己丑 5月 12日 癸巳.

117 이정수, 「18세기 ≪이재난고≫를 통해 본 대차관계와 이자율」, 『역사와 경계』 124, 부산경남사학회, 2022, 218쪽.

118 黃胤錫, 『頤齋亂藁』 12卷, 己丑 2月 21日 甲戌 · 13卷 己丑 12月 初3日 辛亥.

서울 생활을 위해 황윤석은 필요한 돈을 빌리면서 상인이나 관청을 이용하여 고향으로부터 송금받기도 했다. 먼저 경강의 선주를 환전주인으로 삼아 고향으로부터 전문을 받았다.

> 동생과 함께 나란히 용산 강가의 서쪽에 있는 형제우물계의 임선달 집에 이르렀다. (가운데 줄임) 동생이 "그대의 아버지께서 이미 나와 앞서 환전주인(換錢主人)을 하기로 약속하였으니, 그대는 이 말을 잊지 마세요. 머지않아 나의 형이 급하게 쓸데가 있으면 그대 부자는 바라는 것을 일일이 들어 주세요."라고 했다. 나도 마찬가지로 약속하자고 했다.[119]

황윤석의 동생은 홍덕에서 돈이나 물건을 용산의 선주 임선달에게 보내고 서울에서 30냥을 찾는 '추심환전推尋換錢'을 했다. 그로부터 일주일 뒤 고향으로 가면서 서울에 있는 형을 위해 임선달을 '환전주인'으로 삼은 사실을 다시 확인했다. 황윤석은 고향 홍덕으로부터 필요한 돈을 송금받는 방향으로 환전주인을 이용하고 있었다. 그리고 지방 관청을 통해 서울에서 돈을 받는 방법도 있었다. 황윤석은 홍덕현감의 도움으로 서울에서 경주인에게 현감의 편지를 전달하고 5냥을 빌릴 수 있었다.[120] 빌린 돈은 고향에서 갈음하였다.

황윤석은 서울에서 녹봉만으로 생활할 수 없어 돈을 빌리거나 고향으로부터 송금을 받아야 했다. 주위 인사들로부터 돈을 빌릴 때 별도의 이자를 지불하지 않았다. 다만 관료로서 상대적으로 낮은 이율로 관청이나 개인에게 돈을 빌릴 수 있었다.[121] 그리고 그는 동전의 유통과 유통망의 발달, 상업의 영향으로 경향 사이의 송금에는 환전주인을 이용했다.

전문 위주의 경제환경은 여행에도 변화가 있었다. 17세기 말 박만정은 황해도를 암행

---

119 黃胤錫, 『頤齋亂藁』 13卷, 己丑 9月 16日 乙未.
120 黃胤錫, 『頤齋亂藁』 12卷, 己丑 5月 23日 甲辰.
121 이헌창, 앞의 책, 2007, 421~422쪽.

할 때는 곡물을 준비해서 촌사에 머물면서 가끔 번화가의 주막을 이용했다. 그렇지만 황윤석이 홍덕과 서울을 오갈 때는 상황이 많이 바뀌어 주막을 주로 이용했다.[122] 황윤석의 일기 기록에 따르면, 서울 왕복 비용은 편도로 6냥 1전 1푼 정도의 비용을 지출한 사실을 알 수 있다.[123] 자세한 내용을 보면, 일정마다 식비, 숙박, 말먹이 등에 대한 비용을 사용했는데, 대략 하루에 7전 9푼 정도였다. 모두가 주막에서 사용한 내용이었다.

동전 사용과 유통 시장의 발달에 따라 서울살이에 필요한 생필품은 매매로 해결했다. 일부 의복이나 버선 그리고 음식물들을 고향에서 인편으로 받은 것을 제외하고는 그러했다. 황윤석은 1769년(영조 45) 3월 사환을 위해 상경한 다음 바로 마구와 의복을 갖추었다. 안장 4냥 1전, 탕건 7냥 1전, 갓 1냥 등을 마련하는데 모두 19냥 9푼을 들였으며,[124] 가을에는 겨울을 대비한 두꺼운 옷을 4냥에 사기도 했다. 수선은 종이 하기도 했지만, 적삼이나 홑바지는 3푼씩 비용을 치르고 맡겼다. 이런 내용으로 황윤석이 서울에서 1년 동안 의복 관련해서 지출한 비용은 모두 18냥 9전 3푼 정도였다.

고향 홍덕에서의 주거와 식사 문제는 조상으로부터 물려받고 가꾼 기반이 있었기에 큰 문제가 없었다. 서울에서는 사정이 달라 사환 중에도 반주인 집에서 숙식을 해결했다. 17세기 중엽에도 상경한 인사들은 성균관 주변 반촌에서 세를 들어 살면서 성균관에서 원점을 받고 있었다.[125] 18세기 중엽도 다르지 않았다. 황윤석은 자신과 종을 위해 반주인에게 지출하는 비용을 기록으로 남겼다.

> 반주인(泮主人)이 나에게 매달 2냥을 달라고 한다. 반촌을 나가 사주인(私主人) 집에 가면 3~4냥 이하는 구할 수 없다. 집안 형편으로 반촌이 그나마 어쩔 수 없다.[126]

---

122 노혜경, 「≪頤齋亂藁≫의 旅行記 分析 - '西行日曆'을 중심으로」, 『古文書研究』 20, 韓國古文書學會, 2002, 137~141쪽.

123 黃胤錫, 『頤齋亂藁』 12卷, 己丑 3月 初9日 壬辰.

124 1766년(영조 42) 장릉참봉으로 출사할 당시에도 관복을 준비하는 비용이 많아 빌려서 마련하기도 했다(정수환, 앞의 글, 2008, 134~135쪽.).

125 박인호, 「일휴정 이영세의 반궁 생활과 학문적 교유 범위」, 『청계사학』 27, 청계사학회, 2024, 208쪽.

126 黃胤錫, 『頤齋亂藁』 12卷, 己丑 3月 29日 壬子.

반촌에서의 숙식비로 반주인에게 매달 2냥을 지급하기로 합의했다. 거처를 옮기려 시세를 확인하였으나 현실을 확인하고 그만두었다. 심지어 그는 반주인에게 지급한 금액을 염두에 두고 하루의 밥값을 5푼으로 계산까지 했다. 식비는 반주인에게 지급하는 것 외에 관료로서 관청에 찬가로 1냥을 지출하고 있었다. 그래서 그는 서울에서 숙식비로만 3냥 정도를 지출하고 있었다.

서울 생활을 위한 비용은 고향의 현물과 금전지원 그리고 지인들로부터 돈을 빌려 마련하였지만, 출발은 고향의 토지를 판 값이었다.

> 논[水田]을 팔아서 40냥을 얻었다. 이것 중 26냥을 여행비용으로 삼는다.[127]

황윤석은 40냥에 논을 팔아서 상경 비용을 마련했다. 그의 일기에 의하면 26냥을 노자로 쓰고 나머지 14냥은 서울 생활비로 사용했다.

논을 방매한 본전을 바탕으로 서울에서 생활하다가 주변의 주택매매를 시도하면서 시가를 확인했다. 서울 생활비와 고향으로부터의 지원을 고려하여 자본은 30~50냥에 방 2칸과 마루 그리고 마구간을 갖춘 집을 고려했다.[128] 그는 10여 곳의 서울 주변 주택의 위치와 규모 그리고 가격을 탐문했는데, 그중 자세한 내용을 남긴 것은 종부시 근처, 소안동방, 산림동, 사대문 밖에 있는 3~12칸 정도의 집이었다. 이들 중 산림동의 후원이 딸린 12칸 집은 70냥으로, 사대문 밖 11칸 반 규모의 집은 110냥으로 조사하였다.

황윤석은 서울의 집값을 한 칸 기준으로 초가집은 10냥, 기와집은 20냥으로 정리했다.[129] 그는 하루 만에 서울의 주택 시세에 대해 평가할 정도의 매매가에 대한 정보를 모을 수 있었다. 이것이 가능했던 것은 대를 이어 이조의 서리를 역임한 김문흠처럼 서울의 동향에 대한 정보를 확보한 사람이나, 고부에서 상경해서 들은 정보를 전달해

---

127 黃胤錫, 『頤齋亂藁』 12卷, 己丑 2月 27日 庚辰.
128 黃胤錫, 『頤齋亂藁』 13卷, 己丑 10月 13日 辛酉.
129 黃胤錫, 『頤齋亂藁』 13卷, 己丑 10月 14日 壬戌.

주는 김윤중 같은 사람이 있었기 때문이었다.

18세기 동전 유통과 그로 인한 시장의 발달로 매매에서 개인 경제활동의 변화가 있었다. 생필품의 사례 외 토지, 노비와 같은 고액 거래에서 결재수단이 완전히 동전으로 변화했다. 그렇지만, 폐쇄적 인적 관계에 뿌리를 둔 인격적 거래 관행은 이어지고 있었다. 다만, 황윤석이 서울의 주택 정보를 획득한 상황은 하나의 변화로 볼 수 있다. 이런 변화의 전개 모습은 19세기 일기에서 좀 더 살필 수 있다.

서울 사람 이윤선은 1840년(헌종 6) 15세부터 1869년(고종 6) 44세까지 29년 동안 일상을 『공사기고』로 남겼다. 그는 부친 때부터 서울의 경화사족과 생활권을 함께 하며 이들을 보좌하는 겸인 역할을 수행했다.[130] 이 일기는 겸인으로 서울에서 생활한 이윤선이 호조 등 중앙 아문에서 얻은 공적인 견문과 개인의 일상을 수록하고 있다.[131] 그의 일상생활 기록은 서울에서 여러 차례 가사를 매득한 내용과 인근에 있던 분묘와 전답의 관리 내용도 포함한다.

이윤선과 그의 가족이 서울에서 집을 사면서 이사한 내용을 정리하면 표와 같다. 그는 5회의 가사 매득과 이사를 경험하고 기록을 남겼다. 가사 매득과 이사와 관련한 배경을 읽으면서 19세기 전반 서울의 경제환경을 엿볼 수 있다.

순번	거주 기간	나이	거주지	가사 매득 시기
1	1840~1842(헌종 8)	15~17세	용동, 공동	1842년(헌종 8)
2	1843~1847(헌종 13)	18~22세	기립현, 반곡	1843년(헌종 9)
3	1848~1853(철종 4)	23~28세	중다동	1848년(헌종 14)
4	1854~1862(철종 13)	29~37세	방교	1854년(철종 5)
5	1863~1868(고종 5)	38~43세	상대창동	1863년(철종 14)

130 유봉학, 「日錄 ≪公私記攷≫에 나타난 19세기 胥吏의 생활사」, 『奎章閣』 13, 서울대학교 규장각한국학연구원, 1990, 4~7쪽.

131 김현정, 「해제」, 『국역 공사기고』, 서울역사편찬원, 2017, 8~9쪽.

이윤선은 외가가 있는 용동에서 성장하다 부친이 분가하면서 공동에서 생활했다.[132] 공동 가사는 "사우를 갖춘 작은 기와집으로 삼촌 식구들과 함께 살고 있었기에 좁았다."[133]는 언급에서 알 수 있듯이 규모가 작은 집으로 보인다. 1842년(헌종 8) 4월 6일 가사를 사서 기립현으로 옮겼다.

> 공동(홍전문 안의 홍상궁 후문 곁 작은 기와집)으로부터 남별궁 뒤 기립현 골목 모퉁이에 있는 초가로 이사했다.[134]

이전 공동의 홍살문 안에 있는 홍상궁집 뒤의 작은 기와집에서 남별궁 뒤 기립현 골목의 초가로 이사했다. 집 주변 환경에 대한 자세한 서술은 그만큼 집의 가치와 정보를 소중히 여겼던 마음을 담고 있다. 기립현 초가에 이사했지만 1842년 겸인으로서 모시던 주공대감이 화성유수로 그 가족이 화성으로 떠났다.[135] 이윤선 일가는 주공대감의 남겨진 낙동의 집을 지키며 살기도 했다.

이윤선 가족이 독립하여 일가를 이룬 계기는 반곡에 있는 집을 사면서부터였다. 몇 년 사이 용동, 공동 그리고 낙동을 옮겨 다니며 거주하던 상황이 달라진 것은 1843년(헌종 9) 8월 7일의 일이었다.

> · 남별궁 기립현에 있는 집에서 용동의 반곡으로 옮겨왔다(누각의 담장이 외가 후원으로 이어진다).[136]
>
> · 여러 해 각자의 집에서 흩어져 살다가 지금 비로소 집안 살림이 조금 넉넉해졌다. 값을 보태어 500여 냥으로 기와집을 사서 온 집안이 모두 모여 함께 살게 되었다. 되돌아보면

---

132 李潤善, 『公私記攷』 卷1, 庚子.
133 李潤善, 『公私記攷』 卷1, 庚子.
134 李潤善, 『公私記攷』 卷1, 壬寅 4月 初6日.
135 李潤善, 『公私記攷』 卷1, 壬寅 12月 初10日.
136 李潤善, 『公私記攷』 卷1, 癸卯 8月 初7日.

20년 사이의 일에서 정말 기쁘고 다행스럽다.[137]

서울 중심 공동의 초가집에서 다시 예전에 살던 외가 용동의 반곡으로 이주하면서 규모를 넓혔다. 500냥을 더 보태어 기와집을 마련하여 온 가족, 즉 친가 가족이 함께 거주한 상황을 적었다. 이윤선은 외가에 후사가 없어 가까이 살면서 보살펴야 하는 상황이었다.[138] 집의 규모를 넓히고 지출을 확대하면서 경제 규모의 안정이 필요했다. 부친은 수입을 위해 이듬해 영남감영에서 호조의 역을 자임했고, 그 또한 광흥창 아전으로 차임을 고민했다.[139] 가사의 마련에 따른 경제력의 뒷받침을 고민하였던 것이다.

용동의 반곡에서 5년을 살다 중다동으로, 그리고 그로부터 7년 뒤 다시 방교로 이사했다. 1848년(헌종 14) 중다동과 1854년(철종 5) 방교에 있는 집의 매매일기이다.

· 용동 반곡에서 집을 중다동으로 옮겼다(550냥을 받아 900냥의 돈을 더해서 모두 1,450냥에 사서 왔다). 꼭두새벽에 사우를 먼저 옮긴 다음 오후에 온 가족이 옮겨왔다.[140]

· 새벽에 사우를 방교의 새집에 먼저 봉안하고, 아침 먹고 온 집안이 옮겨갔다(받은 값 1,500냥에 650냥을 더해서 주고 문밖의 밭으로 50냥을 지불하니, 모두 2,250냥으로 7년 사이에 새로 샀다).[141]

용동 외가 인근의 반곡에서 중다동으로 이사하는 과정에서 반곡의 와가를 550냥으로 매득 당시의 싯가에 조금 더하여 방매하였다. 그리고 여기에 900냥을 첨가하여 1,450냥으로 중다동 가사를 매득 후 옮겨갔다. 이로부터 7년 만에 중다동의 가사를 매득가에 50냥을 더 받고 이익을 남긴 다음 650냥을 더하여 가사를 매득했다. 그리고 대문 밖의

137 李潤善, 『公私記攷』 卷1, 癸卯 8月 初9日.
138 李潤善, 『公私記攷』 卷1, 己酉 正月 12日.
139 李潤善, 『公私記攷』 卷1, 甲辰 3月 初5日 · 初7日.
140 李潤善, 『公私記攷』 卷1, 戊申 4月 初9日.
141 李潤善, 『公私記攷』 卷2, 甲寅 7月 22日.

밭도 50냥으로 사서 규모를 갖추었다. 방교에 매득한 가사와 밭의 규모는 정확하지 않으나 사우를 남쪽의 누각에 봉안했다거나 마루도 갖추고 있다고 적고 있다.[142] 규모를 확장했음을 알 수 있다. 황윤석이 100년쯤 전 서울에 방 2칸과 마루 그리고 마구간을 갖춘 집을 고려하고 있었던 것과 비교하면 규모가 큰 편이었다. 집과 밭의 값은 모두 2,250냥이었고, 반곡, 중다동 그리고 방교로 이사하면서 500냥이 조금 넘던 자본은 10여 년 만에 4배가 늘었다.

방교의 집에 살고 10년 만에 상대창동에 새집으로 이사했다. 1859년(철종 10) 방교의 집 사랑을 전면 개수하여 가치를 높였다.[143] 그리고 1863년(철종 14) 상대창동의 집을 새로 샀다.

> 새벽에 사우를 새집으로 옮겨서 모셨다. 아침 식사한 다음 온 집안이 상대창동 새저택으로 옮겨갔다(옛 집은 3,000냥을 받고 새집은 2,250냥을 주었다. 10년 사이다).[144]

옛집이 있던 중다동의 가사와 밭을 3,000냥에 팔고 새집을 2,250냥에 샀다. 이윤선은 옛집을 2,250냥에 사서 3,000냥을 받으면서 750냥의 차익을 남겼다는 사실과 이것을 실현하기까지 10년이 걸린 사실을 적었다. 가사의 규모는 중다동과 유사했다고 보는데, 서쪽 행락과 온돌방이 붙은 누각이 있었다는 언급에서 확인할 수 있다.[145] 이처럼 이윤선은 집의 위치와 규모에 관한 관심 그리고 매매를 통해 차익을 실현하려는 노력을 기울이고 실현하고 있었다.

19세기 중엽 서울에서는 집을 사고 이사를 하면서 차익을 도모할 수 있었다. 이윤선은 1842년(헌종 8) 기립현 초가집을 마련한 다음 이듬해 500냥을 조금 더 들여 반곡의 기와집을 구했다. 그리고 1848년(헌종 14) 옛집을 550냥을 받고 중다동의 집을 1,450냥에

---

142 李潤善, 『公私記攷』 卷2, 甲寅 閏7月 18日 · 27日; 乙卯 11月 12日.
143 李潤善, 『公私記攷』 卷2, 己未 3月 初2日 · 初3日 · 17日.
144 李潤善, 『公私記攷』 卷3, 癸亥 4月 初6日.
145 李潤善, 『公私記攷』 卷3, 癸亥 8月 13日.

샀다. 이어 1854년(철종 5) 중다동 집을 1,500냥으로 팔고 방교의 집과 땅을 2,250냥으로 마련했다. 1863년 중다동의 집을 3,000냥을 받고 상대창동의 집을 2,250냥에 샀다. 이윤선의 이런 활동은 중앙 아문의 아전이나 겸인으로 또 서울에 세거하는 과정에서 관련 정보의 획득이 쉬웠던 내용과도 관련이 있다. 그는 1842년부터 1863년에 이르는 20년 사이 5회라는 비교적 짧은 시기 동안 가사 매매와 이사를 통해 자산은 500여 냥에서 2,250냥으로, 차익은 750냥을 실현했다.

이윤선은 경아문 아전이자 겸인으로서 서울의 정보에 밝은 잇점을 이용해 가사 등 고액 매매가 빈번한 분위기에서 토지도 확보하고 있었다. 파주, 고양 그리고 잠실에 위토 및 토지가 있었다.

> · 경술년(1850)에 85냥으로 제사를 위한 밭을 산 것과 임자년(1852)에 110냥으로 도지 받는 밭을 산 것을 점검한 뒤(매년 17근씩 상납하는 것으로 정했다)…[146]
>
> · 을묘년(1855) 묵은 논을 새로 사는데 220냥, 병진년(1856) 방산(防算)에 70냥, 이번 개간에 150냥 그리고 이번 묵은 논의 값을 합하여 450냥이 되었다.[147]

첫 번째 인용문은 1853년(철종 4) 파주 일대의 선영을 확인한 내용이다. 그리고 다음 내용은 1858년(철종 9) 위토 관리의 내용을 정리한 것으로, 1855년(철종 6) 묵은 논을 220냥에 산 다음 개간 등으로 관리와 이용을 개선하여 가치를 450냥으로 증대한 사실을 언급한 것이다. 일기는 1850년대에만 최소 3곳의 논과 밭을 415냥을 들여 매득한 사실을 확인할 수 있다. 이 시기 이윤선과 그의 집은 서울에서 집을 사기 위한 지출이 또한 있었고 더불어 인근의 토지를 위한 지출도 활발했다. 이러한 그의 활동에는 서울에서 대를 이어 중앙각사의 아전으로 지역의 매매 정보 확보가 비교적 쉬웠고, 주택과 토지의 매매를 하기 쉬웠던 시장 환경적 요인이 작용하고 있었다.

---

146 李潤善, 『公私記攷』 卷2, 癸丑 11月 1日.
147 李潤善, 『公私記攷』 卷2, 戊午 4月 18日.

3. 토지매매와 소유 확보

조선시대 국가의 토지와 경제 정책에 따라 개인 경제생활의 변화가 있었다. 그리고 이와 함께 개인과 시장의 요구와 변화를 타서 국가 제도의 변화도 있었다. 토지매매에서도 그러했다. 개인 경제생활은 좀 더 구체적으로, 임진전쟁 이후의 유통화폐 정책과 시장의 변화에 따라 느리지만 서서히 달라지고 있었다. 매매, 특히 토지매매에 있어 18세기부터 동전을 중심 결재수단으로 이용하거나 시장에서의 매매와 매매물의 정보 수집 활동에 있어 눈에 띄는 모습이 있었다는 사실은 살펴본 내용과 같다. 이처럼 개인의 경제생활 그중 토지매매와 관련한 달라지는 모습은 18세기 중엽 황윤석의 일기에서 찾을 수 있다.

18세기 중엽 토지매매의 경우, 개인 사이에 매매를 위해 정보를 수집하는 활동이 필요하였다. 그리고 확보한 토지의 소유에 대한 분쟁 발생에 대비하기 위한 노력이 있어야만 했다. 이런 복잡한 모습은 황윤석의 일기로 묘사가 가능하다.[148] 매매명문에는 매매시기, 지역, 인물, 매매사유 등의 정보가 있어 매매가 발생할 시점에 대한 이해가 쉽다. 그렇지만, 인물들의 배경이나 인물 사이의 매매사유와 그들에 의해 매매가 이루어진 지역 이야기는 매매 당사자의 일기 기록이 있다면 훨씬 자세하게 찾을 수 있다. 그 사례가 황윤석과 그의 일기이다.

토지매매를 언제나 대비하며 사는 것은 아니었지만, 주변에서 이루어지는 매매에 대한 정보를 접하고 수집하면서 매매 동향에 대한 인식을 형성하고 있었다. 황윤석은 남원에 사는 지인의 토지매매 정보를 확보했다.

> 초열흘에 남원의 광대[倡夫] 창룡이 왔을 때 들었다. 정달성은 다시 출발해서 임실의 오원천 냇가에 이르렀는데 강물이 흘러넘쳐 돌아갔다고 한다. 바야흐로 말 2마리를 샀는데 논[水田]을

148 토지의 매매정보 수집과 수호 노력 내용은 정수환(「18세기 황윤석의 매매정보 수집과 소유권으로서의 매매명문 활용」, 『民族文化論叢』 52, 영남대학교 민족문화연구소, 2012)의 논고에 뿌리를 두고 있다.

판돈으로 값을 채울 수 없었다고 한다.[149]

인용문은 1771년(영조 47) 홍덕에 살고 있는 황윤석이 정달성의 논 방매 소식을 적은 내용이다. 정달성은 그의 처남으로 남원에 살고 있었다. 황윤석은 그와 자주 서신을 교환하면서 동향을 확인하고 있었다. 한편으로는 왕래하는 사람을 통해 확인한 내용도 있었다. 토지매매와 관련해서는 앞서 1769년(영조 45) 정달성의 집 앞 냇가 둑 옆에 있는 10마지기의 논이 큰물로 모래에 뒤덮였던 소식을 전해 들었다.[150] 이 소식을 전한 송중건은 광주에 살면서 찰방을 역임하였으며, 남원을 거쳐 자주 홍덕의 황윤석과 오갔다. 이 소식을 계기로 황윤석은 정달성이 판 땅은 냇가에 있는 10여 마지기의 논이었다는 사실을 알 수 있었다. 매매가를 기재하고 있지는 않으나 말 2마리의 값에 못 미치는 가치를 또한 확인하였다.

주변 지인들의 토지매매 및 관리 내용도 일기에 적었다. 1782년(정조 6) 그와 소과에 동방으로 급제한 박광순이 전라도 장수에 농막을 매득한 내용을 적었다.[151] 박광순은 전라도 담양 사람으로 이후 연산에 책방을 열기도 하다가 전라도 정읍에 정착하였다. 황윤석은 소식을 전해준 사람이 누구인지 적지 않았지만, 정읍에 사는 박광순이 장수에 농막을 매득한 내용을 확인했다. 또 다른 기록도 있다. 1784년(정조 8) 황윤석은 누이의 아들 노벽탄으로부터 전라도 임실의 고점에 있는 농장을 방매한 사실을 편지로 전해 들었다.[152] 며칠 뒤 이 땅을 옛 주인이었던 설씨가에 방매한 내용도 확인했다.[153] 이처럼 황윤석은 주변의 지인이나 인척의 토지와 관련한 활동 내용을 확인하고 있었다.

이날 3~4시쯤 부안에 사는 이진옥의 아우가 왔다. 그의 할아버지 묘를 옮기는 일로 우리

149 黃胤錫, 『頤齋亂藁』 卷17, 新墓 2月 13日 甲申.
150 黃胤錫, 『頤齋亂藁』 卷13, 己丑 8月 24日 丁丑.
151 黃胤錫, 『頤齋亂藁』 卷34, 壬寅 7月 4日 己亥.
152 黃胤錫, 『頤齋亂藁』 卷35, 甲辰 3月 3日 戊子.
153 黃胤錫, 『頤齋亂藁』 卷35, 甲辰 3月 18日 癸卯.

고을 이동의 교동에 있는 묵은 밭을 샀는데, 마을 사람이 경계를 침범하여 경작하자 송사하려 고 한다고 한다. 그러고 나에게 고을 현감에서 편지 써달라고 부탁한다.[154]

1785년(정조 9) 황윤석은 그의 제자 형제가 이장을 하기 위해 묵밭을 산 내용을 확인했다. 제자 이진옥의 아우가 홍덕에 마련한 묵밭을 침범한 마을 사람들과 소유를 둘러싼 쟁송을 준비하고 있었다.

황윤석은 주변 지인들의 토지거래 소식을 접하고 일기에 남겼다. 소식을 전한 사람은 광대나 관료 등 자기 주변을 오가는 사람들이 말하거나 지인들이 보내온 편지였다. 그는 토지매매에 관심을 기울이고 있었기에 이런 내용을 일기에 적었고, 파악 범위는 전라도 홍덕과 함께 남원, 장수 등 지인이나 인척의 거주지였다. 그리고 당장 작동하지는 않았지만, 잠재적으로 토지거래에 참고할 수 있는 정보였다.

주위에서 일어나는 토지매매에 얽힌 이야기에 기울인 관심과 기록은 자기의 매매활동에 작동했다. 황윤석이 직접 토지를 매매한 결과인 매매명문이 두 점 남아 있다. 이들 토지매매명문을 읽고 일기에서 매매의 뒤에 가려진 이야기를 찾아본다. 먼저, 1756년(영조 32)의 가대전, 바로 집터 혹은 그에 딸린 밭을 사면서 작성한 매매명문이다.

1756년 병자, 4월 초 2일 유학 황윤석께 하는 명문이다. 이 명문을 하는 이유는 꼭 쓸 곳이 있기 때문이다. 구수동 마을 가장자리의 세 마지기에서 일곱 되지기로 구자(驅字)인 새로이 경작한 한 짐 닷 묶음인 곳을 이 사람께 값을 쳐서 □냥으로 수대로 받고 영영 팔아 버린다. 본문기는 다른 논밭과 함께 쓰여있어서 내어주지 못한다. 뒷날에 문득 잡담 하거든 이 문기를 가지고 법에 청원할 일이다. 가대의 주인 이영원이 직접 쓴다.[155]

황윤석이 28세 4월 2일에 가대와 밭을 산 매매명문이다. 그의 일기는 이해 4월의

---

154 黃胤錫, 『頤齋亂藁』 卷36, 乙巳 7月 14日 辛酉.

155 韓國學中央研究院, 『古文書集成』 101 - 興德 平海黃氏 黃胤錫宗家 古文書, 2012, 140쪽.

내용이 없어서 이 매매의 배경을 좀 더 자세히 알기는 어렵다. 하지만, 방매자 이영원에 대한 많은 내용을 일기에 남겼기에 매매자의 내용을 좀 더 살필 수 있다. 황윤석은 이영원을 '이군'으로 적거나, 이군 동생의 혼서를 써주는 등 가까운 사이로 적었다. 이영원 형제에 대해 황윤석은 학문적으로도 우위에 있는 관계였다.[156] 일기의 기록에 의하면 이들 둘은 흥덕, 특히 가까운 거리에 살고 있었다. 그렇기에 이들에 대한 정보는 쉽게 공유할 수 있었다.[157] 황윤석은 거주지 인근의 토지를 매득하고 있었다. 18세기 이후는 원거리 매매보다는 거주지 인근의 토지를 집적하는 경향을 그대로 보여주고 있다.

집터 혹은 그에 딸린 밭은 황윤석이 살고 있는 구수동에 있었다. 마을 가장자리에 있는 7도락의 밭이었다. 마을의 규모와 가구 수가 크지 않았는데, 이 당시 주민들 사이 토지의 위치와 소유자의 변경에 대한 정보공유가 쉬웠을 것으로 보인다. 매매사유도 꼭 쓸 곳이 있다는 상투적인 표현을 쓰고 있는데, 이 또한 18세기 중엽 '요용소치'로 기재하는 관행을 따르고 있다.

1785년 10월 10일 황윤석이 밭을 사는 매매명문과 일기가 있다.

· 1785년 을사년 10월 초10일 전현감 황윤석께 하는 명문이다. 이 명문은 내가 사서 갈아먹던 산외의 용두들에 있는 제자(弟字) 밭으로 길 아래 콩 한 마지기를 갈 수 있는 곳을 이 사람께 전문 5냥을 수대로 받고 파는 것이다. 그리고 영영 팔아 버리는데, 뒷날 아무개가 뜻밖에 쓸데없이 지껄이거든 이 문기를 가지고 관청에 아뢴다. 본문기는 다른 밭과 함께 쓰여있으므로 내어주지 못한다. 밭 주인 유학 이복량이 직접 쓴다.[158]

· 떠나려는데, 장목산은 나에게 그의 아들이 새 거처에 들르길 바랐다. 이어 이복량에게 밀밭 한 마지기 정도 사는 것을 의논하여 값을 5냥으로 쳐서 명문을 이루고 밑은 본래의 주인에게 주었다. 오늘 장목산에게 옮겨 쌓으라고 했다.[159]

---

156 黃胤錫, 『頤齋亂藁』 卷3, 奇妙 4月 20日 庚午; 卷4, 甲申 11月, 「李君聲遠婚書君」.

157 비슷한 시기 통영에 살던 구상덕은 주변사람에게서 토지를 샀다(노혜경, 「농업 경영과 치가(治家)」, 『승총명록으로 보는 조선후기 향촌 지식인의 생활사』, 한국학중앙연구원 출판부, 2010, 231쪽).

158 韓國學中央硏究院, 앞의 책, 2012, 141쪽.

첫 번째 인용문은 황윤석이 용두들에 있는 콩밭 한 마지기를 5냥에 사면서 작성한 매매명문이고, 아래는 매매명문을 작성할 당일 그가 일기에 적은 내용이다. 매매 당일을 앞뒤로 만났던 사람들의 내용을 알 수 있다.

유학 이복량은 매매가 있기 며칠 전에 만났지만, 그 만남은 2년 전 전라도 태인의 용두산 선영의 토지를 둘러싼 분쟁에서부터 예고하고 있었다. 그리고 황윤석은 1785년(정조 9) 10월 현장을 확인하고 토지분쟁을 해결했다.[160] 그 직후 그는 용두산 인근 마을을 10월 8일 방문하고 집의 배치 구조를 파악했는데, 그중 이복량의 집도 확인했다.[161] 그리고 매매 하루 전날, 선영을 방문해서 산 아래의 방축을 점검하면서 이복량을 만나서 그가 전라도 나주로부터 우거하고 있는 인물로 선영 아래 산지와 분쟁을 하는 사람의 인척이라는 사실을 파악했다. 그리고 이날 이복량을 만나 밭의 매매를 상의하고 명문을 작성했다. 이로 본다면 황윤석은 선영 관리를 목적으로 인근 거주자 현황과 매득하려는 토지의 소유자 이복량에 대한 정보 확보를 위해 최소 3일의 시간과 노력을 기울였다.

매매 당일 일기 기록에 등장하는 장목산은 황윤석에게 선영 인근의 토지와 소유자 등의 정보를 제공한 인물이었다. 장목산은 용두산의 황윤석 선영을 관리하는 산직이이기도 했다. 황윤석은 선영을 방문할 때 산직이 집에 머물렀으며, 그를 통해 용두산 주변 마을의 구조와 거주자 그리고 토지 소유자 현황과 이복량을 소개받았다. 황윤석은 현지 정보에 밝은 산직이를 통해 매매물의 위치를 파악하고 가격 상의에도 유연하게 대응할 수 있었는데, 그의 집에서 산직이를 두었던 이유는 이런 목적도 있었다.

매매명문과 일기의 기록에서 유사점과 차이점도 있다. 매매날짜, 토지위치와 규모 그리고 매매가는 모두 같다. 다만, 콩밭과 밀밭으로 경작물 내용에 조금 차이가 있으나 밭이라는 점은 같았다. 10월 매매 당시 밭에는 밀 수확을 기다리고 있었는데, 매매를 상의하면서 이 곡물은 방매자에게 귀결하도록 결정했다. 매매명문에는 이러한 단서 조

---

159 黃胤錫, 『頤齋亂藁』 36卷, 乙巳 10月 10日 丙戌.

160 홍덕 황윤석 집안의 분묘는 홍덕은 물론 고부와 태인에도 있었다(김봉좌, 「이재 황윤석 종가의 역사와 고문서」, 『古文書集成』 101 - 興德 平海黃氏 黃胤錫宗家 古文書, 2012, 31쪽).

161 黃胤錫, 『頤齋亂藁』 36卷, 乙巳 10月 8日 甲申.

항을 기재하지 않았는데, 명문의 일반적 기재사항을 따르게 되면서 이런 이면의 배경을 생략한 결과였다.

황윤석은 현지 사람으로부터 토지 소유와 협상에 대한 정보를 확보할 수 있었다. 그렇기에 3일이라는 빠른 시간에 매매를 협상하고 명문을 작성할 수 있었다. 매매명문과 그의 일기 기록에서 이처럼 방매자 물색 내용과 함께 지상물의 향배에 대한 의논 내용을 확인할 수 있다.

매매와 관련한 정보, 특히 선영의 관리는 주변의 토지내용에 밝은 사람을 산직으로 선임하여 확보했다. 때로는 산직이가 매매를 대신하기도 했다. 그리고 또 한편으로는 아전이 지역의 토지거래 내용에 밝았기에 이들로부터 도움을 받기도 했다. 황윤석은 1768년(영조 44) 의영고 봉사로 서울에 머물고 있을 때 경향을 왕래하는 홍덕의 아전이 매매를 대행하는 것을 들었다.

> 문덕유는 그가 머무는 병조 서쪽 도양동에 사는 이선달의 이야기를 했다. 그 집은 20섬의 옥답을 홍덕의 현내 2동, 2남, 1서 등의 여러 땅에 가지고 있어 3,000냥으로 값을 정해 급하게 팔려고 했다. 그래서 그는 도지 300석으로 정해서 자기가 주관해서 도지세를 포구로 내어 서울로 올려보내기로 하고 홍덕현의 입안으로 문서를 해서 재상댁에 팔아 바치고 싶다고 했다.[162]

서울을 다녀가는 홍덕의 읍리 문덕유가 황윤석을 만나서 토지매매 이야기를 건넨 내용이다.[163] 문덕유가 머물고 있는 인근에 사는 이선달이 홍덕에 20섬의 토지를 가지고 있다는 사실과 예상하는 매매가를 밝히고 있다. 나아가 그는 지역과 서울의 사정에 밝은 상황을 이용해 퇴도지 매매 주선을 생각하고 있었다. 문덕유는 이러한 내용의 매매를 성사하고 홍덕현의 입안을 받아서 매매 토지 관리로 이익을 실현하려고 했다. 그는 이

---

162 黃胤錫, 『頤齋亂藁』 卷11, 戊子 11月 18日 壬寅.
163 黃胤錫, 『頤齋亂藁』 卷11, 戊子 11月 17日 辛丑.

이야기를 건네고 며칠 뒤 다시 찾아와 현직 관리 황윤석에게 고향 흥덕에서의 도움을 이야기했다.[164] 그리고 이러한 경향간의 매매 구상이 가능했던 것은 읍리라는 위치였다. 그렇지만, 이와 함께 일찍이 황윤석에게 서울 서강의 객주를 이용한 경향 환전을 주선한 것에서 보듯이 문덕유는 서울과 지역의 도지 수송의 정보도 잘 알고 있었기 때문이었다. 이처럼 아전들은 매매 및 관리와 관련한 정보를 집적하고 있었고, 황윤석은 그 내용을 직접 확인하고 있었다.

매매와 토지 관리에 있어 정보와 행정에 밝은 아전의 특성을 파악한 황윤석은 자신의 토지매매와 관리에 적용했다. 토지관리는 산직이에게 책임지우고 명문은 풍헌과 연계하여 완성했다.

> 임경춘을 독촉해서 용두산의 묘 아래 백호 쪽에 있는 신묘년에 '제자(弟子)'의 작은 밭을 산 문기를 만들어 가져오게 했다. 그랬더니, 풍헌 원치해가 와서 "당시 남원에 사는 김가 양반이 본래 주인이었는데 모두 죽어서 결역가를 받을 곳이 없었습니다. 그래서 면임이 관청에 알려 제사를 받고 집으로 팔았으니 이제 이것으로 미루어 문기를 만들어야 합니다."라고 말했다. 내가 허락하자 원치해가 바로 자기가 작성해서 가져왔다.[165]

임경춘은 선산 인근의 논과 밭을 관리하는 산직으로 이들 토지 관리를 위임받고 있었다. 산직의 이러한 임무와 성격으로 인해, 그리고 황윤석이 선영 인근 토지를 살 때도 그랬듯이 황윤석은 지역의 토지정보와 관리를 위해 산직 선임을 중요한 요소로 고려하고 있었다.[166] 황윤석은 산직에게 전라도 태인 용두산 선영에 있는 밭 관리를 지시했다. 그런데, 신묘년으로 1771년(영조 47)에 밭을 샀음에도 매매명문을 작성하지 않았다. 그리고 매매가 있고 10년이 지난 1781년(정조 5)에 이르러서야 문서 작성을 실행에 옮겼다.

---

164 黃胤錫, 『頤齋亂藁』 卷11, 戊子 12月 初4日 戊午.

165 黃胤錫, 『頤齋亂藁』 卷34, 辛丑 4月 初5日 戊申.

166 그는 1785년 7개월 동안 산직을 '임고도 → 장목산 → 안복만'으로 3회 교체한 사실이 있다.

실제 매매와 문서의 작성에 시간 차이가 있는 현실을 말하고 있다.

매매의 완성을 위해 아전의 도움을 받았다. 토지매매 마무리에 풍헌과 면임이 관여하였다. 황윤석의 10년 전 매매 결과를 반영한 명문 요구에 대해 풍헌이 자세한 내력을 전했다. 풍헌 원치해는 10년 전 방매자의 거주지, 이름과 매매 당시의 처지 그리고 매득자 황윤석에 대해서도 모두 알고 있었다. 매매사유도 방매자 김씨가 결역가의 미납에 따른 곤란이었고, 그에 따라 지역의 면임이 토지가 있는 태인에서 입안을 받아 둔 사연이 있는 내용도 정확히 알고 있었다. 풍헌이 확인한 이런 정보를 알아차린 황윤석이 현실적인 매매명문을 요청하자 원치해가 직접 문서를 작성해서 가져왔다.[167] 지역사회에서는 토지의 위치, 소유자 그리고 매매동향에 대한 정보가 사람들 사이에 유통하고 있었으며, 아전들이 특히 이들 정보의 집적과 유통에 참여하고 때로는 문서 작성을 실행하기도 했다고 하겠다.

황윤석은 자신 혹은 자기 집에서 사서 관리하고 있던 토지를 지키기 위해 노력했다. 이 과정에서 분쟁이 발생했고, 매매의 진실 혹은 거짓을 밝히기 위한 이해당사자들 사이의 논쟁에서 매매명문의 형식이 중요하다는 사실을 강조했다. 1785년(정조 9) 전라도 태인 용두산 선영 인근의 토지 소유에 대한 분쟁에서 이런 고습이 잘 나타난다. 황윤석은 10월 4일부터 같은 달 7일까지 선산을 찾아 관련자들을 직접 만나면서 이 문제 해결에 힘썼다. 그리고 일기에 자세히 적어두었기에 일기를 읽으면 자연스레 그의 땅을 지키는 노력과 명문의 형식과 내용의 중요성을 이해할 수 있다. 그는 소과에 급제하고 의영고 봉사 등 중앙 관리와 목천현감 등 지방관을 역임한 전직 관료로서 권위를 확보하고 있었다. 그리고 호남지역에서 박학 선비로 명성을 갖추고 있었다는 점은 일기를 읽을 때 미리 생각해야 한다.

토지와 관련한 분쟁 발단은 이미 예견하고 있었다. 용두산 선영 인근에 있는 묘위전에

167 전라도 구례 매매명문 분석에 의하면, 17세기 후반부터 반복해서 문서를 작성하는 지식인의 사례가 있다(정수환 · 이헌창, 「조선후기 求禮 文化柳氏家의 土地賣買明文에 관한 연구」, 『古文書硏究』 33, 韓國古文書學會, 2003, 202~203쪽).

대한 분란은 이미 2년 전부터 일기 시작했고, 황윤석이 직접 관심을 가지기 시작한 시점은 1785년(정조 9) 봄이었다.[168] 분쟁 당사자는 황윤석이 소유하는 토지를 샀다고 주장하는 정씨가였다. 황윤석은 묘위전을 벌써 50년도 더 된 1730년(영조 6)에 확보했다고 판단하고 정씨가에게 침범하지 말 것을 경고하는 편지를 보내기도 했다. 하지만, 이런 소극적 대응이 문제 해결에 도움이 되지 않는다는 생각에 1785년 10월 4일 직접 현장을 찾고 관련자를 만났다.

송산의 북촌에 사는 순장 김홍태를 만나 이야기를 했다. 그는 조카 김영좌가 정가에게 속아 용두산의 청룡 주맥 한 줄기를 잘못 매득한 사연을 말했다. 그러니 저 말은 이미 경술년(1730년)에 먼저 산 문서가 있으므로 그의 조카가 속은 것이 아주 분명하니 자연스레 천천히 밝혀지리라.[169]

태인에 가서 거기 사는 사람을 만나 분쟁 대상 토지를 샀다는 김홍태를 만났다. 황윤석은 김홍태의 조카가 정씨 집에서 묘위전을 사면서 다툼이 일었다고 이해했다. 김홍태도 정씨 집에서 속여서 땅을 판 것이라고 이야기하며 황윤석의 입장을 지지하는 자세를 취했다. 황윤석은 김홍태의 이야기를 듣고 자기가 1730년에 매득한 명문이 있으므로 분란을 자연스레 해결할 수 있다고 믿었다.

황윤석은 같은 토지를 두고 자기 집과 정씨가 그리고 김씨가가 서로 얽힌 분쟁의 실마리를 찾기 시작했다. 김홍태를 찾아 매매 당시의 정황을 간접 확인하고 이튿날 10월 5일 바로 김홍태의 조카 김영좌를 바로 만났다. 당시의 만남을 일기에 꼼꼼히 기록했다.

김영좌는 정씨 집에서 매득할 당시의 명문[文券]을 보여주었다. 그것은 계묘년(1783년) 10월 정석오(정인복으로 개명)가 잘못 방매한 것[誤賣]으로, 그의 할아버지 정가신이 경술년

168 黃胤錫, 『頤齋亂藁』 卷35, 癸卯 11月 2日 乙丑; 卷36, 乙巳 3月 1日 庚戌.
169 黃胤錫, 『頤齋亂藁』 卷36, 乙巳 10月 4日 庚辰.

(1730년)에 우리 집에 판 청룡 한 줄기(바로 김가의 백호 한 줄기)였다. 또 본문기[本券]를 살피니, '건륭 8년 경진년' 유기성이 정가의 아버지 정진협에게 판 것이었다. 그런데 연호와 간지가 서로 달라 근거가 되지 못했다. 나는 이 문서는 본래 잘못이 있어 송사를 하면 꼭 질 것이다. 하물며 우리가 앞서 이미 경술년에 매득한 땅은 청룡 한줄기부터 동쪽 벼랑을 지나 기가 모인 곳에 이르고 우리에게는 56년이나 된다. 정석오는 어리고 아버지도 없어서 할아버지가 작성한 명문이 있는지도 몰라서 그대 집에 잘못 다시 판 것이라고 했다. 그래서 어제 그대의 숙부인 순장이 한마디로 딱 잘라 소송하지 않겠다고 한 것이다. 이어서 경술년(1730년) 명문을 보여주니 김생이 또 "이 명문은 자호와 복수를 이야기 않더라도 청룡 한줄기만 말해도 오히려 믿을 만하다고" 말했다. 나는 "한쪽 줄기와 두 글자가 이미 기가 모인 곳에 이르렀고, 자호와 복수는 예나 지금의 정밀함에서 차이가 없어 다시 의심하겠는가?"라고 했다.[170]

인용문은 정석오에게 땅을 산 김영좌를 만나 둘 사이에 작성한 매매명문과 함께 구문기에 해당하는 경술년 본문기, 즉 1730년 명문을 확인하는 내용이다. 먼저, 황윤석은 1783년(정조 7) 김영좌가 정석오에게 토지를 살 때의 매매명문 내용이 자기 집에서 1730년 매득한 땅과 같은 대상인 사실을 확인했다. 그리고 김영좌가 매매 후 정씨로부터 건네받은 본문기를 검증하고 당시 매매 정황에 대한 의구심을 드러낸 다음 자신의 구문기가 아주 정확하다고 설명했다. 인용문은 바로 1783년 김씨와 정씨 사이의 매매명문, 김씨가 정씨로부터 건네받은 경술년 구문기, 그리고 황윤석이 가지고 있는 경술년 매매명문 등 3개의 명문을 차례로 살펴보고 나눈 대화 내용이다.

먼저, 황윤석은 김영좌와 정석오 사이의 매매명문을 확인하고 그의 집에서 매득한 토지와 동일한 대상에 대한 매매를 파악했다. 1783년 10월에 김영좌가 정석오로부터 땅을 산 매매명문을 직접 읽었다. 그리고 황윤석은 매매내용이 1730년 정석오의 할아버지 정가신이 작성한 매매명문 내용과 일치한다는 사실을 알아보았다. 그래서 자신과

170 黃胤錫, 『頤齋亂藁』 卷36, 乙巳 10月 5日 辛巳.

김영좌의 매매명문 중 진위를 파악할 목적으로 김영좌가 정석오로부터 매득할 때 건네받은 구문기를 조사하게 되었다.

구문기, 즉 본문기에 대한 조사에서 문서 형식과 내용의 중요성을 강조했다. 무엇보다 연호와 간지의 불일치로 작성 시점에 대한 불확실성을 먼저 제기했다. '건륭 8년 경진년'이라는 명문의 기록에서, '건륭 8년'은 '계해년'이고, '경진년'은 '건륭 25년'에 해당한다는 사실이었다. 이 둘은 1743년(영조 19)과 1749년(영조 25)이라는 차이가 있었다.[171] 황윤석은 이 사실이 매매와 관련한 관청에서의 송사에서 구문기가 근거자료로 작용하지 않을 것이라고 강조했다. 그리고 자신이 가지고 온 경술년, 즉 1730년(영조 6) 매매명문은 토지의 위치와 자호는 물론 문서의 형식을 모두 갖추고 있어 의심할 여지가 없는 증거라고 해석했다.

매매문서의 양식과 함께 매매 정황에 대한 해석을 거쳐 황윤석은 김영좌의 것을 잘못된 매매로 판단했다. 황윤석은 1730년 매매명문으로 자신의 집이 정석오의 조부 정가신으로부터 토지를 사서 56년이나 경작하고 있는 사실을 중요한 요소로 전제했다. 그렇기에 당시 어린 고아였던 정석오는 할아버지의 방매 사실을 모르고 1783년(정조 7) 김영좌에게 잘못 팔았다고 확인했다. 그래서 이 매매는 잘못된 방매, 즉 오매誤賣이지 의도를 갖고 여러 곳에 토지를 파는 첩매疊賣는 아니라고 규정했다. 이러한 판단에 김영좌가 받은 본문기의 오류와 정석오의 불순한 의도는 우선 변수에 넣지 않았다.[172] 여기에는 전직 관료이자 학자의 명예를 생각하여 굳이 관청에 송사로 발전시키고 싶지 않은 마음도 작용하고 있었다.[173]

10월 5일 김영좌를 만나 매매문서의 사실을 확인하고 이틀 뒤, 10월 7일 다시 태인을 방문하여 정석오를 만났다. 황윤석은 그 자리에서 정석오의 할아버지 정가신이 전답

---

171 매매명문 중 연호와 간지가 일치하지 않는 사례가 다수 있는데, 이는 대부분 연말 연초에 많이 발생한다.

172 위조문서 연구에 의하면, 매매의 경우 거래수단, 용어, 수결과 서체 등을 판단의 기준으로 제시하였다(金恩美, 「朝鮮時代 文書 僞造에 관한 硏究」, 韓國學中央硏究院 博士學位論文, 2008, 129~130쪽).

173 황윤석 생시에는 없었으나 용두산 선영 문제로 조부 때 1712년(숙종 38)과 아들 때 1810~1812년(순조 12)에 산송이 있었다(韓國學中央硏究院, 앞의 책, 2012, 76~85쪽).

주인으로 문서를 작성한 '경술수필문권庚戌手筆文券'을 보여주었다. 황윤석 집에서 정가신과 매매하고 받은 명문이었다. 그제야 정석오는 잘못 방매한 사실을 인정하고, 김영좌는 자기가 산 명문의 여러 토지 중 분란의 대상이 된 부분에 '효주爻周' 표시하고 제외하기로 했다.[174] 그러자 황윤석은 이런 혼란한 상황을 정리한 내용을 반영하여 정씨가에서 황윤석 집안의 위토를 침범하지 않는 내용을 담은 수기手記 작성을 제안했다.

> 정군(정석오)은 이러한 뜻으로 수기에 서압을 하고 그가 개명한 '인복'이라고 적었다. 그리고 김군(김영좌)은 또한 스스로 청해서 증인이 되었다(예전 관례에는 본디 주인이 이름을 쓰면 증인이 없다. 그런데, 김영좌가 산 곳이 경계를 접하고 있어서 영원히 분쟁이 없도록 하고 싶었기 때문이었다).[175]

태인 용두산 위토에 대한 이해가 얽힌 황윤석, 정석오, 김영좌가 오해의 여지가 있는 내용을 완전히 정리한 수기를 합의했다. 황윤석은 관료로서 매매명문 형식을 근거로 매매사실의 진위를 확인한 경험을 반영하여 엄격하게 문서를 작성했다. 정석오는 자신이 김영좌에게 토지를 잘못 판 사실로 수기를 작성하고 서압을 하면서 개명한 내용도 문서에 밝혀 오해와 분란을 방지했다. 또 다른 이해당사자로 이 매매와 연관하면서 황윤석의 위토와 인접한 토지를 가진 김영좌도 증인을 자청하여 참여했다. 여기서 황윤석은 전답 주인이나 재주가 자필로 문서를 작성하면 증인을 별도로 두지 않는 당시의 관행을 적고 있다. 그의 이런 언급은 토지와 노비 매매명문의 사례에서 사실을 확인 할 수 있다.

황윤석은 매매와 관련한 주변 정보를 정확하게 파악하고 매매명문의 중요성을 인식하면서 전답을 수호하고 있었다. 용두산 선영 위토에 대해, 1783년 정석오와 김영좌 사이의 매매사실을 그해에 바로 알았다. 홍덕과 태인 사이에 매매정보가 비교적 빠르게 공유

---

174 매매대상 이외의 토지를 기재한 명문은 구문기로 전도하지 않지만, 구문기로 건넬 때는 '爻周背脫'대신 斜割, 割半등을 했다(채현경, 「寶城 濟州梁氏家의 토지매매명문 검토 - 원광대학교 박물관 소장 자료를 중심으로」, 『조선후기 호남의 경제와 사회』, 전북대학교 전라문화연구소, 2001, 65~74쪽).

175 黃胤錫, 『頤齋亂藁』 36卷, 乙巳 10月 7日 癸未.

되고 있었다.

분쟁의 조짐이 있자 태인을 찾았다. 1차로 황윤석 집의 위토를 샀다는 김영좌의 인척을 만나 매매사실에 대한 주변 정보를 얻었다. 그리고 다음날 매득 당사자 김영좌를 찾아 문서로서 사실을 확인했다. 이 과정에서 매매 당사자의 개명사실과 더불어 거주지도 쉽게 확보하고 있었다. 김영좌가 정석오로부터 토지를 살 때 작성한 매매문서 그리고 함께 건네받은 구문기를 확인하고 연도의 작성 방식 등 명문의 형식과 내용의 오류를 발견했다. 마지막으로 황윤석은 분쟁 당사자 정석오를 만나 확인한 사실을 설명하고 그로부터 잘못 토지를 판 사실을 확인받았다. 이처럼, 황윤석은 주변의 정보를 이용해 매매 당사자를 만나 문서를 조사하여 관청의 개입 없이 분란을 조정하려 했으며, 그 과정에서 매매명문의 형식과 내용을 판단의 중요한 근거로 이용하고 있었다.

4. 여성의 토지매매

조선시대, 특히 17세기 중엽 이전까지 균분상속 관행에 따라 여성은 토지와 노비를 소유하고 있었으며, 비단 사대부 여성만 해당하는 것은 아니었다. 18세기 이후 성리학적 가족 질서가 정착한 후에도 여성의 재산 소유 사례가 있다. 그리고 법전에도 여성의 토지 소유와 매매를 제한하는 내용이 없다.

여성은 토지매매의 주인공으로 땅을 사고파는 일에 참여했다. 신분의 한계 없이 매매명문의 작성이나 매매 사급입안의 주체로 활동했다.[176] 여성이 관청을 상대로 자신의 권리를 주장한 정소 활동을 계량 분석한 결과가 있다. 전체 소지류 중 1.65%가 과부이거나 남편이 유고한 여성이 주체였다.[177] 한글로 작성한 고문서에 여성이 전답 매매와 관련

176 19세기 후반에 어느 여성은 토지와 관련한 쟁송에 대응하면서 한글과 한문으로 작성한 소지 3점을 관에 올리기도 했다. 평민 여성이었던 장소사는 1849년(헌종 15) 친정으로부터 받아 경작하던 상주의 10여 마지기 전답의 소유를 지키기 위해 남편과 함께 적극 소송하여 승소를 만들었다(박준호, 「조선후기 평민 여성의 한글 소지 글쓰기」, 『국학연구』 36, 한국국학진흥원, 2018, 422~425쪽).

하여 소지나 명문 작성에 참여한 사례도 있다. 이 사례는 여성이 문서 필사를 직접 하지 않았을 수 있겠지만, 한글로 공사의 일 처리에 관여한 사실을 보여준다.[178] 여성은 한자뿐만 아니라 한글을 이용하여 주체적으로 매매와 소유 확보에 대응하고 있었다.

여성이 매매에 참여한 내용을 계량적으로 분석한 성과가 있다. 조선후기 한성부 매매명문 278건을 대상으로 방매자의 성비를 확인했다. 전체 자료 중 26건, 즉 9.4%가 여성이 재주였다. 이를 시기별로 다시 구분하면 17세기 매매의 21.9%가 여성이 주인공이었던 것이 18세기에는 11%로 급격히 감소하고, 19세기는 7.5% 정도였다.[179] 이 연구는 한성부 그리고 일부 자료로 확인한 현상으로 결과를 일반화할 수 없다. 그렇지만, 17세기에 여성이 매매의 1/5가량 주인공으로 역할을 하다가 18세기 이후 급격히 감소한 경향은 여성이 매매에 참여한 모습을 미루어 짐작할 수 있게 한다. 이러한 사례는 실제 매매명문에서 좀 더 구체화할 수 있다.

여성이 매매의 주인공으로 등장한 전답매매명문이 있다. 조선시대 여성의 토지매매를 신분을 중심으로 지역을 함께 고려하며 사례를 확인한다. 사대부녀들끼리 매매를 마무리하기도 했다. 경상도 경주의 양좌동 경주손씨 종가에 전하는 고문서 중 1538년(중종 33) 밭을 매매하는 명문이다.

> 1538년 무술, 7월 27일 죽은 월성군의 부인께 하는 명문입니다. 이 명문을 하는 것은 가난하고 외로운 과부가 먼 곳에 있는 땅을 갈아서 짓기 어렵기 때믄입니다. 그래서 남편[家翁]에게 전해온 범명리들의 천자 45번 밭으로 75복 1속인 곳을 목면 6동의 값으로 받고 영영 팔아 버립니다. 뒤에 자손들이 다투려고 하면 이 문기의 내용으로 관청에 알리고 바로잡을 일입니다. 밭 주인은 세상을 떠난 유학 손제의 처 권씨.[180]

---

177 김경숙, 「조선후기 여성의 呈訴活動」, 『韓國文化』 36, 서울대학교 규장각한국학연구원, 2005, 102~105쪽.

178 백두현, 「조선시대 여성의 문자생활 연구 - 한글 편지와 고문서를 중심으로」, 『어문론총』 42, 한국문학언어학회, 2005, 75~78쪽.

179 송철호, 「서울역사박물관 소장 한성부 토지 · 가옥 매매문서의 현황과 특징」, 『조선후기 한성부 토지 · 가옥 매매문서』 2, 서울역사박물관, 2024, 282쪽.

180 韓國精神文化硏究院, 앞의 책, 1997, 443쪽(土地明文 29).

밭을 파는 사람은 세상을 떠난 유학 손제(1489~?)의 처 권씨이다. 그녀는 남편이 분재받은 토지의 처분을 결정하고 직접 매매에 참여하면서 매매를 주도했다. 방매의 사유도 먼 곳의 토지를 팔아서 과부가 생계를, 특히 가정경제를 유지 및 운영하는 목적에 있었다. 토지매매를 과부가 주도하면서 명문의 끝에 분쟁을 대비하는 내용도 첨부였는데, 문서 작성은 아들 유학 손찬이 담당했다. 이처럼 여성이 가계 재산의 처분과 살림을 위해 매매를 결심하고 아들에게 매매 명문 작성을 담당하도록 결정하고 있었다. 밭을 사는 사람은 죽은 월성군 손중돈(1463~1529)의 처 화순최씨(1483~1545)이다. 그녀 또한 매매를 결정하고 직접 혹은 간접적으로 명문 작성에 참여했다.

이 매매명문의 매매자는 모두 여성이고 증인이나 필집은 이들 두 사람의 인척으로 남자들이었다. 특히 매득자 화순최씨는 이미 1543년(중종 38) 향리였던 정부의 처 철비에게서 비 1구를 매득하면서 명문에 직접 이름을 남기면서 노비매매도 주도했다.[181] 이 명문에는 증인으로 정병正兵, 문서 작성은 율생律生 등의 직역을 가진 남성이 함께했다. 경주손씨 가계와 토지매매에 대한 경향을 분석한 결과에 의하면, 화순최씨는 남편이 출사한 이후 그의 아들에 이르기까지 재산을 적극 관리하면서 집안에서의 경제적 장악력과 영향력이 높았다.[182] 이 매매명문은 사대부 여성들이 가정의 경제활동을 주도하면서 재산의 처분과 획득에 관여하였으며, 그렇기에 토지매매에 직접 참여하는 것은 특별한 사건이 아니라는 사실을 보여준다.

사대부 여성이 토지매매에 참여한 또 다른 명문이 있다. 1645년(인조 23) 한성부 북부에 사는 나인오씨內人吳氏는 경기도 양주의 서쪽 십리에 있는 5일경 규모의 밭을 전군수 황응길에게 팔았다.[183] 그녀는 매매에 앞서 1637년(인조 15) 전쟁 중 토지명문을 분실한

---

181 韓國精神文化硏究院, 앞의 책, 1997, 271~272쪽(立案(粘連) 6).

182 한효정, 「16, 17世紀 兩班家 婦人의 田畓賣買 活動」, 『韓國史硏究』 142, 韓國史硏究會, 2008, 193~194쪽.

183 서울역사박물관, 『조선후기 한성부 토지 · 가옥 매매문서』 2, 2024, 151~152쪽. 한성부는 토지매매를 도성 밖으로 한정하고 있었다. 사대문 안에는 주택문제를 고려하여 경작을 금지하고 전답을 매매할 수 없도록 했다. 그렇지만 도성 안에서 개간 시도가 이어지자 18세기 이후 장 100대와 도형 3년으로 엄히 금지하였는데, 다만 목화밭과 미나리 밭은 예외를 두었다(유승희, 「17~19세기 한성부 부동산매매 실태와 지역의 특성 - 서울역사박물관 소장 자료를 중심으로」, 『조선후기 한성부 토지 · 가옥 매매문서』 1, 서울

사실을 한성부로부터 확인받는 입지를 발급받아 토지 소유 사실을 확보했다. 자기 이름으로 입지를 확보한 오씨는 토지의 처분에도 직접 관여하여 명문을 완성하였다. 다른 사례는 1676년(숙종 2) 세상을 떠난 판관 홍영남의 처 정씨가 전현령 임식(1618~?)에게 밭을 판 명문이다. 정씨는 남편이 매득하여 오랫동안 경작하던 경기도 광주의 밭을 은자 10냥을 받고 팔았다.[184] 그녀는 남편 사후에 남편의 재산 처분을 결정하고 매매명문에 도서를 날인하고 참여했다.

1734년(영조 10) 정경부인 이씨가 서울의 대전을 직접 파는 매매명문이 있다.

> 1734년 갑인, 3월 20일 김용안댁 노 지복께 하는 명문이다. 이 명문을 하는 것은 연이어 상을 당해서 장사를 지낼 여러 도구를 갖출 수 없기 때문이다. 동부 건덕방의 집은 이미 헐어서 팔았고 남은 빈터[空垈] 370칸을 이 집에 전문 70냥으로 해서 바꾸어 받는다. 그리고 영영 팔면서 패지에 따라서 문서를 만들어 준다…[185]

매매명문에 방매자는 정경부인 이씨를 대행하는 노 오장으로 기재하고 있다. 방매 주인공은 정경부인 이씨였다. 이씨는 3월 12일 오장에게 패지로 거래를 지시하면서 패지에 4~5차례 연이은 상사로 장례 도구 마련을 위해 집터 방매를 한다고 적었다. 그녀의 지시에 따라 노 오장은 매득자를 찾아 빈터 370칸을 70냥에 방매하기로 결정하고 3월 20일에 이 명문을 작성했다.

여성이 한글로 직접 매매를 지시한 사례가 있다. 1765년(영조 41) 전라도 구례 혹은 인근에 거주하는 신생원처 윤씨가 구례의 논을 팔았다. 그녀는 자신의 토지 방매 의지를 노 치위에게 한글 패지로 전했고, 치위는 그녀의 지시를 수행했다. 한글 패지와 매매명문은 다음과 같이 번역할 수 있다.

역사박물관, 2023, 299쪽).

184 韓國學中央硏究院, 『古文書集成』 89 - 牙山 船橋 長興任氏篇, 2008, 175쪽(明文 6). 장흥임씨는 경기도에 세거하다가 18세기 충청도 아산으로 이거했다.

185 서울역사박물관, 『조선후기 한성부 토지 · 가옥 매매문서』 1, 2023, 249~250쪽.

· 한글패지 : 남자 종 치위에게. 다름이 아니라, 정말 뜻밖에도 저번에 서방님 상사를 만나서 초상 빚이 많은데 갚을 길이 없다. 그래서 토지면에 있는 등자의 11마지기 논을 팔아서 갚으려 한다. 어떤 사람에게 팔아 값을 받아 오너라. 이 패지에 따라서 문서를 만들어 주어라. 을유년 12월 20일 상전 윤씨.

· 매매명문 : 1765년 을유, 12월 24일 박생원댁 노 만태에게 하는 명문이다. 이 명문은 노의 상전 집에서 정말 뜻밖의 상사가 지난달에 나갔고 초상에 너무도 많은 돈냥(錢兩)을 달리 마련할 수 없어서 한다. 구례현의 토지면에 있는 오리동의 등자 67번의 논으로 27복 8속인 곳과 68번의 논 6속인 곳을 모두 해서 11마지기인 곳을 돈[錢文] 100냥으로 값을 쳐서 수대로 받는다. 그리고 이 집에 상전의 패지 1장과 본문기와 함께 영영 팔아 버린다. 뒷날에 다른 소리를 하거든 이 문서를 가지고 관청에 아뢰어 바로잡을 일이다. 논주인은 신생원댁의 노 치위이다.[186]

매매명문에 의하면, 방매자는 신생원댁이다. 신생원댁의 노 치위가 매득자 박생원댁에 구례현 오리동에 있는 11마지기 논을 100냥으로 팔고 있다. 그리고 매매 사유는 상전댁의 상사로 인한 채무라고 밝혔다. 그렇지만 이 매매를 실제 명령하고 주도한 사람은 매매명문에서 밝혔듯이 '상전 패지'의 주인공이었다. 상전 패지는 바로 한글로 작성한 패지이다. 한글 패지의 발급자, 즉 매매를 결정한 사람은 바로 '상전윤씨'이다. 그리고 이 패지에는 도서를 날인 하였다.

여성이 매매에 참여한 경우, 사대부녀는 도서를 사용하였으나 그 외에는 수촌, 수장 등 신체의 일부를 자기 증명의 수단으로 이용했다. 그리고 사대부녀의 경우에는 도서에 자기의 본관과 성, 혹은 남편의 관함이나 성명에 '처妻'로 이어서 표기했다. 다만, 양인이나 비의 경우는 도서를 사용하지 않고 신분과 이름을 밝혀 적었다. 이로 본다면 위 매매명문에서 방매의 주체는 신생원의 처 윤씨부인으로, 바로 사대부녀이다.[187] 윤씨부인은

---

186 韓國精神文化研究院, 『古文書集成』 38 - 求禮 文化柳氏篇II, 1998, 286~287쪽(土地明文 239 · 240). 패지와 매매명문의 관계를 확인하여 패지의 '을유년'은 1765년으로 확정한다.

패지에서 '서방님 상사'를 만나서 초상 빚을 감당할 수 없어서 토지면의 논 11마지기를 팔기로 결정했다고 적었다.[188] 그리고 자신의 종에게 방매를 위임하고 명령을 내렸다.

양인 여성과 여자 종 사이에 작성한 매매명문이 있다. 전라도 구례 문화류씨에 가전하고 있는 매매명문 사례이다. 이것은 거주지 인근의 토지를 집적하는 과정에서 구문기로 확보한 명문 중 하나이다.

> 1765년 을유, 8월 초 8일 고생원댁의 여자 종 원단에게 하는 명문이다. 이 명문은 이 몸이 물려받은 몫으로 얻어서 여러 해 동안 갈아 먹다가 쓸데가 있어서 어쩔 수 없어서 한다. 토지면에 있는 천왕치들의 등자 밭으로 콩 1마지기인 3복 1속인 것을 돈 1냥 값으로 쳐서 값대로 받는다. 그리고 이 사람에게 본문기와 함께 영영 팔아 버린다. 뒷날 자손들이 이상한 소리를 한다면, 이 문기를 가지고 관에 알려 바로잡을 일이다. 밭 주인은 조소사. 작성은 서만연.[189]

밭 주인은 조소사로 평민 여성이다. 그녀는 1765년(영조 41) 가을에 조상으로부터 분재받아 소유하고 있던 자신의 토지를 팔 것을 결정했다. 그리고 매득처를 확보하고 이 매매명문을 작성했다. 구례현에 있는 콩밭 1마지기는 같은 고을에 거주하는 것으로 볼 수 있는 고생원댁에 1냥의 돈을 받고 팔았다. 특히, 매득을 대행하는 사람은 고생원의 여자종 원단이었다. 양인 여성과 여자 종 사이의 흥정과 거래의 결과인 매매명문은 양인 서만연이 작성했다.

조소사가 팔기로 결정한 콩밭은 매매명문에 밝혔듯이 그녀가 몫으로 받은 땅이었다. 이 사연은 1732년(영조 8)과 1738년(영조 14) 조소사의 아버지로 보이는 조선봉이 매득한

---

187 16~17세기에 작성한 811건의 매매명문 사례에서 양반 부녀자가 매매주체인 것은 26건 정도의 소수로 확인되었다. 이러한 현상은 양반 부인들이 대외적으로 문자를 사용하여 매매에 소극적이었기 때문이지 실제 매매가 제한적이지 않았던 현실을 반영한 것은 아니었다(한효정, 앞의 글, 2008, 175~178쪽).

188 매매명문에 패지 1장과 함께 본문기도 함께 건넨다고 적었다. 본문기는 1749년(영조 25) 유학 신광호가 장처원에게서 토지면의 11마지기 논을 사면서 작성한 매매명문이다(韓國精神文化研究院, 앞의 책, 1998, 287쪽(土地明文 241)).

189 韓國精神文化研究院, 앞의 책, 1998, 259쪽(土地明文 213).

매매명문에서 확인할 수 있다. 두 명문은 각기 5승락지 밭, 합하여 한 마지기의 밭을 이배성과 조돌동에게서 매득한 결과이다. 명문에 직역을 적고 있지 않아 양인으로 볼 수 있는 조선봉은 자신이 매득한 밭을 딸 조소사에게 분재하였다. 이 과정에서 조소사는 도문기로 명문 2장도 함께 받았다. 그리고 그녀는 거의 30년 뒤에 이 땅을 고생원댁에 팔면서 여자종 원단에게 구문기로 이 명문 2장도 함께 주었다.

양인 여성이 자신의 토지를 양인 남성에게 방매하였다. 강원도 강릉 전주이씨 선교장에 전하는 고문서 중 1865년(고종 2) 권소사가 권중서에게 논을 파는 매매명문이 있다.

> 1865년 을축, 정월 20일 권중서께 하는 명문이다. 이 명문은 제가 쓸 데가 있기 때문이다. 전해서 오는 유목정의 독산에 동자로 기록된 2섬지기로 4복 5속 논을 전문 115냥으로 받는다. 이제부터 해서 영영 파는데, 뒷날 둘 사이(彼此間)에 만일 잡담이 있으면 이 문기를 가지고 바로잡을 것. 끝. 논 주인 권소사.[190]

양인 권소사는 직역 표시가 없어 양인 남성으로 보이는 권중서에게 2섬기지 논을 전문을 받고 팔았다.[191] 그녀는 방매 대상 토지가 자신이 분재 받은 재산인 점을 밝혔다. 그리고 그녀가 이를 방매하기로 하고 매매에 직접 참여했다.

강릉 전주이씨 매매명문 중에는 이처럼 양인 여성이 토지를 방매하는 사례가 다수 있다. 1733년(영조 9) 김씨는 남편이 죽기 전에 받은 20여 석의 환자를 거듭한 흉년으로 갚을 수 없자 10마지기의 논을 팔아 해결하려 했다.[192] 1794년(정조 18) 최소사는 갑작스러운 남편의 초상을 치르기 위해 매득했던 논 1섬지기를 종계에 38냥에 방매했다.[193]

---

190 한국학중앙연구원, 『고문서집성』 129 - 江陵 全州李氏 船橋莊 古文書I, 2024, 707쪽(明文 386).

191 강릉지역의 매매명문 중 1753년(영조 29) '故通政金介龍妻李召史'가 죽은 남편이 생시에 매득해서 경작하던 토지 1섬 10마지기 밭을 파는 사례가 있다(한국학중앙연구원, 앞의 책, 2024, 367쪽(明文 46)). '통정'은 80세 이상에게 부여하는 壽職 혹은 老職이므로 김개룡은 양인으로 볼 수 있다. 그래서 그의 처도 김소사로 명문에 적었다.

192 한국학중앙연구원, 앞의 책, 2024, 337쪽(明文 16).

193 한국학중앙연구원, 앞의 책, 2024, 489쪽(明文 168).

그녀는 12월 12일 명문을 작성하면서 대상 토지를 '매득답買得畓'으로, 방매 시기를 이듬해부터라고 밝혀 자기 재산의 처분 의지를 밝히기도 했다. 한편, 양인 여성이 토지를 매득한 사례도 있다. 1839년(헌종 5) 홍소사는 이의조로부터 논 5마지기를 전문 45냥에 사는 명문을 완성했다.[194] 양인 여성이 자신의 토지를 팔거나 사는 명문에서 경제활동의 주체로서 여성을 살필 수 있다.

경상도 안동의 진성이씨 종가에 전하는 토지매매명문 중에는 노비가 자신의 토지를 파는 사례가 있다. 사비 일금과 그의 남편 막손은 임하댁에 논을 팔았다. 매매명문의 내용은 다음과 같다.

> 1530년 경인, 10월 15일 임하댁 앞으로 명문을 합니다. 이 명문은 이 몸이 환자를 해마다 받아먹고 사창에 들일 수가 없어서 합니다. 게다가 올해에 별도로 맡은 사람을 정해 보내서 나날이 독촉하니 감당하고 견딜 수 없습니다. 그래서 저의 아버지가 전해준 □□이름으로 되어 있는 마기라들의 논 14복 8마지기인 곳을 저희 부처(夫妻)가 상의하여 4동으로 값을 쳐서 정조 14석을 받고 영영 팔아 버립니다. 나의 상전과 가족들이 분쟁하면은 이 문서 내용으로 관청에 알려 바로 잡을 일입니다. 논 주인 남편 막손, 사비 일금이다.[195]

1530년(중종 25) 10월 보름날 사비 일금은 남편 막동과 함께 안동의 진성이씨 임하댁에 논 8마지기를 팔면서 명문을 작성했다. 임하댁의 주인은 이희안(1511~1563)인데, 그가 직접 매매에 참여한 것이 아니라 차노로 대행하게 했다. 명문 내용에는 비 일금 부부가 환자를 여러 해 받고 이를 갚을 재원이 없자 아버지로부터 분재 받은 논을 팔아 해결하기로 한 사실을 적고 있다. 그녀는 땅을 판 뒤 이성 자녀들이 매매와 관련한 분란을 제기할 것을 염려하여 남편과 연명하고, 또 그녀의 상전이 토지를 기상하지 않은 사유로 쟁송할 것도 염려하여 명문에 단서를 남겼다.[196] 매매에 참여한 사람들은 시노와 차사원과

---

194 한국학중앙연구원, 앞의 책, 2024, 607쪽(明文 286).

195 韓國精神文化研究院, 앞의 책, 1999, 527쪽(土地賣買明文11).

같이 노비와 양인이 증인이었고, 문서 작성은 유학 권응조 였다. 양인 여성이 여러 신분 배경을 가진 남성과 매매에 함께하고 있었다.

노비가 자신의 토지를 팔거나 사는 것과는 달리 상전의 매매를 대행하기도 했다. 강원도 강릉 전주이씨 종가의 고문서에는 노비가 각기 상전을 대신하여 토지를 매매하는 명문이 있다.

> 1801년 신유, 12월 7일 노 일손께 하는 명문입니다. 이 명문은 나의 상전댁에서 쓸 곳이 생겨서 자기의 성곡의 금자 60번 논 (가운데 줄임) 2섬지기 논을 이 사람께 전문 220냥으로 값대로 받고 내년부터 영영 팔아 버립니다. 뒤에 만일 딴소리가 있으면 이 문서로 관청에 아뢰어 바로잡기. 끝. 논 주인 비 춘매. 증인과 작성 홍인범.[197]

1801년(순조 1) 12월 여자 종 춘매는 남자 종 일손에게 2섬지기 논을 전문으로 값을 쳐서 받고 팔았다. 명문의 내용에는 춘매가 자신의 토지를 매매하는 것이 아니라고 적었다. 상전의 토지매매를 대신 수행하고 있었으며, 노 일손 또한 매매 대행으로 볼 수 있다. 비 춘매와 노 일손은 각기 차노비였다. 이처럼 노비가 상전의 매매를 대신하는 것을 보여주는 명문은 1849년(헌종 15) 이노순재李奴順才가 최비계월崔婢桂月에게 1섬 5마지기 논을 110냥에 파는 사례 등이 있다.[198] 상전의 노비매매를 대행하는 차노와 함께 차비도 있었으며, 여자 종의 매매 참여와 역할이 남자 종과 다르지 않았음을 보여준다.

조선전기부터 조선후기까지, 사대부 여성에서 여자 종에 이르기까지 다양한 신분층에서 토지매매가 있었다. 그리고 경상, 전라, 서울 그리고 강원도에서도 여성이 매매 주체

---

196 한편, 시기를 특정하기 어려운 '경자년'에 사비 분례가 '작은 아가씨'에게 빌린 2냥을 갚기 위해 자신의 4마지기 밭을 팔면서 작성한 한글 토지매매명문이 있다(金一根, 『諺簡의 硏究』, 건국대학교출판부, 1986, 325쪽).

197 한국학중앙연구원, 앞의 책, 2024, 499쪽(明文 178).

198 한국학중앙연구원, 앞의 책, 2024, 660쪽(明文 339). 강릉 전주이씨 매매명문 중에는 1886년(고종 23) 3월 노비 매매와 세습을 금지하는 조치를 실행(『高宗實錄』 卷23, 高宗 23年 3月 11日)하기 직전까지 차노비로 매매를 대행한 명문이 있다(한국학중앙연구원, 앞의 책, 2024, 755쪽(明文 434)).

혹은 참여자로 토지매매를 실행한 명문을 확인하였다. 여성도 경제 주체 혹은 대행자로 토지의 소유 및 처분 그리고 매매계약의 작성을 실현하고 있었다. 이런 현상은 제주라고 예외는 아니었다.

제주에서 여성이 토지를 매매한 사례를 제주 어도 진주강씨 고문서를 중심으로 찾을 수 있다. 양인 이상의 여성이 사족에게 밭을 팔았다.

> 1829년 기축, 5월 초5일 강영노에게 하는 명문이다. 이 명문은 쓸데가 있어서 한다. 시아버지께서 별급 받으신 사장(射場)의 비을래들에 있는 겉보리[皮牟] 3마리지기로, 네 경계[四標]가 동으로 강유훈 밭, 서로는 강수범 밭, 남으로 강유훈 밭, 북으로는 홍인태 밭으로 분명한 곳을 정목 5필로 받는다. 본문기는 도문기에 같이 있어서 주지 못하고 이 사람에게 영영 방매한다. 뒷날 만일 잡담하는 잘못이 있으면 이 문기로 살필 일이다. 밭 주인 진씨. 문서 작성은 강상주.[199]

진씨는 제주지역의 다른 명문에 따르면 양인 이상, 즉 사족 부인이다.[200] 그녀는 1829년(순조 29) 시아버지가 별급 받은 토지를 자신이 방매하기로 하고 매득자 강영노(1811~1837)와 거래한 다음 명문을 완성하였다.[201] 이 과정에서 매매대상 토지의 주위 경계와 소유주를 확인하여 완전한 매매를 실현하였다.[202] 사족 여성 외에도 양인 여성이 자신의

---

199 韓國學中央研究院, 『古文書集成』 110 - 濟州 於道 晉州姜氏 朝天 金海金氏 舊左 東萊鄭氏 古文書, 2014, 628쪽(明文 135).

200 이와 관련하여 내륙과는 다른 제주사회의 특수한 측면을 생각할 수는 있다. 18세기까지 제주에는 시노비가 광범위하게 존재하고 있었으며, 1801년(순조 1) 공노비 혁파 이후 본격적인 사회 변화가 따라오면서 가솔을 디딤돌로 업유 등으로 신분을 전환하는 움직임이 나타났다(정수환, 「19世紀 假率의 성격과 濟州社會 - "濟州大靜縣沙溪里戶籍中草"를 중심으로」, 『濟州島研究』 23, 濟州學會, 2003, 212~214쪽). 그렇기에 제주는 사족(양반), 양인, 천인의 구분을 달리 설정할 필요가 있다.

201 19세기에 사족 여성이 토지를 매득하는 사례로 1865년(고종 2) 김씨가 강응효로부터 논을 사는 명문 등이 있다(韓國學中央研究院, 앞의 책, 2014, 670쪽(명문 177)).

202 19세기 이전 사족 여성의 토지매매 사례는 1621년(광해군 13) 현씨가 강계남(1574~?)에게 1마지기 밭을 팔거나, 1792년(정조 16) 변씨가 강봉휴(1743~1822)에게 5마지기 밭을 파는 명문 등 다수 있다(韓國學中央研究院, 앞의 책, 2014, 497쪽(명문 4) · 595쪽(명문 102)).

밭을 파는 사례도 다수이다. 1653년(효종 4) 양녀 이생은 양반 강두형(1628~1709)에게 밭을 파는 명문을 작성했다.

> 1653년 계사, 4월 초5일 강두형에게 하는 명문이다. 이 명문을 하는 것은 아버지 살아 계실 때 자기가 산 밭 등을 아버지의 의녀(儀女) 사위인 남자 종 산남이 가로챌 잘못된 계획에 소송을 내어(呈狀) 서로 쟁송하고 판결을 받았는데, 가난한 여자로 질지(作紙) 값을 따로 낼 곳 없기 때문이다. 같은 판결받은 밭 중에 아버지 아내의 오라비[同生娚] 문선벽에게 사들인 도(道)의 산리내들에 있는 마(麻)자에 있는 대전 1마지기와 닿아 있는 담장 밖의 겉보리 2마지기 밭 (가운데 줄임) 네 경계를 분명하게 정한다. 밭을 마을[洞里]에 사는 강두형한테 영영 판다. 값은 5승 목면 1필을 바탕으로 6승 마포 1필로 받는다. 뒤에 잡담하는 사람이 있거든 이 문기로 관청에 가져가 바로잡을 일이다. 밭 주인은 양녀 이생. 증인은 노 덕수와 노 신복. 문서 작성은 진무 김여해.[203]

매매명문에는 땅을 파는 결심과 매매대상의 위치와 소유 경위 등이 자세하여, 양녀 이생이 이 토지를 확실히 확보하고 처분을 결정한 사연을 적고 있다. 양녀 이생은 죽은 아버지의 토지를 가로채려 한 의녀서儀女壻를 상대로 승소하는 과정에서 행정 수수료를 마련할 길이 없었다. 그래서 승소한 토지 중 밭 2마지기를 사족인 강두형에게 팔게 되었다. 매매에 참여한 사람은 양인 이생과 두 명의 노가 증인, 제주지역의 상층 신분에 해당하는 진무 김여해가 문서를 작성했다.

사족이나 양인 여성과 함께 여자 종이 매매에 관여한 사례도 많다. 시비寺婢 천심이 진주강씨 강언확(1527~?)에게 밭을 파는 매매명문이다.

> 1599년 기해, 2월 20일 명문이다. 이 명문은 남편[家夫] 함복련이 살아 있을 때 강언확 집의 검은 암소 1마리를 잡아서 먹었는데 그 남편이 죽고 소의 값을 갚을 길이 없기 때문이다.

---

203 韓國學中央硏究院, 앞의 책, 2014, 514쪽(明文 21).

그래서 남편에게 전해와서 갈아 먹던 (가운데 줄임) 사표(四標)는 동으로 강우안의 밭이고 남은 강원박, 서북은 모두 물길로 분명하게 정한 밭을 강언확에게 영영 판다…[204]

1599년(선조 32) 봄에 시비 천심은 남편 함복련이 분재 받아 소유하던 밭을 강언확에게 팔았다. 방매 사유는 남편이 강언확의 흑우黑牛를 잡아먹고 죽자, 그 값을 치를 수 없었기 때문이었다. 그녀는 소값을 대신하여 남편 소유의 밭을 팔고 매매에 참여 하였다. 매매에는 이들 둘 외에도 증인으로 김복부와 노 연수 그리고 문서 작성으로 감고 고의수가 참여하여 신분 구성의 다양한 모습을 보인다. 특히, 천심은 시비임에도 사족이었던 강언확을 '전前'으로 존칭하지 않고 평 · 하칭에 사용하는 '처處'로 적고 있다. 작성자가 감고 고의수이기에 그가 강언확과 사회적 입지가 대등하였기에 그러할 수도 있겠으나 용어의 구분이 엄격하지 않다. 그렇지만 천심은 시비의 신분으로 자기 집안 토지의 처분을 결정하고 매매에 직접 참여했다.[205]

5. 노비의 토지 소유와 매매

조선시대 땅을 사고파는 일은 양반이나 사족이라고 하는 힘 있는 사람들의 전유물은 아니었다. 신분이 부와 함께하지는 않았다. 그렇지만, 사회의 아래층을 구성하고 있던 노비, 바로 남자 종과 여자 종도 토지를 갈아먹고 사고팔면서 자식들에게 물려주기도 했다.

노비가 자신의 토지를 자기의 의지에 따라 사고파는 일이 조선전기는 비교적 자연스러웠는데, 그것은 법전에서도 소유하는 내용을 밝혀 적고 있기 때문이기도 했다. 노비가

204 韓國學中央硏究院, 앞의 책, 2014, 494쪽(明文 1).

205 제주 어도 진주강씨 매매명문 중 여자 종이 토지를 파는 명문은 이 사례 외에도 17~18세기까지 5건이 더 있다. 현재 남아 있는 자료는 1756년(영조 32) 비 초금이 강우룡에게 밭을 파는 사례가 가장 늦은 시기에 작성한 문서이다(韓國學中央硏究院, 앞의 책, 2014, 577쪽(明文 84).

토지를 사고파는 이야기를 찾아본다.[206] 『경국대전』은 노비의 재산 소유 내용을 밝히고 있다.

> 공노비가 아들과 딸 없이 죽은 몸이 되었을 때, 노비와 밭과 집은 이것들이 있던 관청이나 고을에 속하게 한다. 사노비도 모두 그 재산을 본래의 주인이 알아서 정한다.[207]

사노비도 공노비에 비추어 같이 적용하는 내용이다. 그렇기에 공노비든 사노비든 자식 없이 세상을 떠나면 그들의 재산은 관청 혹은 주인에게 돌아갔다. 이는 바로 노비도 자기 노비와 토지 그리고 가옥을 가지면서 자녀들에게 물려줄 수 있는 사회를 의미한다. 법전의 규정이 작용한 현실은 고문서에서 많이 확인할 수 있다.[208] 조선전기까지는 『경국대전』의 규정에 따라 노비가 그의 노비와 토지매매를 실현하고 있었다.

노비와 양반 상전 사이 신공 납부에 따른 주종관계와 달리 노비가 홀로 토지매매를 실현한 매매명문이 있다. 1522년(중종 17) 3월 16일 사노 박금손이 상전 박영기에게 논을 파는 사례이다.

> 남자 종의 몸인 저는 가난하고 쓸쓸하여 환자 받아먹고 차곡차곡 갚을 수가 없습니다. 저의 어머니가 전해주어 받은 미금들의 길 위와 아래에 있는 벼 세 마지기를 뿌릴 수 있는 논을 목면 7필 반의 값으로 해서 받고는 아주 팔아 버립니다. 그러므로 아주 오랫동안 갈아서 농사를 지으십시오. 나중에 저의 동생과 친족들이 다툼을 걸거든 이 명문에 쓰인 내용으로 관청에 아뢰어 바로 잡을 일입니다.[209]

---

206 노비의 토지소유와 매매 내용 일부는 정수환(「조선후기 노비와 상전의 이해 - '충(忠)'과 '이(利)' 그리고 호혜와 시혜」, 『淸溪史學』 27, 청계사학회, 2024)의 글을 참고하였다.

207 『經國大典』, 「刑典」, 公賤.

208 全炯澤, 「朝鮮後期 奴婢의 土地所有 - 記上田畓을 중심으로」, 『한국사연구』 71, 한국사연구회, 1990, 66~67쪽.

209 韓國學中央硏究院, 『古文書集成』 82 - 寧海 務安朴氏篇(I) 武毅公(朴毅長)宗宅, 2005, 315쪽.

명문은 '사노 박금손'이 방매하고 '박영기 상전'이 매득하는 내용을 수록하고 있다. '사노'로서 '상전'에게 땅을 파는 사실을 밝히고 있다. 사노 박금손은 방매하는 논이 어머니로부터 전래 받은 사실에서도 자신 소유임을 강조했다. 그리고 명문에는 사노 박금손의 의부 한옥동이 증인으로 참여하고 있다. 자녀가 없는 노비의 의자녀도 의부모 재산의 1/5에 이르는 권리를 인정하였으므로,[210] 의부 한옥동은 이 매매에서 의자 사노 박금손이 논을 파는 일에 동의하면서 증인으로 참여했다. 이 매매명문은 16세기 전반 노비와 상전의 토지 거래를 담고 있다.

적어도 임진전쟁 이전까지 노비와 상전의 신분적 주종이 경제적 관계로 바로 이어지지는 않았다. 그렇지만 점점 상전이 자기 노비의 전답을 요구하는 움직임이 나타나기 시작했다. 이런 현상은 노비가 재산을 자기의 의지에 따라 처분하는 사례를 살펴 매매에서의 상황을 가늠할 수 있다. 1540년(중종 35) 사노 복만이 상전에게 자신의 재산을 기상記上하면서 작성한 분재기가 있다.

> 나는 76세의 나이로 죽음이 오늘일지 내일일지 모른다. 딸 둘은 각기 다른 상전에게 몫으로 나뉘어 가 있다. 그런데 나의 상전은 내가 나이가 많다고 놓아 주지 않고 자식 없는 남자 종으로 여겨서 하나같이 해마나 신공을 받고 있다. 나를 괴롭힌다. (중간생략) 내 상전에게도 아주 특별하게 자식들한테 분재하여 주는 것과 같은 내용으로 기상을 한다. 그리고 나머지 가사, 전답과 살림살이 등은 너희 형제들에게 준다.[211]

인용문은 분재기의 서문이다. 사노 신분이었던 복만은 분재를 결심한 이유를 적고 있다. 상전이 나이가 많은 자신에게 신공을 계속 독촉하고 또 자기 재산의 기상을 도모하고 있다고 의심하였기 때문이다. 복만은 사노라 할지라도 나이 60이 넘으면 신역을 면제하는 현실을 알고 있었다.[212] 심지어 그는 상전이 자신을 '무자식노無子息奴'로 여겨서

---

210 『經國大典』, 「戶典」 私賤.
211 韓國精神文化硏究院, 앞의 책, 1999, 487~488쪽.

재산을 '침노侵勞'한다고까지 적을 정도로 감정을 숨기지 않았다.

15세기 말부터 양반이 노비를 늘리면서 노비의 재산이나 노비가 개간한 땅을 그의 소유로 바꾸기 시작했다.[213] 그렇지만 사노 복만의 사례는 적어도 16세기까지 노와 상전의 재산 구분이 존재했다는 사실을 보여준다. 그리고 그는 현실적 타협에서 상전에게 일부 기상하고 두 딸에게 또한 분재 했다.

상전이 자신 노비의 전답에 대해 침노하는 경향은 16세기 후반 가속화 했다.[214] 다시 경주 지역의 몇 가지 사례이다. 1580년(선조 13) 10월 5일 노 애충이 어리댁에 밭을 파는 매매명문에 상전이 증인으로 참여하면서 문서를 작성했다.[215] 애충은 가난으로 환자를 납부할 수 없자 '조상전래祖上傳來'로 갈아 먹던 밭 3마지기를 팔았다. 명문에는 노 애충이 '전주田主', 상전 정심과 정녕이 각각 증인과 문서 작성자로 남아 있다. 이 매매에는 애충의 밭을 둘러싼 이해가 상전들과 얽혀 있었다고 볼 수 있다. 애충이 '무자식노'로 생을 마감하면 상전에게 밭이 돌아갈 여지가 있었고 그래서 상전들이 매매와 명문 작성에 관여했을 것이다.

노비의 토지를 상전이 직접 방매하기도 했다. 1591년(선조 24) 2월 29일 생원 최인제는 충의위 손시에게 밭 2마지기를 팔았다.[216] 매매명문은 '전주田主'에 대한 언급 없이 '상전자필上典自筆'로 적고 있다. 왜냐하면 본문에 매매대상 밭이 비 억진이 부모나 조상으로부터 몫으로 받은 재산이었기 때문이었다. 따라서 전주는 비 억진이었다. 억진에게 자식이 있었는지는 알 수 없지만, 상전 최인제는 그녀의 밭을 방매하였다. 이처럼 경주 지역에서 작성한 2개의 매매명문은 상전이 사노비의 재산, 특히 토지의 처분에 깊숙이 끼어들면서 침노하는 상황을 암시하고 있다.

---

212 16~59세 노비의 신공 의무는 공 · 사노비에도 적용했다(『經國大典』, 「戶典」 徭賦 · 「刑典」 公賤).

213 李樹健, 「古文書를 통해 본 朝鮮朝社會史의 一研究」, 『韓國史學』 9, 韓國精神文化研究院, 1987, 72~73쪽.

214 1578년의 노비결송입안에는 신공을 둘러싼 노비의 도망과 상전의 추심이라는 시대상황을 담고 있다(이혜정, 「16세기 어느 도망노비 가족의 생존전략 - 1578년 노비결송입안(奴婢決訟立案)을 중심으로」, 『인문논총』 72-4, 서울대학교 인문학연구원, 2015, 173~174쪽).

215 韓國精神文化研究院, 『古文書集成』 32 - 慶州 慶州孫氏篇, 1997, 526쪽.

216 韓國精神文化研究院, 앞의 책, 1997, 531쪽.

두 번의 전쟁을 거치면서 상전의 사노비 토지에 대한 침노가 노골화하면서 노비의 입지가 좁아졌다. 1613년(광해군 5) 비 은서비는 논 7마지기를 동생인 사노 도금에게 팔았다.[217] 동복 남매사이의 토지매매는 이유가 있었다고 추측한다. 은서비는 상전이 직접 와서 신공을 요구하자 분재 받은 논을 동생에게 방매하는 사연을 명문에 적었다. 또 다른 상전의 침노를 염려하여 조상전래의 토지를 동복 오빠에게 방매함으로써 '손외여타孫外與他' 방지를 실현하였다. 그리고 1624년(인조 2) 정월 28일 사노 권화는 상전의 신공 독촉에 '모변전래'의 밭과 말을 이생원댁에 방매했다.[218] 노비는 자기의 재산, 특히 토지에 대한 이익을 지키기 위해 방매로 대응하기도 했다.

17세기 중엽 이후 노비가 경제적 주도권을 유지하기 힘든 상황이 더해갔다. 다시 몇 가지 사례를 확인할 수 있다. 노비가 상전에게 토지를 파는 행위는 대등한 관계의 매매로 보기 어렵다. 1659년(효종 10) 반노 계남은 가난으로 자신의 논을 상전댁에 팔았고 같은 해 반비 연춘도 또한 조상전래의 논을 상전에게 팔았다.[219] 1691년(숙종 17) 비부노婢夫奴 계룡은 흉년으로 처의 상전댁에 논을 방매하였는데, 여기에는 사비 신분인 처의 처지를 담고 있다.[220] 그리고 노비와 상전사이의 토지거래에서 매매가격을 보면 대등한 거래가 아니었음을 알 수 있다. 1755년(영조 31) 3월, 노 원백은 삼세 납부를 위해 상전에게 밭 5마지기를 전문 6냥에 팔았다.[221] 밭 5마지기에 대한 매매가가 시세를 반영했는지는 같은 시기 비슷한 규모 토지의 현황과 비교하면 알 수 있다. 1755년 3월 유학 김시룡은 유학 김희성에게 논 6마지기를 전문 38냥으로 그리고 같은 해 2월 숙부가 조카에게 밭 4마지기를 전문 31냥으로 팔았다.[222] 토지의 위치와 경작상태 등의 변수를 고려하더라고 6냥과 30냥 이상의 매매가는 차이가 크다. 그렇다면 1755년 노 원백이 상전에게

---

217 韓國精神文化硏究院, 『古文書集成』 3 - 海南尹氏篇, 1986, 218~219쪽.
218 韓國精神文化硏究院, 앞의 책, 1999, 550쪽.
219 韓國精神文化硏究院, 앞의 책, 1986, 254쪽.
220 韓國精神文化硏究院, 앞의 책, 1986, 313쪽.
221 韓國精神文化硏究院, 『古文書集成』 76 - 密陽 密城朴氏 · 德南書院篇, 2004, 285쪽.
222 韓國精神文化硏究院, 『古文書集成』 66 - 慶州 玉山 驪州李氏 獨樂堂篇, 2003, 718쪽; 韓國精神文化硏究院, 『古文書集成』 27 - 靈光 寧越辛氏篇(Ⅰ), 1996, 546쪽.

밭을 판 것은 상전이 노비의 토지를 침노한 것으로 해석할 수 있다. 상전은 조선후기 생산성이 증가한 토지의 재산 가치가 높아지자 이매나 병작 등의 방법으로 토지를 모으고 있었다.[223] 그리고 법전의 기상 조항과 이 시기 노비의 취약한 상황은 노비가 토지를 소유하고 경영하며 자유로운 매매를 결심하기 어려운 환경을 만들고 있었다. 이는 조선 전기와는 다른 상황이었다.

두 번의 전쟁을 거친 뒤 17세기 후반부터 노비의 입지가 약화하며 이들 주도의 토지거래가 줄어 들었다. 반면, 매매명문에는 상전의 매매 대행으로 거래에 참여하는 내용이 많이 있다.[224] 노비를 비롯한 사회 기층부의 사람들이 토지매매에 참여한 내용으로 조선 후기 토지매매와 노비의 연결점을 찾아본다.

1697년(숙종 23) 전라도 해남에서 각기 상전을 대신하여 땅을 사고파는 매매명문이 있다.[225] 그리고 이 매매명문과 패지도 함께 남아 있어 토지매매와 관련한 주변의 이야기와 인물들을 살피기 좋다. 먼저, 토지매매명문의 내용은 다음과 같다.

> 강희 36년, 정축 2월 12일 윤진사댁의 노 일복에게 하는 명문이다.
>
> 이 명문을 한다. 내 상전의 패지에 따라 현 땅의 현산면(縣山面) 백야지(白也只) 당악원(堂岳員)에 있는 이자(李字) 밭을 판다. 이 밭은 보리[牟]를 심는 5마지기로, 양안에 19복 5속인 곳이다. 이것을 나락[正租]으로 5석 15두를 채워서 셈하여 받는다. 그리고 이 사람 상전댁의 패지도 함께 영영 팔아 버린다. 그러나 뒤에 동생이나 자식 그리고 일족 중 딴소리를 한다면 이 문서의 기록으로 관청에 아뢰어 바로잡을 일이다.
>
> 밭 주인 차노(差奴) 출생, 증인 반노(班奴) 생이, 증인 보증 반노 이학, 글쓴이 산인 탄잠.

---

223 정수환, 「17세기 화폐유통과 전답매매양상의 변화」, 『藏書閣』 23, 한국학중앙연구원, 2010, 175~176쪽; 김영나, 「15~17세기 광산김씨 예안파의 전답소유양상」, 『嶺南學』 15, 경북대학교 영남문화연구원, 2009, 398~399쪽; 김건태, 「조선후기 병작제의 양상 - 칠곡 석전 광주이씨가 사례」, 『대동문화연구』 32, 성균관대학교 대동문화연구원, 1997, 157~158쪽.

224 여기부터 내용은 정수환(「윤두서의 집사, 일복이의 토지매매」, 『녹우당에서 고산을 그리다』, 한국학중앙연구원출판부, 2018)의 글을 참고하였다.

225 韓國精神文化研究院, 『古文書集成』 3 - 海南尹氏篇 正書本, 1986, 316쪽.

이 매매명문은 1697년, 정축년 2월에 있었던 밭을 사고파는 내용을 담고 있다. 땅을 파는 사람은 차노 출생이며, 사는 사람은 윤진사댁의 노 일복이다. 밭은 보리밭으로, 다섯 마지기의 넓이였다. 값은 나락으로 다섯 섬 열다섯 말이었다. 이 전답매매명문과 관련한 매매 지역과 거래에 참여한 사람들의 배경을 확인 할 수 있다.

거래가 이루어지는 지역과 매매 대상이 되는 밭의 위치를 확인할 수 있다. 단서는 이 토지매매명문이 남아서 전하고 있는 소장처에 있다. 이 명문은 전라도 해남의 해남윤씨 종가에서 가전하고 있는 고문서 중 하나이다. 이에 따라 이 문서는 1697년 해남윤씨 종가에서 토지를 직접 매매한 결과이거나, 다른 토지를 사면서 구문기로 받아서 전하는 것이다. 다만, 이 매매가 있고 이 토지를 다시 방매한 사실을 확인할 수 없고, 나중에 확인하겠으나 매득자 '윤진사댁'은 곧 해남윤씨 종가이다. 따라서 이 매매가 이루어진 공간적 배경의 중심은 전라도 해남이었다. 그리고 매매물이 되는 밭이 '현 땅의 현산면'이다. 17세기 이후 토지매매명문의 지명 표기가 강조되는 경향에서 명문에 '본면本面'이나 '당면當面'으로 밝힌 경우는 매득자의 거주지일 가능성이 높았다.[226] 게다가 해남윤씨 종가에 전하는 노비매매사급입안에는 '해남현산면海南縣山面'에 사는 윤진사댁 노 필경이 올린 소지를 점련하고 있다.[227] 그리고 현재 행정면으로 해남군의 현산면이 있다. 따라서 이 매매는 1697년 해남현에서 이루어졌다.

토지매매에 참여한 사람들의 거주지는 바로 알기 어렵다. 다만, 이들의 처지나 활동 내용을 찾는다면 미루어 짐작할 수 있다. 먼저, 토지를 파는 사람이다. 매매명문에는 밭 주인으로 '차노 출생'을 적고 좌촌左寸을 남기고 있다. 차노는 '수노'와 함께 상전의 행위를 대행하기 위해 여느 노비와 달리 가려 뽑은 남자 종을 말한다.

남자 종 출생이 매매에 참여하고 있지만 자기의 토지를 파는 것은 아니었다. 그래서 명문에 상전의 패지에 따라 매매를 대행하고 있다고 밝혀 적었다. 이런 배경을 담아내고

---

226 정수환 · 이헌창, 「조선후기 求禮 文化柳氏家의 土地賣買明文에 관한 연구」, 『古文書研究』 33, 韓國古文書學會, 2008, 205~207쪽.

227 韓國精神文化研究院, 앞의 책, 1986, 389~390쪽.

발생할 수 있는 분쟁을 막고자 사는 사람은 매매명문에 차노 출생이 상전으로부터 받은 일종의 위임장 패지를 이어 붙였다. 패지에서 출생과 그 주변의 이야기를 찾을 수 있다. 아래는 패지를 현대어로 바꾼 내용이다.

> 남자 종 출생에게. 니산댁(尼山宅)에서 밭 사는 것을 바라고 있다. 그 땅은 예전 남자 종 의호(儀浩)가 가지고 있던 갯가의 텃밭인데, 그것을 나에게 사고자 한다. 나도 그 땅이 있다는 것은 예전에 들은 적이 있다. 너는 꼭 며칠까지 팔아야 한다는 마음에 얽매이지 말고 값을 넉넉히 받고 팔아서 그 값을 가져오너라. 내 이렇게 지시한 뒤에라도 만일 나를 속이거나 거짓으로 팔거나 했다가는 큰 죄를 입을 줄 알아라. 상전 이씨가 쓴다. 병자년 12월 초 이틀.[228]

병자년은 함께 이어 붙인 토지매매명문으로 확실하다. 1697년(숙종 23) 정축년 2월의 매매에 차노 출생은 방매자로 참여하였으며, 그는 패지를 받은 사람과 같은 인물이다. 그래서 이 패지는 '정축년' 한해 전, '병자년'으로 바로 1696년(숙종 22) 12월 2일 출생의 상전이 쓴 것이다.

1696년 상전을 대신하여 토지를 파는 출생은 해남윤씨 종가의 많은 고문서에서 여러 번 등장한다. 가장 오랜 자료는 1672년(현종 13) 3월 사노 봉이가 처지가 같은 사노 임봉으로부터 콩밭 두 마지기를 사는데 사노 출생이 증인으로 참여한 명문이다.[229] 이처럼 출생이 매매에 참여한 명문은 1672년부터 1709년(숙종 35) 사이 13건이며, 이 중 11건이 증인으로 관여한 사실이 있었다. 출생은 해남에 살던 사노였고, 그의 상전은 이씨이다.

패지에서는 사노 출생의 상전이 언급했던 종 의호가 등장한다. 상전은 의호의 땅을 팔기로 결심했다. 패지에는 '녯죵 의호'로 적고 있는데, 여기 적힌 '옛날 종'의 의미는 그가 세상을 떠났음을 말한다. 여러 문서에 의호는 '儀浩'와 '義浩'로 다른 13건의 명문과

---

228 한국학중앙연구원 藏書閣, 『한글 - 소통과 배려의 문자』, 2016, 116~117쪽.

229 韓國精神文化硏究院, 앞의 책, 1986, 279쪽.

패지에 이름이 있다. 특히, 출생이 매매에 관여하기 벌써 20년 전 1672년의 매매명문과 패지에 의호는 세상을 떠난 사람이었다.[230] 게다가 의호가 죽고 토지를 상전에게 기상했다고도 했다.

> 아버지께서 예전 종 의호가 죽은 뒤에 그가 가지고 있던 조금의 논과 밭을 기상 받았다고 하셨다.[231]

상전은 의호가 죽자, 그의 논밭을 '기상' 받아 팔기 시작했다. 여기에는 이미 보았듯이 『경국대전』의 규정에 따라 처자식이 없이 사망한 노비의 재산을 상전이 차지한다는 조치가 작용했다.[232] 의호는 상전 이씨의 사노로 1670년 즈음 세상을 떠났다. 그리고 그의 상전 이씨가 이를 팔고 있다. 다만, 상전 이씨의 정체는 정확히 알 길이 없다.

세상을 떠난 의호의 토지를 가리켜 사고자 했던 '니산댁'은 해남윤씨 종가의 인물이었다. 종가 인물 중 택호를 '니산댁'으로 쓸 수 있는 사람은 1678년(숙종 4) 이산현감을 지낸 윤이석(1626~1694)이다.[233] 그런데 패지가 있은 이듬해 1697년 봄, 명문에서 사는 사람은 '윤진사댁'이다. 해남윤씨 종가는 윤이석이 세상을 떠나고 당분간 이산댁을 택호로 사용하였으며, 이후 진사댁으로 전환하였다.

윤진사댁의 윤진사는 윤두서(1668~1715)이다. 1694년(숙종 20) 윤이석이 떠나자 그의 양자 윤두서가 해남윤씨 종가의 가업을 계승했다. 윤두서는 1693년(숙종 19) 진사시에 합격한 뒤 고향의 아버지 별세 소식을 듣고 해남으로 돌아왔다. 왜냐하면 윤선도(1587~1671)가 직접 증손자 윤두서를 윤이석의 양자로 결정하였고, 윤두서는 서울에서 생활하고 있었기 때문이었다. 그리고 1697년 토지를 매매할 당시 그는 30세였다.

윤진사댁, 바로 윤두서는 그의 노 '일복'에게 매매를 대행하게 했다. 일복은 해남윤씨

---

230 韓國精神文化硏究院, 앞의 책, 1986, 276쪽.

231 "父主下敎內 故奴義浩物故之後 其矣田畓乙 若干記上爲乎矣"(韓國精神文化硏究院, 앞의 책, 1986, 277쪽).

232 『經國大典』, 「刑典」, 公賤.

233 『肅宗實錄』 卷7, 肅宗 4年 8月 庚午.

종가 고문서 중 「청산도 출불목리 노비안」에 있다. 이 고문서로 남해안 일대에 종가 소유의 노비들이 흩어져 살았던 것을 확인할 수 있다. 예를 들면, 윤두서가 종신한 뒤 1760년(영조 36) 그의 자녀들이 재산을 나누어 가진 분재기에는 강진 청산의 불목포리에 노비들이 있다.[234] 「청산도 출불목리 노비안」에서 확인할 수 있는 일복이 관련 내용은 다음과 같다.

> 제14통 5호 노 일복이. 경오년 출생으로 주인은 위와 같다. 아버지는 이용, 할아버지는 일남, 증조는 영길이 이며, 외할아버지는 김한의이다. 처는 비 만길로, 경인년 출생이다. 데리고 사는 딸은 월금인데 정유년 출생이다.[235]

노비안은 전라도 강진에 있는 청산도의 불출목리에 거주하는 노비 10구의 현황 기록이다. 그중 14통 5호의 주호가 일복이다. 그는 경오년 출생으로 바로 1630년(인조 8)생이었다. 노비안에는 그의 4조, 바로 아버지, 할아버지, 증조와 외할아버지를 적었다. 그리고 가족으로는 비의 신분인 1638년(인조 16)생 처 만길과 또한 1657년(효종 8)에 태어난 딸 비 월금이 있었다.

일복의 주인은 윤두서였다. 노비안의 13통 주호 노 돌선의 주인이 '윤진사', 바로 윤두서였다. 그리고 다음 기록이 일복이 이다. 따라서 일복의 주인도 윤두서라는 사실이 드러난다. 일복은 1697년(숙종 23) 2월 상전 윤두서를 대행하여 매매할 때 68세의 노인이었다. 해남윤씨 종가의 매매명문 중 25개에서 일복이 매매에 관여한 사실이 있다. 그중 가장 오랜 것은 1670년(현종 11) 그의 상전 윤인미(1607~1674)를 대신하여 해남의 논 7마지기를 사는 전답매매명문이다.[236] 그 외에 자료에서 일복은 윤두서의 조부 윤인미부터 계속하여 토지매매를 수행하고 있었다. 해남윤씨 종가는 이 시기 일복과 함께 수복,

234 韓國精神文化硏究院, 앞의 책, 1986, 175~195쪽.
235 韓國精神文化硏究院, 앞의 책, 1986, 718쪽.
236 韓國精神文化硏究院, 앞의 책, 1986, 268쪽.

벽옥, 홍렬 등을 수노나 차노로서 매매를 대행하게 했다.

1697년 해남의 토지를 파는 이씨와 이를 사는 윤두서, 그리고 이를 각기 대행하는 인물이 노 출생과 노 일복이었다. 그리고 매매명문에는 증인으로 반노 생이와 보증 반노 이학이 있다. 반노비는 양반소유의 노비를 가리키거나, 다른 사람 소유의 노비와 혼인한 자기의 노비를 드러내는 표기라는 해석이 있다.[237] 생이와 이학 모두 각기 주인이 있는 사노로서 매매를 대행하고 있었다.

증인 2명 중 1명은 토지를 사는 주인공, 바로 윤두서와 가까운 인물이었다. 노 생이는 윤두서의 할머니 전주류씨의 여동생 소유였다. 1664년(현종 5) 윤인미의 처 전주류씨 남매가 재산을 나눈 분재기에서 노 생이를 찾을 수 있다.[238] 윤두서의 이모할머니 전주류씨의 여동생을 대신하여 해남정씨 정운한이 분재 받은 노비질에 생이가 있다. 생이는 전주류씨가 출가할 때 분재 받은 신노비 중 하나였다. 해남윤씨와 해남정씨는 윤효정(1476~1543)부터 거듭 혼인을 하여 서로 세의가 깊었다. 그래서 윤두서로부터 매매를 위임받은 노 일복은 매매에서 주인가의 입장을 대변 할 수 있는 해남정씨가의 노 생이를 증인으로 선택하였다.

나머지 증인 이학은 땅을 파는 노 출생 혹은 출생 상전의 이해를 대변하는 인물이었다. 해남윤씨 종가의 매매명문에는 노 출생과 노 이학이 매매에 참여한 문서가 있다. 1682년(숙종 8) 사노 출생은 자기가 사서 갈아먹던 논을 윤니산댁에 팔았다.[239] 이 매매명문은 출생의 아우 사노 이학이 작성하였다. 그리고 1706년(숙종 32) 노 이학이 윤진사댁에 논을 파는 매매명문에도 두 사람이 형제인 사실을 알 수 있다. 이 매매 명문에는 논 주인 노 이학과 함께 증인으로 그의 동행 큰형 출생이 있다.[240] 명문에 의하면, 이학은 아버지가 샀던 토지를 물려받아 경작하던 논을 팔고 있었다. 이로 본다면, 출생은 동생

---

237 金容晩, 「朝鮮後期 私奴婢에 關한 一硏究 - 兩班家 古文書 分析을 通하여」, 『嶠南史學』 2, 嶺南大學校 國史學科, 1986, 231쪽; 金建泰, 「朝鮮後期 私奴婢 파악방식」, 『歷史學報』 181, 歷史學會, 2004, 113~114쪽.

238 韓國精神文化硏究院, 앞의 책, 1986, 171~175쪽.

239 韓國精神文化硏究院, 앞의 책, 1986, 298쪽.

240 韓國精神文化硏究院, 앞의 책, 1986, 322~323쪽.

이학과 더불어 사노의 신분이면서 재산을 갖고 있었으며 때로는 주인을 대신하여 매매에 참여하고 있었다. 그리고 1697년(숙종 23) 매매에서 윤두서의 입장에 우호적인 생이에 맞추어 노 출생과 그의 상전과 가까운 이학을 각기 증인으로 세우고 있었다.

윤두서가 땅을 사는 매매명문을 작성한 인물은 승려 탄잠이었다. 탄잠은 해남윤씨 종가 고문서에 의하면, 1685년(숙종 11) 윤이석부터 1697년 윤두서가 이 매매를 할 때까지 모두 16번 매매명문을 작성했다. 그가 해남윤씨 혹은 노 생이와 어떤 관계인지는 알 수 없다. 다만, 조선후기 전라도 구례의 경우 유학이나 승려가 매매명문 작성자로 등장하고 있는데, 이처럼 매매명문 작성에 자주 참여하는 하나의 지식인이 있었음을 미루어 짐작할 수 있다.[241] 잘라 말하기는 어렵지만, 탄잠 역시 해남 지역의 사찰에 소속되어 지역의 매매에 참여하여 문서를 작성하는 역할을 하고 있었다.

이처럼 조선전기에는 노비, 특히 사노비도 자신의 토지를 소유하며 매매를 주도하고 있었다. 그렇지만 두 번의 전쟁을 지나면서 상전은 『경국대전』의 규정을 적용하여 점차 자신 노비의 토지를 기상 등의 방법으로 차지하려고 했다. 이런 경향이 가속화 하면서 급기야 노비 토지를 횡침하거나 매매하는 일이 빈번해 졌다. 17세기 말 이후로는 노비가 자신의 토지를 거래하는 사례가 아주 줄어 들었다. 그래서 18세기 이후부터 토지매매명문에는 상전을 대신하여 매매를 수행하는 차노나 차비 등이 등장했다.

241 정수환 · 이헌창, 앞의 글, 202~203쪽.

나가는 글

토지, 매매 그리고 일상생활

나가는 글

토지, 매매 그리고 일상생활

조선시대 토지에 담긴 의미를 찾기 위해 매매 행위의 결과물 토지매매명문을 이용하여 사람의 이야기를 찾아내고 모았다. 한 장의 매매명문은 별다른 사정이 없다면 문서에 적힌 날짜에 인연이 있는 사람들이 모여 작성했다는 의미를 담고 있다. 그래서 다른 고문서가 그러하듯이 특정한 시간과 장소에 함께했던 사람들의 이야기가 묻어 있다. 명문에서 시간과 공간을 찾고 주인공을 발견하는 것은 정밀한 추적이 필요하지만, 한 땀 한 땀 모은 정보는 의미와 가치를 이룬다. 이런 사정으로 토지매매명문을 디딤돌로 조선시대 토지와 토지매매에 얽힌 사람들의 이야기를 다시 발견할 수 있다.

토지에 담긴 사람들의 이야기, 특히 조선시대 사람들의 일상생활 하나하나의 모습을 토지매매명문으로 새롭게 그려내려고 노력했다. 그렇지만, 바로 사람들의 일상에 접근하기는 쉽지 않다. 그래서 국가의 제도와 사회의 변화 그리고 가족과 공동체에서 토지와 매매명문에 얽힌 숨은 모습에 먼저 다가갔다. 그리고 마지막으로 이러한 매매를 둘러싼 배경에 담긴 개인의 사정과 토지매매 그리고 매매명문 이야기를 일상생활의 틀에서 꾸몄다.

첫 장은 토지와 매매를 담고 있는 매매명문의 제도적 성격을 추적했다. 조선 건국과 함께 고려시대와 달리 토지를 매매할 수 있는 길이 열렸고, 이를 담고 있는 내용이 토지매매명문이다. 세종은 성리학 이념과 엮여있는 부모의 초상을 지원하고 현실의 생계

곤란을 해결해 주기 위해 이런 사정에 한정해 개인의 토지방매를 허용하게 했다. 매매자는 이런 내용을 명문에 기재하고 관청은 입안을 발급하면서 다시 매매사유를 확인하도록 했다. 그리고 매매에서 환퇴 및 입안에 얽힌 규정과 증인의 구성 요건 등을 깊이 있게 논의하였다. 결과는 『경국대전』에 반영되었다. 이런 제도적 정비는 일면 사회에서 매매 허용 요구가 늘어나고 그에 따라 분쟁을 대비할 필요가 있다는 현실을 반영한 결과였다. 그렇기에 매매명문에는 매매사유를 적고 증인도 갖추게 되었으며, 이는 조선시대 명문의 큰 틀이 되었다. 매매자와 매매물의 성격 그리고 가격 등과 같은 매매명문이 갖추어야 할 기본 내용은 명나라를 비롯하여 다른 아시아의 경우와 다름이 없지만, 명문 형식과 내용의 형성 과정에서 조선의 특징이 묻었다.

조선전기 매매명문은 법전의 규정을 잘 반영하고 있다. 명문의 작성 시기와 사유 그리고 매매자와 증인의 요건을 갖추고 있다. 다만 형식적으로 문서의 서두에 '성문成文'으로 표시하다가 16세기 이후 '명문明文'으로 조정하였으며, 이는 조선후기 내내 명문으로 부르게 되는 전환점이 되었다. 그리고 조선전기 매매명문 본문의 두 번째 문장은 매매사유를 기재하고 이어서 매매물의 위치와 규모를 적으면서 문장의 연결이 다소 복잡하다. 그렇지만 조선후기에는 첫 문장에 '이 명문을 하는 것은右文爲事段'으로 매매사실을 보다 직접적으로 적고 서술이 분명해 지면서 하나의 투식이 되었다. 매매명문의 투식이 갖추어 지면서 하나의 지식으로 널리 공유되었다. 그리고 조선후기 매매의 증대에 따라 매매명문을 구성하고 민원서류를 작성하는 문자文字생활의 편의를 위한 『유서필지』 등의 책이 등장했다. 이들 책에서는 이두를 포함한 명문 작성의 투식을 정리하였다. 책은 문자생활 이용의 편의를 도모하였기에 조선전기 매매명문 투식의 발생 계기나 사연에 대해서는 밝히지 않았다. 완전한 매매나 분쟁에 대비하기 위한 실용서의 성격에 충실했다.

매매의 증대에 따라 조선후기 매매명문에는 구문기와 신문기를 포함하는 도문기의 관리가 중요했다. 토지를 매득하면 매득 토지와 관련하여 이전에 있었던 매매의 결과물인 구문기 혹은 본문기를 함께 확보해야 했다. 노비와 달리 부동산인 토지는 조선 초기와 달리 비용과 시간을 들여서 별도로 입안을 받지 않는 관행이 생겨났다. 그래서 온전한 형식을 갖춘 매매명문과 구문기를 완전히 잘 보유하고 있는 것이 소유의 유지와 증명에 중요했다. 매매명문에는 매매자와 토지위치와 같은 핵심 정보를 담고 있다. 매득자는 이들 내용으로 신문기와 구문기의 연결성을 확인하고 이들 명문을 아우르는 도문기를 중요하게 여겼다. 왜냐하면, 실제 분쟁이 발생했을 때 명문의 형식과 함께 구문기의 확보 여부가 쟁점으로 부상했기 때문이다.

토지 매득자는 매득 토지 소유를 완전히 하기 위해 필요하면 입안이나 입지를 받아 관청의 보증을 확보하는 노력을 기울였다. 입안 혹은 입지를 발급받아야 하는 경우가 있었다. 토지를 매득하고 작성한 신문기와 함께 이전에 있었던 매매내용을 담은 구문기를 받지 못했거나, 신문기의 내용과 형식에서 분명하지 못한 부분을 발견했을 때였다. 예를 들면, 해남지역에서 유학 이필성이 1682년(숙종 8) 매매명문을 확보하고 이듬해 입안을 발급받은 사연에서 이 점을 알 수 있다. 그는 호비戶婢 월매가 토지를 매득하며 작성한 명문의 본문에 매득 주체를 '상전'으로 정확히 적지 않은 사실을 발견했고, 매득 토지에 얽힌 이해관계자가 너무 많고 복잡하다고 판단하여 해남현에 입안을 요청했다. 해남현은 방매자를 불러 매매사유를 확인하고, 이어서 증인과 필집 등으로부터 매매사실과 함께 명문의 요건을 함께 살폈다. 매매사유의 기재 여부와 증인과 필집 구성의 확인 같은 입안 발급 절차와 내용은 조선 초기 매매를 허용하면서 강조했던 법전의 내용과 관련이 있다. 해남현은 매매 요건과 명문의 내용에 대한 사실 확인과 관청 문서의 검토를 거쳐 이필성에게 입안을 발급하였다. 이필성은 구문기가 없는 현실에 입안을 구문기로써 확보하여 소유를 확인하였다.

첫 번째 장은 국가의 토지매매에 대한 정책이 매매명문에 스며드는 내용에 다가갔다. 국가의 토지매매 허용은 성리학 가치와 관련이 있거나 생계의 목적에 한정되었지만, 한번 열린 예외 규정은 급속한 매매의 확산을 불러왔다. 그렇기에 매매자는 매매명문에 매매사유 등을 적었으며, 관청은 입안 발급을 위해 이 점을 확인했다. 조선후기 입안 제도가 약화하자 매득자는 토지매매와 소유증명을 위해 매매과정에서 형성한 모든 명문을 확보하는 노력을 기울여야 했다. 그래서 신문기와 함께 구문기를 확보하였으며, 이들을 도문기로 함께 관리하는 관행이 생겨났다.

두 번째 장은 토지매매명문에 담긴 사회현상을 좇았다. 토지매매명문 그리고 입안의 발급에 제도적 요건이 녹아 있다는 사실 확인을 발판으로 조선후기 사회현상 발견을 시도 했다. 명문에 적고 있는 매매사유를 계량적으로 분류하면 '쓸 곳이 있어서'나 '가난 때문' 그리고 이들을 복합하여 기재한 사례가 거의 절반을 이루고 있다. 이런 경향은 19세기 이후가 되면 이 부분이 하나의 투식으로 남는다. 다만, 17세기 매매명문을 대상으로 매매사유를 이매, 납세, 채무로 구분하여 살펴본다면, 이매가 상대적으로 높은 비중을 보이는 특징이 있다. 그리고 이를 확대하여 조선후기를 대상으로 해보면, 18세기 후반까지 이매를 방매 목적으로 명문에 적은 비중이 점증하고 있다. 그래서 18세기까지 합리적 토지 경영을 생각하는 이매가 성행하는 사회 분위기를 읽을 수 있다.

매매명문을 계량적으로 분석하여 매매대상 토지의 규모와 매매주기가 변하는 현상을 살폈다. 이를 위해 매매명문의 매매자 및 매매물 위치 등의 정보를 확인하여 신문기와 구문기의 연결성을 재구성하였다. 매매토지의 규모 변화를 확인했다. 3두락 미만의 토지를 매매하는 비중이 17세기 후반으로 갈수록 점차 높아졌으며, 18세기 초반에는 전체 매매에서 32%까지가 여기에 해당했다. 이런 경향은 18세기 2~4두락 토지의 비중이 가장 높게 나타나다가 19세기에 1~3두락 토지 거래가 빈번했던 사실로 이어진다. 그리고 토지의 매매 간격도 10년 미만 토지를 보유한 사례가 17세기까지는 전체 매매에서 절반에 미치지 못하다가 19세기에는 71%에 이르렀다. 그만큼 토지를 장기간 보유하기 힘든 상황이었다. 조선후기 점차 보유 토지는 소규모로, 매매는 빈번하게 변하고 있었다는 사실은 이매의 활성화 현상과 함께 생각할 수 있다. 소규모 토지의 잦은 매매현상을 확인할 수 있다. 그래서 토지로 한정하면 점차 경제 환경이 변화하였으며, 그 결과는 부의 재편이 있었을 가능성을 암시한다.

토지매매에서 지역적 성격과 매매자의 특징이 매매명문에 담기기도 했다. 지역적 특징과 관련해서 제주 사례를 주목했다. 매매명문에서 찾을 수 있는 제주의 특징이 있었다. 제주의 매매 토지는 논보다 밭이 대부분이었고, 매매자는 사회적으로 18세기까지 관노비가 큰 비중을 차지했던 현실을 담고 있다. 그리고 토지도 목장이 많은 제주의 특징을 반영하면서 분묘 주위에 산담을 조성하여 토지를 확보하였다. 양안이 없는 제주의 특징으로 명문에 주위 토지 소유주를 밝혀 사표를 적었으며, 매매수단도 18세기까지 전문錢文

보다 현물을 매매수단으로 이용하는 특징이 있다. 토지매매명문에 나타나는 지역적 특징과 함께 매매자의 성격을 다양하게 살피기 위해 동계나 문계가 매매 주체인 경우도 살펴보았다. 동계에서는 동회를 거쳐 토지매득을 결의하고 공유자산으로 매득 토지를 관리했다. 문계도 묘위답을 종회를 거쳐 확보하고 관리와 처분에도 공의를 거치는 등 신중히 처리했다. 동계나 문계와 같은 공동체는 토지가 부동산으로서 가치가 높은 안정적인 자산이기에 공동체의 지속성을 위한 중요 자산으로 여겼다.

이매의 증대와 소규모 토지의 빈번한 거래 현상에 따라 토지 정보를 유통하는 거간 현상이 나타났다. 19세기 선산과 상주지역 지식인 노상추의 일기는 그가 토지매매에 기울인 깊은 관심과 노력을 담고 있다. 노상추는 토지의 매득을 위해 직접 중개와 협상을 실시하고 매매 후에도 매매물의 규모나 위치 등을 꼼꼼히 확인하였다. 매매 토지가 매매명문의 사실과 다른 경우 환퇴를 실현하기도 했다. 그리고 주위에서 일어나는 개인이나 문중 등의 토지매매 내용에 대해서도 기록을 남겼는데, 이점은 당시 매매정보의 넓은 유통 현실을 보여준다. 특히, 그는 자기의 매매와 주변의 매매에서 매매대상 토지의 정보를 중개하는 행위를 '거간'으로 적고 이를 수행하는 사람을 '거간인'으로 밝혔다. 그 또한 거간인에게 토지매매의 거간 도움을 받았다. 이런 사실은 19세기 초반 사회적으로 토지매매가 빈번해지고 토지매매 정보의 수요가 높아지면서 비인격적 거래의 계기가 나타나기 시작했음을 보여준다.

두 번째 장은 토지매매와 매매명문에 얽힌 사회현상을 토지매매명문으로 확인했다. 매매명문에 적은 매매사유를 분석하여 19세기 이후 명문의 형식이 투식화 되어 가는 모습을 보았다. 이 과정에서 17세기 이후부터 18세기까지 이매를 목적으로 한 매매사유가 증가하는 모습도 있었다. 그리고 토지매매명문을 계량분석하여 점차 소규모 토지를 매매하고 보유기간도 짧아지는 사실을 찾을 수 있었다. 토지매매명문에 드러나는 이런 모습은 조선후기 점차 부의 재편이 이루어지고 있었다는 점을 암시한다. 특히, 19세기 일기에 매매를 중개하는 거간인이 확인된다는 사실은 이점을 뒷받침한다.

세 번째 장은 토지매매명문으로 토지매매를 둘러싼 국가의 제도와 사회의 매매관행과 함께 가정경영의 모습을 확인했다. 조선시대 거주지 변동 과정에서 토지를 확보하는 현상을 확인하기 위해 조선후기 강원도 강릉 전주이씨의 매대명문을 살펴보았다. 전주이씨는 18세기 초 충청도에서 강원도로 입향하면서 초기에 토착기반이 강한 외가 오죽헌 안동권씨의 도움을 받아 정착했다. 그리고 독자적인 경제 기반을 갖추기 위해 이내번, 이시춘, 이익조에 이르는 3대에 걸쳐 거의 100년에 걸친 노력을 기울였다. 이내번은 외가의 도움으로 지역의 유력 세력들로부터 집터 - 지금의 선교장 - 를 정하고 주위의 토지를 집중 매득하였다. 그리고 그의 아들은 아버지와 역할을 나누어 겹치지 않으면서 상대적으로 집터 외곽에 있는 토지를 매득했다. 그리고 이내번의 손자 이익조는 부친과 조부가 매득한 토지를 체계적으로 정리하고 관리했다. 100년에 가까운 이런 전략과 노력으로 전주이씨는 18세기 말 강릉지역에서 넓고도 많은 토지를 경영할 수 있었다.

가족과 가문은 매득한 토지에 남다른 의미를 부여하기도 했다. 조선후기 경상도 봉화 진주강씨는 17세기 초 경기도에서 이곳으로 입향했으며, 그 과정에서 진황지 등을 매득하여 기반을 갖추었다. 입향 당시 확보한 토지는 조상전래 토지로 의미를 부여하고, 도문기로 후손들에게 소중히 전해졌다. 토지매매명문 내용으로 이런 사연을 확인할 수 있다. 토지매매를 하고 매매명문을 확보한 다음 매득토지가 소유와 관련한 논란이 있으면 입지를 발급받았다. 그러면서 조상 전래 토지를 증명하는 분재기도 또한 도문기로 관리하였다. 그리고 입향 뒤 매득하여 관리한 토지에 '가산家產'의 의미를 담았으며, 이들 토지는 가통과 함께 후손들에게 전해지기도 했다.

한편, 가문은 가산을 소중히 후손에게 전해주는 것과 더불어 이를 바탕으로 토지를 확보하고 경영하는 노력도 아끼지 않았다. 조선후기 경상도 진주의 재령이씨는 토지경영을 위해 특별한 문서로 토지를 관리했다. 『문서도록』은 토지를 확보한 다음 명문의 토지 위치와 규모 등의 정보를 바탕으로 별도로 정리한 기록이다. 문서에는 기록자인 종손 자기는 말할 것도 없고 가족들이 매득한 토지의 내용을 항목별로 구분하여 기록하였다. 이 기록은 종손이 나중에 실시한 분재 대상 토지 내용과 98.2% 일치하고 있어, 재령이씨 가문의 토지 매득과 관리 실제를 담고 있다. 관리 토지 중에는 '조업祖業'과 함께 종손과 가족들이 확보한 것도 포함하고 있다. 이들 토지는 모두 넓은 의미에서 '가산'에 해당하면서 가족이 함께 관리 및 경영했던 사실을 보여준다.

토지의 확보와 가산의 형성 그리고 계승을 위해서는 위기에 대응하는 노력이 필요했다. 조선시대 가장 큰 위기는 두 번의 전쟁, 바로 임진전쟁과 병자전쟁이었다. 전쟁을 겪거나 끝난 이후 가산을 확인하고 회복하기 위한 노력도 있었다. 전쟁 중에도 토지매매가 있었고, 매매명문에는 전쟁으로 인한 유리걸식 사실을 매매사유로 신랄하게 적고 있다. 전쟁이 끝나고 전쟁 중에 잃어버린 매매명문을 확인하거나 관청으로부터 문서의 유실 사실을 확인받는 노력을 기울였다. 특히, 분재에서도 흩어진 가산에 대해 말하고 회복을 독려하고 있어 가족과 가문이 토지 관리에 집중했던 실상을 알 수 있다.

세 번째 장은 가족과 가문의 토지매득과 매득 토지의 관리를 토지매매명문을 중심으로 확인했다. 거주지를 변경하는 과정에서 지역사회에 정착하기 위해 3대에 걸쳐 전략적으로 역할을 나누어 토지를 매득했다. 매득한 토지를 후손들에게 전하면서 초기에 확보한 토지에 특별한 의미를 부여하면서 구문기와 함께 신문기를 포함하여 도문기를 전해주었다. 이런 토지를 가산으로 여겼는데, 이러한 가산에는 조상전래의 토지와 함께 가족이 함께 형성하고 경영했다는 의미를 포함하기도 했다. 이러한 이중적 의미를 지닌 가산에 대해 가문이나 가족은 전쟁이나 다른 위기를 겪으면서도 지키려는 노력을 아끼지 않았다. 이런 가족과 가문의 토지 매득과 관리 내용이 토지매매명문에 남아있다.

마지막 장은 토지매매에 얽힌 개인의 경제생활 모습을 추적한 내용이다. 토지매매명문은 가족의 토지 확보와 관리노력과 함께 개인 경제활동의 현실을 고스란히 담고 있다. 매매명문은 명문 작성의 목적과 관련하여 결재금액과 결재수단 내용을 중요한 정보 중 하나로 싣고 있다. 그래서 명문은 개인의 경제생활에서 매매수단의 변화를 찾을 수 있는 실마리를 마련해 준다. 매매명문의 결재수단 기록을 양적분석 방법으로 추적하였다. 조선전기는 저화나 곡물, 면포 등이 주된 결재수단이었다. 매매명문에 이용한 면포는 승수에 따른 품질 차이가 여러 가지로 나타나고 있다. 그리고 17세기 말 동전이 유통되면서 변화가 나타났다. 17세기 말까지 동전을 화폐로 유통하기 위한 국가와 시장의 절충이 있었다. 그 결과 1678년(숙종 4) 상평통보가 유통되었으며, 동전 유통 이후 한 세대 안에 전국적으로 통용되었다. 이런 정책적인 사실과 이용 현실을 토지매매명문에서 확인할 수 있다.

토지매매에서 결재수단 변화는 매매명문과 함께 개인 생활일기를 살펴서 실제에 다가설 수 있다. 17세기 조극선의 일기에는 면포로 토지를 거래하면서도 일상생활에 곡물과 면포를 두루 이용하고 있는 기록이 있다. 그러다가 18세기 권상일이나 황윤석 일기에는 동전을 중심으로 물가를 파악하고 거래하는 일상이 드러난다. 말할 것도 없이 이 시기부터 동전이 토지매매에의 주된 결재수단이 되었다. 19세기 일기에는 서울에서 주택 매매에 동전을 이용하고 있었다. 주목할 내용은 주택 보유기간이 5~10년으로 비교적 짧았으며, 매매를 통한 시세차익을 도모하는 사실이다. 이런 모습은 서울 외의 지방이 19세기 이전 시기에 토지 가격의 변화가 크지 않았고 그에 따라 매매주기도 상대적으로 10년 이상으로 길었던 현실과는 달랐다.

토지매매에서 개인의 대응 모습도 일기와 매매명문을 연결하여 알 수 있다. 18세기의 경우, 주변에서 일어나는 매매에 대한 매매자와 매매가격 그리고 위치에 대한 정보가 지역에서 활발하게 유통하고 있었다. 그래서 매매명문과 일기의 내용을 연결할 경우, 명문에 기재한 매매자, 매매사연 내용과 더불어 매매자 사이의 관계나 매매물의 성격을 더 자세히 알 수 있다. 매매명문을 작성하기 전까지 매매를 위임하거나 아전들의 도움을 받기도 했으며, 어쩌다 매매를 먼저하고 명문을 뒤따라 만드는 일도 있었다. 그리고 분쟁이 발행하면 매득자가 매매토지의 현장을 확인하거나 방매자 및 토지 정보를 알아보아야 했다. 특히, 분쟁에 있어 매매명문의 연도 기록과 같은 작은 실수도 승패에 중요한 요소로 작동하고 있는 것이 현실이었다. 그러므로 명문의 형식과 내용을 엄밀히 확인하고 갖추기 위한 노력과 집중이 중요했다는 사실을 알 수 있다.

조선시대 토지의 방매와 매득은 남성만이 하지는 않았다. 연구에 의하면, 여성이 방매자 혹은 매득자 중 어느 하나의 매매주체로 등장하는 사례가 전체 매매명문에서 9.4%에 이른다는 결과가 있다. 다만, 이 경향은 17세기 이후부터 점차 감소하여 19세에는 7.5%에 그치고 있었다. 여성이 매매주체로 활동하는 일은 비단 남성의 유고에 따른 경우만 해당하는 것이 아니었으며, 사례도 조선후기 전 시기에서 있었다. 여성의 토지매매는 방매자와 매득자 모두 주체로 참여했다고 볼 수 있다. 여성이 직접 매매현장에 참여하는 것은 말할 것도 없고, 사대부녀들끼리 매매하거나 양인 여성과 남성 사이 그리고 여자종이 양반에게 토지를 팔기도 했다. 이처럼 시기별 차이는 있었지만, 토지매매에는 성별의 경계가 없었다.

여성과 더불어 노비도 자신의 토지를 직접 매매하기도 했다. 다만, 조선후기는 신분의 고착화에 따른 경제적 처지의 연동으로 노비는 매매주체로 나서기에 조선전기에 비해 상대적으로 위축되었다. 법전에서 보장한 노비의 재산보유 내용에 따라 노비의 토지매매도 실현되었는데, 임진전쟁 이전의 명문에서 노비가 상전에게 땅을 판 사례를 확인할 수 있다. 다만, 전쟁 전후 후손이 없는 노비의 재산을 상전에게 돌려주는 기상의 실현이 늘어났다. 그래서 상전의 압박에 따라 기상에 앞서 노비가 자기 자식들에게 토지를 분재하기도 했다. 그렇지만 점차 상전이 노비 소유의 토지를 확보하는 사례가 늘어나며 노비의 토지보유는 불리한 처지가 되었다. 그리고 17세기 이후 노비가 상전의 토지매매를 대행하는 일이 일상이었던 현실에서 노비가 토지매매의 주체적인 역할을 하기 힘든 환경을 확인할 수 있다. 이런 사정으로 토지매매명문에 노비가 매매 참여자로 기재되고 있음에도 대상 토지가 그들의 것인지 소유자 확인이 어렵게 되었다. 게다가 상전은 노비의 토지를 기상으로 여겨 매매하는 사례도 있었다.

마지막 장은 개인의 토지매매에 얽힌 이야기를 구성했다. 매매명문에 적고 있는 결재수단은 곡물과 면포 등 종류와 품질이 다양했으며 동전의 유통으로 결재 화폐가 변화하는 모습을 확인할 수 있다. 매매를 성사하는 과정에서도 연도나 위치 등의 기록에 엄격하였으며 매매 뒤에도 매득자가 명문 내용을 확인하는 노력을 기울이고 있었다. 그리고 매매에 참여하는 사람도 성별과 신분이 남성과 양반에 고정된 것만은 아니었지만, 17세기 이후 양반이 자기 노비의 토지를 점거하는 현상이 두드러지게 되었다. 이처럼 토지매매명문에는 변화하는 매매환경에 대응했던 개인의 모습을 담고 있다.

조선시대 토지매매명문 한 장으로 국가의 제도에서부터 사회적 변화 그리고 가족의 토지경영과 개인의 일상생활에 이르는 이야기를 추적하였다. 토지매매의 허용 과정에서 있었던 이야기와 명문의 양식은 조선 초기 개인과 사회의 요구를 주고받은 결과였으며, 내용은 『경국대전』에 고스란히 남았다. 매매명문에 기록으로 남은 매매사유와 매매주기 그리고 기재 내용의 지역적 특성은 한 장의 매매명문에 시대적 사회상을 그리고 지역적 특수성을 충분히 담고 있음을 보여준다. 게다가 신문기와 구문기가 갖는 조선시대 소유 확보와 증명이라는 특수한 제도는 가계의 토지확보와 계승 그리고 관리의 노력을 보여준다. 그리고 토지의 매매와 매매명문은 개인 화폐생활의 변화라든가 매매명문 형식의 엄격성에 집중했던 현실 그리고 토지 소유와 매매에서 신분의 경계를 넘나드는 가치를 담고 있다. 이처럼 한 장의 고문서로서 토지매매명문에는 개인은 말할 것도 없고 가족과 사회 그리고 국가의 일상이 스며들어 있다.

국문초록

이 책은 조선시대 토지에 담긴 의미를 찾기 위해 매매 행위의 결과물 토지매매명문을 이용하여 사람의 이야기를 찾아내고 모았다. 한 장의 매매명문은 별다른 사정이 없다면 문서에 적힌 날짜에 사람들이 모여 작성한 결과물이다. 그래서 특정한 시간과 장소에 함께했던 사람들의 이야기가 묻어 있다. 명문에 적혀 있는 내용에서 시간과 공간을 찾고 주인공을 발견하는 일은 정밀한 추적이 필요하지만, 한 땀 한 땀 모은 정보는 의미와 가치를 이룬다. 그래서 이 책은 토지매매명문을 디딤돌로 조선시대 토지와 토지매매에 얽힌 사람들의 이야기를 발견하였다.

연구 목적은 토지에 담긴 사람들의 이야기, 특히 조선시대 사람들의 일상생활 하나하나의 모습을 토지매매명문으로 새롭게 그려내는 데 있다. 그렇지만, 곧바로 사람들의 일상에 접근하기 쉽지 않다. 그래서 국가의 제도와 사회의 변화 그리고 가족과 공동체를 대상으로 토지와 토지매매명문에 얽힌 숨은 모습에 먼저 다가갔다. 그리고 마지막에서 토지매매명문을 해석하여 매매의 배경에 담긴 개인의 경험을 일상생활의 관점에서 서술했다.

첫 번째 장은 국가의 토지매매에 대한 정책이 매매명문에 스며드는 내용이다. 국가는 성리학 가치와 관련이 있거나 생계의 목적에 한정하여 토지매매를 허용했지만 한번 열린 예외 규정은 급속한 매매의 확산을 불러왔다. 그렇기에 매매자는 매매명문에 매매사유 등을 적었으며, 관청은 이 내용을 확인하고 매매사실을 확인하는 입안을 발급해 주었다. 조선후기 입안 제도가 약화하자 매득자는 토지매매와 소유증명을 위해 매매과정에서 형성한 일체의 명문을 확보하는 노력을 기울여야 했다. 그래서 새로 작성한 매매명문

신문기와 함께 이전 매매에서 작성했던 구문기를 확보하였으며, 이들 모두를 도문기라 부르며 소중히 관리하는 관행이 생겼다.

두 번째 장은 토지와 매매에 얽힌 사회현상을 토지매매명문으로 확인했다. 조선후기 매매명문에 적은 매매사유를 분석하여 19세기 이후 문서의 형식이 투식화 되어 가는 모습을 보았다. 여기에 앞서 17세기에서 18세기까지 자기 거주지 인근의 토지를 사 모으는 이매를 목적으로 한 매매가 증가하는 모습도 있었다. 그리고 토지매매명문을 계량적으로 분석하여 점차 소규모 토지를 매매하였으며, 매득한 토지의 보유기간도 짧아지는 경향을 확인했다. 토지매매명문에 드러나는 이런 모습은 조선후기 토지매매가 활성화하면서 점차 부의 재편이 있었다는 점을 암시한다. 특히, 19세기 일기에 토지매매를 중개하는 거간인이 확인된다는 사실은 매매가 빈번해진 사회현상과 그로 인한 부유층의 증가와 빈곤층의 확산 현상을 뒷받침한다.

세 번째 장은 가족과 가문의 토지매득과 매득 토지의 관리에 기울인 노력을 토지매매명문으로 확인했다. 연구 사례는 거주지를 변경하는 과정에서 지역사회에 정착하기 위해 3대에 걸쳐 전략적으로 역할을 나누어 토지를 매득한 것이었다. 초기 정착자들은 매득한 토지를 후손들에게 전하면서 특별한 의미를 부여하여 토지매매명문을 전해주었다. 후손들은 초기에 산 토지를 가문의 재산이라는 뜻에서 가산으로 여겼다. 그리고 그 뒤, 가산에는 조상전래의 토지와 함께 가족이 함께 매득하고 경영한 의미도 담겼다. 가산은 전쟁의 위기를 겪으면서도 지켜야 할 대상이었다. 이런 가족과 가문의 토지 매득과 관리 내용이 토지매매명문에 담겨있다.

마지막 장은 개인의 토지매매에 얽힌 이야기를 구성했다. 매매명문에 적고 있는 결재수단은 곡물과 면포 등 종류와 품질이 다양했다. 그러다가 17세기 말 동전의 유통으로 결재 화폐가 동전 중심으로 변화했다. 매매자는 매매명문을 작성하는 과정에서도 연도나 위치 등의 기록에 엄격하였으며, 매매 뒤에도 매득자가 명문 내용을 확인하는 노력을 기울이고 있었다. 그리고 매매에 참여하는 사람도 성별과 신분이 남성과 양반에 고정된 것만은 아니었다. 그렇지만, 17세기 이후 양반이 자기 노비의 토지를 차지거나 성리학 가치의 영향으로 남성중심의 가족질서가 갖추어 지면서 점차 양반과 남성이 주도하는 매매 관행으로 바뀌게 되었다. 이처럼 토지매매명문에는 변화하는 매매 환경에 대응했던 개인의 토지매매 활동모습을 담고 있다.

이 책은 조선시대 토지매매명문 한 장으로 국가의 제도에서부터 사회적 변화 그리고 가족의 토지경영과 개인의 일상생활에 이르는 이야기를 추적하였다. 조선 초기 국가가 토지매매를 허용하자 명문의 양식이 확립되었다. 이것은 개인과 사회의 토지매매 요구를 국가가 받아들인 결과였으며, 내용은 『경국대전』에 고스란히 남았다. 매매명문에 기록으로 남은 매매사유와 매매주기 그리고 기재 내용의 지역적 특성은 한 장의 매매명문에 시대적 사회상과 지역적 특수성을 충분히 담고 있음을 보여준다. 게다가 신문기와 구문기가 갖고 있는 소유의 확보와 증명 기능은 개인과 가문의 토지확보와 계승 그리고 관리에도 영향을 끼쳤다. 바로 토지매매와 관리에서 매매명문이 중요했다는 사실이다. 그리고 토지의 매매와 매매명문은 개인 화폐생활의 변화라든가 매매명문 형식의 엄격성에 집중했던 현실을 보여준다. 이처럼 한 장의 고문서 토지매매명문은 국가의 제도와 사회의 관행 그리고 가족과 개인의 일상생활을 담고 있다.

Abstract

Grounds for Living - Land and Daily Life in Choson Korea

This book has traced the meanings ascribed to land in the Choson Dynasty by analyzing *land sale contracts* as primary sources and by using them to reconstruct individual lives. The study examined how each contract, grounded in a specific historical moment, reflected the physical presence and social circumstances of the parties involved. Through source-critical analysis, it demonstrated that the temporal, spatial, and personal dimensions embedded in these documents offer substantial historiographical value.

The research first investigated how state institutions, social transitions, kinship structures, and local practices surfaced through land sale contracts. It then analyzed the documents in order to reconstruct the lived experiences that shaped individual transactions. In doing so, the study has shown that these contracts constitute a crucial lens through which everyday life in the Choson period can be understood.

Chapter 1 examined the influence of state regulation on the content and form of land sale contracts. It showed that although the state initially restricted land alienation to morally or economically justified cases, the institutionalization of exceptions facilitated the rapid expansion of land sales. The documentation of motives for sale and the verification procedures issued by local authorities revealed how the weakening of state oversight in the late Choson period led buyers to assemble and preserve earlier and newly drafted contracts—*domungi*—as essential proof of ownership.

Chapter 2 analyzed broader social phenomena associated with land and its circulation. It demonstrated the increasing standardization of contract formats after the nineteenth century, the emergence of secondary acquisitions in the seventeenth and eighteenth centuries, and shifts toward smaller transaction units and shorter periods of landholding. These patterns indicate a reconfiguration of wealth and the growth of a more active land market. The appearance of brokers in nineteenth-century diaries confirms that land sales were widespread and reflects the concurrent expansion of an affluent class as well as deepening poverty.

Chapter 3 investigated lineage-based strategies of land acquisition and management. It showed that families coordinated multi-generational land purchases to establish long-term settlement in local communities. Early settlers transferred acquired land to descendants, giving special significance to the contractual record. Subsequent generations treated these holdings as *gasan* (family estates) and supplemented them with jointly obtained and managed plots, practices that persisted even in periods of crisis. These strategies and sentiments are clearly preserved in the documentary evidence.

Chapter 4 reconstructed individual experiences embedded in land transactions. It observed shifts in payment methods—from grain and cotton cloth to coinage as monetary circulation expanded in the late seventeenth century—and analyzed the careful recording and verification practices that accompanied each transaction. The study also showed that participants were not exclusively male nor limited to the *yangban* class, although gendered and status-based patterns became more pronounced under Neo-Confucian norms and the incorporation of slave property into patrilineal estates. Land sale contracts therefore document how individuals navigated evolving economic and social conditions.

In sum, this book has demonstrated that land sale contracts encapsulate the interaction between state regulation, social transformation, lineage strategy, and individual agency in Choson society. The early state's recognition of land sales standardized contractual forms, later codified in the *Gyeongguk Daejeon*. The periodicity, stated motives, and regional variations preserved in these documents reveal contemporaneous social structures and local specificities. The complementary roles of new and old contracts in verifying ownership shaped strategies of acquisition, inheritance, and management across both the individual and lineage levels. Ultimately, each surviving land sale contract embodies the institutional logic, normative conventions, and everyday practices that structured Choson society from the state down to the individual.

참고문헌

1. 사료

○ 관찬사료 및 문집

『經國大典』, 『高麗史』, 『大典會通』, 『大明律直解』, 『詞訟類聚』, 『續大典』, 『新增東國輿地勝覽』, 『朝鮮王朝實錄』, 『至正條格』

盧尙樞, 『盧尙樞日記』; 權相一, 『淸臺先生年譜』·『淸臺日記』; 李源祚, 『耽羅錄』·『耽羅誌草本』; 李衡祥, 『南宦博物』; 朴萬鼎, 『海西暗行日記』; 安鼎福, 『冊曆日記』; 吳達濟, 『忠烈公遺稿』; 吳希文, 『瑣尾錄』; 李潤善, 『公私記攷』; 趙克善, 『冶谷日錄』·『忍齋日錄』; 黃胤錫, 『頤齋亂藁』

○ 고문서 자료

서울역사박물관, 『조선후기 한성부 토지·가옥 매매문서』 1, 2023.

____________, 『조선후기 한성부 토지·가옥 매매문서』 2, 2024.

朝鮮總督府, 『朝鮮ノ土地制度及地稅制度 調査報告書』, 1920.

朝鮮總督府 中樞院, 『朝鮮田制考』, 1940.

진천군·충북대학교 중원문화연구소, 『진천 논실의 평산신씨 고문서』, 2015.

한국국학진흥원, 『진주강씨 법전문중 도은종택 및 석당공』, 2017.

韓國精神文化研究院, 『光山金氏烏川古文書』, 1982.

____________, 『扶安金氏愚磻古文書』, 1983.

____________, 『古文書集成』 3 - 海南尹氏篇 正書本·影印本, 1986.

____________, 『古文書集成』 8 - 廣州安氏·慶州金氏篇, 1990.

____________, 『古文書集成』 16 - 河回 豐山柳氏篇II, 1994.

____________, 『古文書集成』 27 - 靈光 寧越辛氏篇(I), 1996.

____________, 『古文書集成』 32 - 慶州 慶州孫氏篇, 1997.

____________, 『古文書集成』 33, 寧海 載寧李氏篇(I), 1997.

____________, 『古文書集成』 38 - 求禮 文化柳氏篇(II), 1998.

____________, 『古文書集成』 2 - 扶安 扶安金氏篇, 1998.

____________, 『古文書集成』 41 - 安東 周村 眞城李氏篇(I), 1999.

________________, 『古文書集成』 42 - 安東 周村眞城李氏篇(II), 1999.
________________, 『古文書集成』 45 - 扶餘 恩山 咸陽朴氏篇, 2000.
________________, 『古文書集成』 55 - 堤川 寒水 延安李氏篇, 2001.
________________, 『古文書集成』 50 - 慶州 伊助 慶州崔氏 · 龍山書院篇(I), 2000.
________________, 『古文書集成』 65 - 慶州 玉山 驪州李氏 獨樂堂篇, 2003.
________________, 『고문서집성』 76 - 밀양 밀성박씨 · 덕남서원편, 2004.
韓國學中央研究院, 『古文書集成』 82 - 寧海 務安朴氏篇(I) : 武毅公(朴毅長)宗宅, 2005.
______________, 『古文書集成』 90 - 寧海 務安朴氏篇(II) : 武毅公(朴毅長)宗宅, 2008.
______________, 『古文書集成』 89 - 牙山 船橋 長興任氏篇, 2008.
______________, 『古文書集成』 95 - 高敞 · 古阜 光山金氏篇, 2009.
______________, 『古文書集成』 1 - 禮安 光山金氏 後彫堂篇, 2011.
______________, 『古文書集成』 101 - 興德 平海黃氏 黃胤錫宗家 古文書, 2012.
______________, 『古文書集成』 110 - 濟州 於道 晉州姜氏 朝天 金海金氏 舊左 東萊鄭氏 古文書, 2014.
______________, 『고문서집성』 114 - 濟州 晉州姜氏 · 谷山康氏 · 金海金氏 · 慶州金氏 · 濟州高氏 · 東萊鄭氏 古文書, 2015.
______________, 『고문서집성』 129 - 江陵 全州李氏 船橋莊 古文書I, 2024.
한국학중앙연구원 M.F 35-12364(安東 桃木 興海裵氏 臨淵齋宗家 古文書(A).
한국학호남진흥원, 『광주향약』 2, 2022.

2. 저서

김건우, 『근대 공문서의 탄생』, 소와당, 2008.
金大吉, 『朝鮮後期 場市研究』, 國學資料院, 1997.
金一根, 『諺簡의 研究』, 건국대학교출판부, 1986.
金鴻植 등, 『대한제국기의 토지제도』, 民音社, 1990.
李樹健, 『嶺南學派의 形成과 展開』, 一潮閣, 1995.
文叔子, 『조선시대 재산상속과 가족』, 景仁文化社, 2004.
______, 『68년의 나날들, 조선의 일상사』, 너머북스, 2009.
朴魯昱, 「朝鮮後期 量案 研究에 대한 批判的 檢討」, 景仁文化社, 2016.
朴秉濠, 『韓國法制史攷 - 近世의 法과 社會』, 法文社, 1974.
李在洙, 『朝鮮中期 田畓賣買研究』, 集文堂, 2003.
이정수 · 김희호, 『조선의 화폐와 화폐량』, 경북대학교 출판부, 2006.
전경목 외 옮김, 『유서필지 - 고문서 이해의 첫걸음』, 사계절, 2006.
정구복, 『古文書와 兩班社會』, 一潮閣, 2002.
정수환, 『조선후기 화폐유통과 경제생활』, 景仁文化社, 2013.
차장섭, 『선교장 - 아름다운 사람 아름다운 집 이야기』, 열화당, 2011.
崔承熙, 『韓國古文書研究』, 한국정신문화연구원, 1981.
최영준, 『국토와 민족생활사 - 한국역사지리학 논고』, 한길사, 1997.
하오예핑 지음, 정화승 옮김, 『중국의 상업 혁명』, 소나무, 2001.

한국역사연구회 토지대장연구반, 『조선후기 경자양전 연구』, 혜안, 2008.
한국학중앙연구원 藏書閣, 『선비가의 遺香』, 2007.
__________, 『한글 - 소통과 배려의 문자』, 2016.
韓㳓劤 · 李成茂 · 閔賢九 · 李泰鎭 · 權五榮, 『譯註 經國大典』 飜譯篇, 韓國精神文化硏究院, 1985.

3. 학술논문

권오영, 「雙梅堂藏本 자료를 통해 본 조선시대 학문과 예술」, 『驪州李氏 退老 雙梅堂 藏本』, 韓國學中央硏究院, 2006.
권이선, 「조선시대 義母와 義子女 간의 상속 특징과 관련 분쟁 양상 - 1715년 회덕현 소송을 중심으로」, 『한국문화』 103, 서울대학교 규장각한국학연구원, 2023.
權仁赫, 「世宗代의 銅錢流通策」, 『제주대학교 논문집』 19, 제주대학교, 1984.
김건태, 「조선후기 병작제의 양상 - 칠곡 석전 광주이씨가 사례」, 『대동문화연구』 32, 성균관대학교 대동문화연구원, 1997.
_____, 「朝鮮後期 私奴婢 파악방식」, 『歷史學報』 181, 歷史學會, 2004.
김경란, 「조선후기 호적대장의 의자녀(義子女) 기록을 통해 본 여성의 재혼실태 - 대구부 동상면 호적대장의 분석을 중심으로」, 『여성과 역사』 41, 한국여성사학회, 2024.
김경숙, 「조선후기 여성의 呈訴活動」, 『韓國文化』 36, 서울대학교 규장각한국학연구원, 2005.
金東錫, 「葉作에 관한 一考察」, 『藏書閣』 14, 한국학중앙연구원, 2005.
金東銓, 「朝鮮後期 濟州島 住民의 身分構造와 그 推移」, 『國史館論叢』 65, 國史編纂委員會, 1995.
김명화, 「조선시대 수령의 소송지침서 ≪詞訟類聚≫의 편찬과 활용」, 『書誌學硏究』 66, 韓國書誌學會, 2016.
김봉좌, 「≪유서필지≫ 판본 연구」, 『유서필지』, 사계절, 2006.
_____, 「이재 황윤석 종가의 역사와 고문서」, 『古文書集成』 101 - 興德 平海黃氏 黃胤錫宗家 古文書, 한국학중앙연구원, 2012.
김성갑, 「조선후기 籍沒 '位土' 회복과정 연구」, 『古文書硏究』 28, 韓國古文書學會, 2006.
_____, 「朝鮮時代 明文에 관한 文書學的 硏究」, 韓國學中央硏究院 博士學位論文, 2013.
김성우, 「19세기 초반 노상추(盧尙樞)의 백운동 별업(別業) 조성과 경영」, 『역사와현실』 78, 한국역사연구회, 2010.
김소은, 「16세기 매매관행과 문서양식」, 『16세기 한국 고문서 연구』, 아카넷, 2004.
김순한 · 이수환, 「16~18세기 寧海 新安朱氏 朱雲가문의 상속 및 봉사의식과 그 변화」, 『민족문화논총』 65, 영남대학교 민족문화연구소, 2017.
김순희, 「'新式儒胥必知' 고찰」, 『書誌學硏究』 63, 韓國書誌學會, 2015.
김영나, 「朝鮮後期 光山金氏 禮安派의 田畓賣買 實態」, 『大丘史學』 89, 大丘史學會, 2007.
_____, 「15~17세기 광산김씨 예안파의 전답소유양상」, 『嶺南學』 15, 경북대학교 영남문화연구원, 2009.
김영란, 「조선후기 제주지역 土地賣買 연구」, 『藏書閣』 37, 한국학중앙연구원, 2017.
金容晩, 「朝鮮後期 私奴婢에 關한 一硏究 - 兩班家 古文書 分析을 通하여」, 『嶠南史學』 2, 嶺南大學校 國史學科, 1986.
김윤희, 「조선시대 견직물(絹織物) 용어 번역의 함의 연구」, 『청계사학』 28, 청계사학회, 2024.
金恩美, 「朝鮮時代 文書 僞造에 관한 硏究」, 韓國學中央硏究院 博士學位論文, 2008.
김의환, 「17~19세기 진천 평산 신씨의 노비 소유와 노비의 존재양상」, 『한국학논총』 44, 국민대학교 한국학연구소, 2015.
김정미, 「진주강씨 법전문중 도은종택 및 석당공 기탁자료에 대하여」, 『진주강씨 법전문중 도은종택 및 석당공』, 한국국학진흥원, 2017.
김정운, 「17세기 예안 사족 金鈴의 교유 양상」, 『朝鮮時代史學報』 70, 朝鮮時代史學會, 2014.
김학수, 「17세기 호서의 지성, 야곡 조극선」, 『韓國學資料叢書』 49 - 冶谷日錄 影印本1, 한국학중앙연구원 藏書閣, 2012.
김 혁, 「조선시대 지방관의 선물정치와 부채(扇)」, 『嶺南學』 15, 경북대학교 영남문화연구원, 2009.
김현정, 「해제」, 『국역 공사기고』, 서울역사편찬원, 2017.
김호동, 「≪지정조격(至正條格≫의 편찬과 원(元) 말의 정치」, 『至正條格 校註本, 휴머니스트, 2007.
노인환 · 조광현, 「제주도 고문서의 현황과 특징 - 진주강씨 · 곡산강씨 · 김해김씨 · 경주김씨 · 제주고씨 · 동래정씨를 중심으로」, 『고문서집성』 114 - 濟州 晉州姜氏 · 谷山康氏 · 金海金氏 · 慶州金氏 · 濟州高氏 · 東萊鄭氏 고문서, 韓國學中央研究院, 2015.
노혜경, 「≪頤齋亂藁≫의 旅行記 分析 - '西行日曆'을 중심으로」, 『古文書研究』 20, 韓國古文書學會, 2002.
______, 「농업 경영과 치가(治家)」, 『승총명록으로 보는 조선후기 향촌 지식인의 생활사』, 한국학중앙연구원 출판부, 2010.
文叔子, 「義子女와 本族간의 財産相續分爭 - 1584년 鶴峯 金誠一의 羅州牧判例 분석」, 『古文書研究』 8, 韓國古文書學會, 1996.
______, 「古文書를 통해 본 龍仁 海州吾氏 가문의 사회적 기반」, 『古文書集成』 36 - 龍仁 海州吳氏篇, 韓國精神文化研究院, 1998.
______, 「16~17세기 常民層 재산 소유와 상속사례 - 상민 賣主 · 財主의 賣買文記와 分財記로부터」, 『古文書研究』 39, 韓國古文書學會, 2008.
______, 「조선시대 分財文記의 작성과정과 그 특징 - 草文書原文書複文書의 제작과 수취를 중심으로」, 『嶺南學』 18, 경북대학교 영남문화연구원, 2010.
______, 「17~18세기 海南尹氏의 토지 확장 방식과 사회 · 경제적 지향」, 『古文書研究』 40, 韓國古文書學會, 2012.
박강우, 「朝鮮朝 大明律直解의 刑法總則的 條項의 分析」, 『한국형사정책연구』 14-3, 한국형사법무정책연구원, 2003.
박기주, 「貢人에 대한 경제제도적 이해」, 『조선후기 재정과 시장 경제체제론의 접근』, 서울대학교 출판문화연구원, 2010.
박인호, 「일휴정 이영세의 반궁 생활과 학문적 교유 범위」, 『청계사학』 27, 청계사학회, 2024.
박준호, 「조선후기 평민 여성의 한글 소지 글쓰기」, 『국학연구』 36, 한국국학진흥원, 2018.
朴平植, 「朝鮮前期의 麤布流通과 貨幣經濟」, 『歷史學報』 234, 歷史學會, 2017.
백두현, 「조선시대 여성의 문자생활 연구 - 한글 편지와 고문서를 중심으로」, 『어문론총』 42, 한국문학언어학회, 2005.
徐炳沛, 「'瑣尾錄' 解題」, 『書誌學報』 8, 韓國書誌學會, 1992.
______, 「朝鮮後期 江陵地方의 士族支配秩序와 經濟問題」, 祥明大學校 博士學位論文, 1996.
성봉현, 「조극선 일기의 자료적 성격과 의미」, 『韓國學資料叢書』 48 - 忍齋日錄 影印本, 한국학중앙연구원 藏書閣, 2012.
손계영, 「조극선의 일기에 나타난 사대부가의 일상과 종이」, 『17세기 충청도 선비의 생활기록 - 조극선의 인재일록과 야곡일록』, 한국학중앙연구원출판부, 2018.
宋在璇, 「16世紀 綿布의 貨幣機能」, 『邊太燮博士華甲紀念 史學論叢』, 三英社, 1985.
송철호, 「서울역사박물관 소장 한성부 토지 · 가옥 매매문서의 현황과 특징」, 『조선후기 한성부 토지 · 가옥 매매문서』 2, 서울역사박물관, 2024.
신동원, 「조선후기 의약생활의 변화 : 선물경제에서 시장경제로 - ≪미암일기≫, ≪쇄미록≫, ≪이재난고≫, ≪흠영≫의 분석」, 『역사비평』 75, 역사비평사, 2006.

신명호 · 이순구, 「解題」, 『淸臺日記』 上, 國史編纂委員會, 2003.

申奭鎬, 「≪瑣尾錄≫解題」, 『한국사료해설집』, 國史編纂委員會, 1964.

安秉杰, 「星湖 李瀷의 퇴계와 영남에 대한 관심 - 權相一과의 편지를 중심으로」, 『韓國實學硏究』 18, 韓國實學學會, 2009.

安承俊, 「解題」, 『古文書集成』 27 - 靈光 寧越辛氏篇(I), 韓國精神文化硏究院, 1996.

______, 「조선시대 인신매매의 광경 - 노비 흥정과 거래」, 『문헌과해석』 2009.8월 발표문, 문헌과해석사, 2009.

______, 「朝鮮時代 奴婢 市場과 去來 - 1707년 매매 흥정 書簡과 尙州牧奴婢賣買立案을 중심으로」, 『藏書閣』 31, 한국학중앙연구원, 2014.

安承俊 · 金鶴洙, 「扶餘 恩山 咸陽朴氏의 家系와 古文書」, 『古文書集成』 45 - 扶餘 恩山 咸陽朴氏篇, 韓國精神文化硏究院, 2000.

오인택, 「17세기 후반 ≪남해현용동궁양안≫을 통해서 본 갑술양안의 성격」, 『역사와 경계』 81, 부산경남사학회, 2011.

오창명, 「康熙 13年(1674) 都許與明文과 제주 지명」, 『지명학』 28, 한국지명학회, 2018.

오창현, 「조선 중기 선물 관행에 대한 경제인류학적 시론 - 의례적 선물과 사회의 재생산」, 『지방사와 지방문화』 25-2, 역사문화학회, 2022.

유봉학, 「日錄 ≪公私記攷≫에 나타난 19세기 胥吏의 생활사」, 『奎章閣』 13, 서울대학교 규장각한국학연구원, 1990.

유승희, 「17~19세기 한성부 부동산매매 실태와 지역의 특성 - 서울역사박물관 소장 자료를 중심으로」, 『조선후기 한성부 토지 · 가옥 매매문서』 1, 서울역사박물관, 2023.

兪眖在, 「16세기 麤布 유통과 그 성격」, 『韓國史論』 52, 서울大學校 國史學科, 2006.

李康五, 「頤齋亂藁解題」 『全北文化論叢』 5, 전북대학교 전라문화연구소, 1992.

이동환, 「海西暗行日記」, 『國學資料』 6, 文化財管理局, 1972.

이명선 · 김봉렬 · 임충신, 「강릉 선교장의 변화과정에 관한 연구」, 『大韓建築學會學術發表論文集』 17-2, 대한건축학회, 1997.

이민재, 「진주 마진리의 지역 개관」, 『공동학술대회 자료집 - 진주 마진마을과 재령이씨가 고문서』, 한국학중앙연구원 장서각 · 경상국립대학교 남명학연구소, 2022.

李成姙, 「16세기 양반사회의 "膳物經濟"」, 『韓國史硏究』 130, 韓國史硏究會, 2005,

李樹健, 「古文書를 통해 본 朝鮮朝社會史의 一硏究」, 『韓國史學』 9, 韓國精神文化硏究院, 1987.

이영훈 · 박이택, 「농촌 미곡시장과 전국적 시장통합, 1713~1937」, 『수량경제사로 다시 본 조선후기』, 서울대학교출판부, 2004.

이정수, 「朝鮮 前期 綿織業의 발전과 社會經濟相의 변화」, 『문익점과 목면업의 역사적 조명』, 아세아문화사, 2003.

______, 「16세기 중반~18세기 초의 貨幣流通 실태 - 生活日記類와 田畓賣買明文을 중심으로」, 『朝鮮時代史學報』 32, 朝鮮時代史學會, 2004.

______, 「16세기 奴婢의 記上田畓과 性格」, 『역사와 경계』 59, 부산경남사학회, 2006.

______, 「18세기 ≪이재난고≫를 통해 본 대차관계와 이자율」, 『역사와 경계』 124, 부산경남사학회, 2022.

이정수 · 김희호, 「조선후기 奴婢賣買 자료를 통해 본 奴婢의 사회 · 경제적 성격과 奴婢價의 변동」, 『韓國民族文化』 31, 부산대학교 한국민족문화연구소, 2008.

이해준, 「17세기 중엽 坡平尹氏 魯宗波의 宗約과 宗學」, 『忠北史學』 11 · 12, 충북대학교 사학회, 2000.

李憲昶, 「肅宗 - 正祖朝(1678-1800년간) 米價의 變動」, 『經濟史學』 21, 經濟史學會, 1996.

______, 「1678~1865년간 貨幣量과 貨幣價値의 推移」, 『經濟史學』 27, 經濟史學會, 1999.

______, 「18세기 황윤석가의 경제생활」, 『이재난고로 보는 조선 지식인의 생활사』, 한국학중앙연구원, 2007.

이혜정, 「16세기 어느 도망노비 가족의 생존전략 - 1578년 노비결송입안(奴婢決訟立案)을 중심으로」, 『인문논총』 72-4, 서울대학교 인문학연구원, 2015.

임상혁, 「고문서에서 '明文'과 '成文'의 용례에 관한 연구」, 『古文書研究』 45, 韓國古文書學會, 2014.

임호민, 「18~19세기 선교장의 지역적 위상 변화의 추이 - 강릉 향촌사회를 중심으로」, 『藏書閣』 39, 한국학중앙연구원, 2018.

장필기, 「鎭川 논실의 平山申氏 將臣閥族家系와 申鴻周」, 『역사와 담론』 57, 호서사학회, 2010.

전경목, 「≪유서필지≫ 編刊과 고문서학적 의의」, 『유서필지』, 사계절, 2006.

전성호, 「14세기 ≪大明律直解≫ 鈔法과 錢法 조항 재해석 - '錢文' 성립을 중심으로」, 『泰東古典研究』 35, 한림대학교 태동고전연구소, 2015.

田壽炳, 「朝鮮太宗代의 貨幣政策」, 『韓國史研究』 40, 韓國史研究會, 1983.

전영근, 「사찰 고문서의 종류와 直指寺·龍門寺 고문서의 사료적 가치」, 『古文書集成』 100 - 金泉 直指寺·禮泉 龍門寺 篇, 韓國學中央研究院, 2011.

全炯澤, 「朝鮮後期 奴婢의 土地所有 - 記上田畓을 중심으로」, 『韓國史研究』 71, 韓國史研究會, 1990.

정구복, 「務安朴氏 武毅公家의 社會經濟的 基盤과 所藏古文書의 性格」, 『古文書集成』 82 - 寧海 務安朴氏篇I, 韓國學中央研究院, 2005.

鄭求福·文叔子, 「古文書를 통해 본 載寧李氏家門의 社會 經濟的 基盤」, 『古文書集成』 33 - 寧海 載寧李氏篇I, 韓國精神文化研究院, 1997.

정긍식, 「朝鮮前期 中國法書의 受容과 活用」, 『서울대학교 法學』 50-4, 서울대학교 법학연구소, 2009.

鄭萬祚, 「朝鮮時代 龍仁地域 士族勢力의 動向」, 『韓國學論叢』 19, 국민대학교 한국학연구소, 1997.

정수환, 「18世紀 頤齋 黃胤錫의 貨幣經濟生活 - ≪頤齋亂藁≫ 1769年 日記를 中心으로」, 『古文書研究』 20, 韓國古文書學會, 2002.

______, 「19世紀 假率의 성격과 濟州社會 - "濟州大靜縣沙溪里戶籍中草"를 중심으로」, 『濟州島研究』 23, 濟州學會, 2003.

______, 「仁祖朝 鑄錢基盤의 形成과 行錢試圖」, 『淸溪史學』 20, 청계사학회, 2006.

______, 「朝鮮後期 陵參奉의 經濟生活의 實際 - 18세기 黃胤錫의 ≪頤齋亂藁≫를 중심으로」, 『民族文化論叢』 38, 영남대학교 민족문화연구소, 2008.

______, 「18세기 星湖學派의 貨幣流通에 대한 인식 검토」, 『성호학보』 6, 성호학회, 2009.

______, 「17세기 화폐유통과 전답매매양상의 변화 - 賣買明文에 대한 분석을 중심으로」, 『藏書閣』 23, 한국학중앙연구원, 2010.

______, 「18세기 권상일의 시장접촉과 화폐경제생활」, 『史學研究』 104, 韓國史學會, 2011.

______, 「18세기 황윤석의 매매정보 수집과 소유권으로서의 매매명문 활용」, 『民族文化論叢』 52, 영남대학교 민족문화연구소, 2012.

______, 「17세기 말 황해도 지방의 동전유통 - 御史 朴萬鼎의 〈海西暗行日記〉 분석」, 『民族文化論叢』 58, 영남대학교 민족문화연구소, 2014.

______, 「인조조 과거를 통한 行錢 문답과 行錢策 - 인조 11년(1633) 策文과 對策 분석」, 『동양고전연구』 64, 동양고전학회, 2016.

______, 「16~17세기 평산신씨의 재산상속」, 『평산 신씨 고문서와 진천의 사회상』, 진천향토사연구회, 2017.

______, 「17세기 전반 趙克善의 賣買기록과 用錢경험 - 조극선의 ≪인재일록≫과 ≪야곡일록≫ 분석」, 『朝鮮時代史學報』 80, 朝鮮時代史學會, 2017.

______, 「18세기 玄風 道東書院 院位田 경영의 '中正'한 가치 추구」, 『민족문화논총』 67, 영남대학교 민족문화연구소, 2017.

______, 「頤齋 黃胤錫의 錢文에 대한 관심, 고증 그리고 실험분석」, 『전북사학』 51, 전북사학회, 2017.
______, 「우반동 김씨 집안의 18세기 땅문서」, 『우반동 양반가의 가계경영』, 한국학중앙연구원출판부, 2018.
______, 「윤두서의 집사, 일복이의 토지매매」, 『녹우당에서 고산을 그리다』, 한국학중앙연구원출판부, 2018.
______, 「孝宗朝 行錢事目과 行錢策, 성과와 한계」, 『동양고전연구』 73, 동양고전학회, 2018.
______, 「16세기 영해 무안박씨의 매매와 분재를 통한 가계경영 전략」, 『인문학연구』 27, 제주대학교 인문과학연구소, 2019.
______, 「17세기 분재와 전답소유권 : 명문, 입지 그리고 분재기 - 경상도 봉화 법전 진주강씨 사례」, 『국학연구』 39, 한국국학진흥원, 2019.
______, 「18세기 강릉 전주이씨 선교장의 전답매매활동과 전략」, 『東洋古典研究』 75, 東洋古典學會, 2019.
______, 「노상추(1746~1829)의 토지매매정보 수집과 매매활동 - 居間과 居間人 그리고 土地買賣明文」, 『民族文化論叢』 73, 영남대학교 민족문화연구소, 2019.
______, 「18세기 경주 갓뒤마을 동계의 말림갓을 위한 호혜와 협동」, 『歷史學報』 252, 歷史學會, 2021.
______, 「임진전쟁과 일상, 기록 그리고 텍스트 검토」, 『韓國史學史學報』 44, 韓國史學史學會, 2021.
______, 「18세기 廣州 廣州安氏 宗契 조직과 운영의 재구성」, 『藏書閣』 48, 한국학중앙연구원, 2022.
______, 「1863년 3월 8일 토지등기부 등본 발급」, 『조선 명문가가 사는 법』, 한국학중앙연구원출판부, 2022.
______, 「18세기 전답 매매, 도록 그리고 분재를 통한 가산관리 - 1757년 진주 마진리 재령이씨」, 『동양고전연구』 92, 동양고전학회, 2023.
______, 「제주 토지 소유와 매매의 한 양상」, 『조선시대 제주와 제주 문화』, 한국학중앙연구원출판부, 2023.
______, 「조선후기 노비와 상전의 이해 - '충(忠)'과 '이(利)' 그리고 호혜와 시혜」, 『淸溪史學』 27, 청계사학회, 2024.
______, 「조선후기 마을의 동답과 동정을 위한 협동 - 전라도 광주 양과동계와 공공지물(公共之物)」, 『지방사와 지방문화』 27-1, 역사문화학회, 2024.
______, 「조선후기 경주 이조동계의 공유자산을 향한 호혜와 협동」, 『인문학연구』 39, 제주대학교 인문과학연구소, 2025.
정수환 · 이헌창, 「조선후기 求禮 文化柳氏家의 土地賣買明文에 관한 연구」, 『古文書研究』 33, 韓國古文書學會, 2008.
鄭香春, 「'義田'의 국내 수용과 전승 양상」, 『東方漢文學』 84, 東方漢文學會, 2020.
정호훈, 「전쟁의 기억과 정치론 ≪동국신속삼강행실도≫」, 『한국사상사학보』 58, 한국사상사학회, 2018.
조정곤, 「제주지역의 묘지 점유와 분쟁」, 『藏書閣』 34, 한국학중앙연구원, 2015.
조정아, 「언간 자료의 직물명(織物名)에 대한 연구」, 『영주어문』 33, 영주어문학회, 2016.
주영하, 「'주막'의 근대적 지속과 분화 : 한국음식점의 근대성에 대한 一考」, 『실천민속학연구』 11, 실천민속학회, 2008.
채현경, 「寶城 濟州梁氏家의 토지매매명문 검토」, 『조선 후기 호남의 경제와 사회』, 호남권 한국학자료센터, 2011.
崔韶子, 「明末 中國的 世界秩序의 變化 - 壬辰 · 丁酉倭禍 中心으로」, 『明末 · 淸初社會의 照明』, 한울아카데미, 1990.
崔淵淑, 「朝鮮時代 立案에 관한 研究」, 韓國學中央研究院 韓國學大學院 博士學位論文, 2005.
최은주, 「18세기 어느 울산부사를 통해 본 지방과 글쓰기의 실제 - 淸臺 權相一의 울산부사 시절을 중심으로」, 『嶺南學』 16, 경북대학교 영남문화연구원, 2009.
한효정, 「16, 17世紀 兩班家 婦人의 田畓賣買 活動」, 『韓國史研究』 142, 韓國史研究會, 2008.
허원영, 「19世紀 濟州島의 戶口와 賦稅運營」, 韓國學中央研究院 韓國學大學院 博士學位論文, 2005.
______, 「아산 선교(船橋) 장흥임씨가의 가계와 고문서」, 『古文書集成』 89 - 牙山 船橋 長興任氏篇, 韓國學中央研究院, 2008.
______, 「酒幕의 성격과 경기지역의 주막 분포 양상」, 『필사본 조선지지자료 경기도편 연구』, 景仁文化社, 2010.

_____, 「17세기 초 호서지역 양반사족 친족집단 내 膳物의 내용과 성격 - 趙克善의 ≪忍齋日錄≫을 중심으로」, 『서강인문논총』 51, 서강대학교 인문과학연구소, 2018.
_____, 「趙克善의 ≪忍齋日錄≫을 통해 본 膳物의 내용과 성격 - 비혈연집단 및 官으로부터의 膳物을 중심으로」, 『역사문화연구』 66, 한국외국어대학교 역사문화연구소, 2018.

찾아보기

ㄱ

ㄴ

ㄷ

라

마

바

사

아

자

차

타

파

하

조선시대
토지매매와 일상생활

초판1쇄 발행 2025년 11월 30일

지은이 정수환

주간 조승연
편집 · 디자인 오경희 · 조정화 · 오성현 · 신나래 · 박선주 · 정성희
관리 박정대

펴낸이 홍종화
펴낸곳 민속원
창업 홍기원
출판등록 제1990-000045호
주소 서울 마포구 토정로 25길 41(대흥동 337-25)
전화 02) 804-3320, 805-3320, 806-3320(代)
팩스 02) 802-3346
이메일 minsokwon@naver.com
홈페이지 www.minsokwon.com

ISBN 978-89-285-2199-9 94380
S E T 978-89-285-0359-9 94080